Pour une généalogie critique de la Francophonie

Christophe Premat

Published by
Stockholm University Press
Stockholm University
SE-106 91 Stockholm, Sweden
www.stockholmuniversitypress.se

ORCID: Christophe Premat
ORCID: orcid.org/0000-0001-6107-735X
Affiliation: Stockholm University

Supporting Agency (funding): Fondation Lars Hierta Minne, Département d´études romanes et classiques de l´Université de Stockholm, Association des professeurs de français de Suède

First published 2018
Cover Illustration: Abdou Diouf
Copyright and attribution: Author 'MEDEF' Source _FBU0545 https://www.flickr.com/photos/92208333@N00/2818074832/
https://commons.wikimedia.org/wiki/File:Abdou_Diouf.jpg
License: Attribution-ShareAlike 2.0 Generic (CC BY-SA 2.0)

Cover Illustration: Michaëlle Jean
Copyright and attribution: Photograph produced by Agência Brasil, a public Brazilian news agency. Agência Brasil (Roosewelt Pinheiro/ABr)
https://en.wikipedia.org/wiki/Micha%C3%ABlle_Jean#/media/File:Micha%C3%ABlle_Jean_1_11072007.jpg
License: Attribution 3.0 Brazil (CC BY 3.0 BR)
Cover Design: Karl Edqvist, SUP

Stockholm Studies in Romance Languages (Online) ISSN: 2002-0724

ISBN (Paperback): 978-91-7635-083-6
ISBN (PDF): 978-91-7635-080-5
ISBN (EPUB): 978-91-7635-081-2
ISBN (MOBI): 978-91-7635-082-9

DOI: https://doi.org/10.16993/bau

Suggested citation:
Premat, C. 2018. *Pour une généalogie critique de la Francophonie*. Stockholm. Stockholm University Press. DOI: https://doi.org/10.16993/bau. License: CC-BY

To read the free, open access version of this book online, visit https://doi.org/10.16993/bau or scan this QR code with your mobile device.

Stockholm Studies in Romance Languages

Stockholm Studies in Romance Languages (SSIRL) (ISSN 2002-0724) is a peer-reviewed series of monographs and edited volumes published by Stockholm University Press. SSIRL strives to provide a broad forum for research on Romance Languages of all periods, including both linguistics and literature.

In terms of subjects and methods, the journal covers language structure, variation and meaning, spoken and written genres, as well as literary scholarship in a broad sense.

It is the ambition of SSIRL to place equally high demands on the academic quality of the manuscripts it accepts as those applied by refereed international journals and academic publishers of a similar orientation.

Editorial Board

Françoise Sullet-Nylander, Professor, Romanska och klassiska inst., Stockholms universitet

Titles in the series

1. Engwall, G. and Fant, L. (eds.) 2015. *Festival Romanistica. Contribuciones lingüísticas – Contributions linguistiques – Contributi linguistici – Contribuições linguísticas.* Stockholm: Stockholm University Press. DOI: https://doi.org/10.16993/bac. License: CC-BY
2. Cedergren, M. et Briens, S. (eds.) 2015. *Médiations interculturelles entre la France et la Suède. Trajectoires et circulations de 1945 à nos jours.* Stockholm: Stockholm University Press. DOI: https://doi.org/10.16993/bad. License: CC-BY
3. Premat, C. 2018. *Pour une genealogie critique de la Francophonie.* Stockholm: Stockholm University Press. DOI: https://doi.org/10.16993/bau. License: CC-BY

Peer Review Policies

Stockholm University Press ensures that all book publications are peer-reviewed in two stages. Each book proposal submitted to the Press will be sent to a dedicated Editorial Board of experts in the subject area as well as two independent experts. The full manuscript will be peer reviewed by chapter or as a whole by two independent experts.

A full description of Stockholm University Press' peer-review policies can be found on the website: http://www.stockholmuniversitypress.se/site/peer-review-policies/

Recognition for reviewers

The Editorial Board of Stockholm Studies in Romance Languages applies single-blind review during proposal and manuscript assessment. We would like to thank all reviewers involved in this process.

Special thanks to the reviewers who have been doing the peer review of the manuscript of this book:

Inga Brandell, Professor emeritus in Political Science, Södertörn University

Véronique Porra, Professor, Romanisches Seminar, Johannes Gutenberg-Universität Mainz

Table des matières

Avant-propos

La réalisation de ce travail n'aurait pu se faire sans le soutien décisif de la fondation *Lars Hierta Minne* et du département d'études romanes et classiques de l'Université de Stockholm. Nous tenons à remercier l'association des professeurs de français de Suède (AEFS) et l'association nordique des études canadiennes (NACS) pour la confiance apportée au projet. L'objectif de cet ouvrage est à la fois d'encourager les recherches portant sur les structures et les acteurs de la Francophonie institutionnelle et d'éclairer les étudiants qui s'intéressent à l'histoire de ce projet. Il a pour ambition de susciter des recherches plus abondantes sur les stratégies et le fonctionnement des organisations géoculturelles telles que la Francophonie. À la veille du XVIIe sommet de la Francophonie qui se tiendra en Arménie à Erevan les 11 et 12 octobre 2018, il semblait important d'élaborer une synthèse critique sur l'évolution de cette organisation géoculturelle multilatérale.

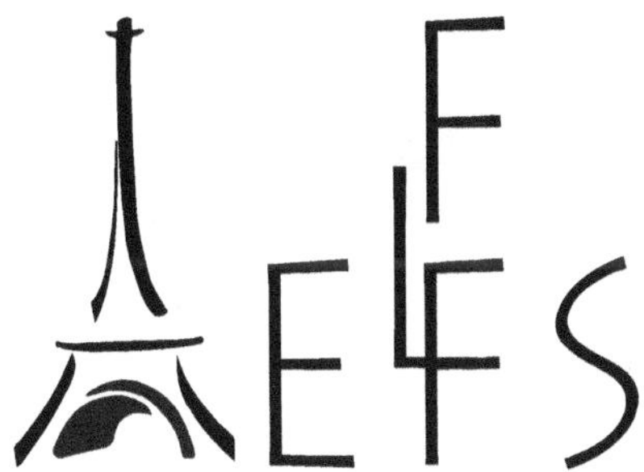

Introduction

Rares sont les études scientifiques analysant systématiquement le discours portant sur la Francophonie en tant qu´institution intergouvernementale. En effet, de nombreux ouvrages effectuent la promotion de la Francophonie avec une tonalité prophétique pour anticiper les échanges culturels et linguistiques au prisme des relations géopolitiques. D'anciens acteurs diplomatiques prennent souvent la plume pour assurer la défense d´une francophonie vécue comme un patrimoine culturel commun sans que les contours du projet politique soient précisément définis. La Francophonie elle-même apporte son soutien à ces prises de parole tout en finançant des structures comme l´Agence Universitaire de la Francophonie (AUF) qui alimente un discours au service de la promotion des relations politiques et diplomatiques autour de la langue française. Les départements de français des universités ont aussi tendance à véhiculer ce discours de promotion de la Francophonie dans la mesure où il sert leur objectif qui est d´augmenter le nombre d´apprenants et les moyens alloués à la recherche sur les aires francophones. En même temps, le désintérêt académique pour un tel domaine demeure actuel puisqu´entre 1970 et 2007, la Francophonie n´aurait donné lieu selon l´aveu de son propre Secrétaire général de l´époque Abdou Diouf, qu´à

Comment citer ce chapitre:
Premat, C. 2018, « Introduction », *Pour une généalogie critique de la Francophonie.* Stockholm Studies in Romance Languages. Stockholm: Stockholm University Press. 2018, pp. 1–28. DOI: https://doi.org/10.16993/bau.a.

deux thèses de sciences politiques et à vingt-cinq articles (Massart-Piérard, 2007 : 69)[1].

L'optique de la pensée critique est d'irriguer la réflexion sur le partage des disciplines à l'Université (Davies, 2013 : 533) et d'interroger la perception d'un objet tel que l'étude de la Francophonie comme organisation politique. Il est de coutume de distinguer l'institutionnalisation de cette alliance géopolitique de la francophonie qui se confond avec l'espace de circulation, d'hybridation et de contact entre les langues et les cultures gravitant autour du français. Ainsi, le terme de francophonie recouvre aussi bien les aspects sociolinguistiques que littéraires rendant compte de l'influence d'une langue dans le monde. Il est par conséquent indispensable qu'une étude critique soit menée pour aller au-delà de l'idéologie francophone, c'est-à-dire du discours pris dans une optique de valorisation de la langue française comme élément central d'un projet de civilisation. La perspective généalogique suppose que l'on déconstruise les lieux d'énonciation de ce discours pour le remettre en perspective dans un contexte politique de compétition des influences géopolitiques des États. Les discours francophones sont modulés, repris, amplifiés et alimentent dans leurs variations une véritable croyance en la dimension historico-politique de la langue. Michel Foucault a montré à plusieurs reprises que le discours n'était pas un ensemble repérable de mots (un corpus fermé), mais plutôt une série de fragments de textes énoncés circulant et alimentant cette doctrine (Foucault, 1971 : 62–63). La doctrine assure une cohérence et permet de servir de point de référence (Foucault, 1971 : 45) aux institutions promouvant la francophonie, que ce soit les institutions multilatérales ou la diplomatie culturelle française. Pour étudier ces discours caractéristiques portant sur l'idée d'une organisation intergouvernementale de la Francophonie, il importe de repérer les voix légitimes et autorisées qui portent la francophonie ainsi que les voix dissonantes et critiques qui ignorent voire refusent l'idée d'une telle organisation dans la mesure où elle de-

---

1 Abdou Diouf, « La Francophonie, une réalité oubliée », *Le Monde,* 19 mars 2007, https://www.lemonde.fr/idees/article/2007/03/19/la-francophonie-une-realite-oubliee-par-abdou-diouf_884956_3232.html Site consulté pour la dernière fois le 6 juillet 2018.

meure trop proche des conséquences de la colonisation française. Comme le rappelle François Provenzano, le discours sur la francophonie mêle intimement la Francophonie comme organisation internationale et la francophonie comme communauté réelle et imaginée de locuteurs de français. « Ainsi, la francophonie s´énonce à la fois comme une donnée sociologiquement repérable, mais qui porte en elle la nécessité de son autopromotion et de sa propagation à large échelle » (Provenzano, 2006 : 94). En l'occurrence, le syncrétisme des deux notions crée un effet de confusion favorable à la diffusion d´une idéologie de la francophonie selon laquelle cette organisation serait le bien commun des populations et des gouvernements francophones au service d´une forme de cosmopolitisme véhiculée par la langue française. Sous les aspects lénifiants de ce discours où la francophonie est présentée dans sa dimension culturelle de coopération pacifique entre les peuples, il importe de travailler plus spécifiquement sur l´articulation entre les politiques nationales en faveur ou en défaveur du français et les politiques publiques de coopération proposées par l´Organisation Internationale de la Francophonie. La Francophonie serait-elle le vestige d´une influence culturelle passée ? Elle deviendrait paradoxalement dans ce décalage un objet d´étude particulièrement intéressant dans la mesure où l´hégémonie de la langue et de la culture françaises serait définitivement obsolète. Elle pourrait permettre de comprendre la manière dont les discours portant sur l´idéologie d´une langue véhiculaire se construisent.

> « Si le soleil se levait de l'autre côté du monde, fertilisant d'abord l'ouest puis l'est, comment marcherait le monde ? Peut-être que tout se passerait comme dans ce conte où les fleurs poussent racines à l'air, où le corps des hommes se réchauffe avant de refroidir une fois pour toutes et où la parole est donnée au plus sage, c'est-à-dire l'animal...? » (Condé, 1989 : 41).

Dans ce passage, le narrateur se pose la question de l'orientation géographique, du sens élémentaire et existentiel du monde. L'Orient et l'Occident seraient inversés avec une autre direction fondamentale de la vie, d'autres perceptions et une autre histoire. Au sein de cette inversion, les valeurs, les comportements et les manières de dire le monde seraient entièrement transformés. La première phrase de l'extrait ci-dessus de *La traversée de la mangrove* met en avant un irréel du présent, le lecteur étant ramené à la dimension merveilleuse du conte. Cette réflexion rappelle en tous points la manière dont Edward Saïd définit de manière relative les relations entre Occident et Orient qui sont de nature idéologique. « Tout autant que l´Occident lui-même, l´Orient est une Idée qui a une histoire et une tradition de pensée, une imagerie et un vocabulaire qui lui ont donné réalité et présence en Occident et pour l´Occident. Les deux entités géographiques se soutiennent ainsi et, dans une certaine mesure, se reflètent l´une l´autre » (Saïd, 1980 : 15). Le couple Occident/Orient est une perspective idéologique forte construite par l´Occident, une sorte de boussole primitive délimitant les espaces légitimes et illégitimes d´où il est possible de parler. En d´autres termes, ce couple a permis de définir une hégémonie eurocentriste avec des périphéries. Avec le prisme des théories postcoloniales, l´enjeu est de mettre fin à ce métarécit (Lyotard, 1979) pour être en mesure de saisir la spécificité du projet francophone qui est à cheval entre le colonialisme et l´émergence de nouvelles nations qui pour la plupart sont dominées et acculturées. Maryse Condé reformule ce qui est au cœur des théories postcoloniales, c´est-à-dire la nécessité de décentrer un regard par rapport à des catégories constituées historiquement. Le postcolonialisme réintroduit une pensée critique permettant de déconstruire les impérialismes et nous pourrions dans cette veine caractériser le projet francophone en tant que mondialisation échouée.

Notre hypothèse a besoin d'être vérifiée ou infirmée pour savoir si le projet francophone actuel n'est qu'une dégradation féconde d'un impérialisme culturel révolu. Il est de bon ton dans le discours francophone de dénoncer la vision monolingue exportée par la domination de l'anglais sans s'interroger sur les alternatives à cette conception du monde. C'est ainsi le cas de Bernard Cassen, qui, dans les années 1970, dénonçait l'uniformisation des valeurs et des normes autour d'une culture de la consommation américaine. En l'occurrence, il reprenait la définition du sociologue américain Herbert Schiller (Schiller, 1976) selon lequel l'impérialisme culturel désigne

> « l'ensemble des processus par lesquels une société est introduite au sein du système moderne mondial et la manière dont sa

couche dirigeante est amenée, par la fascination, la pression, la force ou la corruption à modeler les institutions sociales pour qu'elles correspondent aux valeurs et aux structures du centre dominant du système ou à s'en faire la propagandiste » (Cassen, 1978 : 95).

La domination se caractérise par le fait qu'un centre impose sa politique et sa vision du monde au moyen de la culture. À partir du moment où l'on s'inscrit dans une volonté d'universaliser un projet culturel et politique, on se confronte à la question de la domination culturelle (Abdel-Malek, 1971). Cette dernière s'exerce par le biais de la langue lorsqu'une langue s'impose grâce à la force économique, au marché et à la « multinationalisation » (Cassen, 1978 : 97) qui engendre des filiales à l'étranger et crée les conditions d'une circulation de capitaux avec la promotion de la langue anglaise auprès des élites locales. L'accumulation du capital international fait que de plus en plus de citoyens adoptent et légitiment les normes qui vont avec.

La dénonciation d'un impérialisme peut receler un effet boomerang dévoilant les propres faiblesses des autres types de projets culturels donnés (Ravault, 1985) ; or, la culture est considérée comme un *soft power* par les États, c'est-à-dire un moyen puissant et efficace d'influence pour diffuser des valeurs et une conception du monde souvent propre à une nation (Nye, 2005). La France a eu conscience de la richesse de son influence culturelle à la fin du XIXe siècle d'où la création d'un réseau qui progressivement allait devenir bicéphale avec les Alliances françaises et les instituts culturels (Lane, 2011). Les débats sur la place de la Francophonie prennent place dans ce contexte post-colonial où la compétition entre les langues et les projets sociopolitiques habite la mondialisation actuelle.

État des recherches antérieures sur l´approche critique de la Francophonie

Il ne s'agit pas d'entrer dans un nouvel essai sur la splendeur ou la misère de la francophonie, mais de s'arrêter sur l'originalité du projet politique francophone s'enracinant dans les premiers débats des années soixante des Pères Fondateurs d'une organisation inimaginable. Du point de vue des études antérieures, Phan et Guillou ont effectué une recherche de fond synthétisant l'ensemble des étapes de la Francophonie institutionnelle en insistant sur l'esprit des discussions qui ont conduit à l'élaboration des dispositifs successifs avec en particulier la tension entre une vision technique *via* l'agence et la construction d'une organisation internationale politique à partir de l'officialisation des sommets (Phan, Guillou, 2011 : 206). Même si les travaux de Michel Guillou restent précieux pour le lecteur qui souhaite connaître dans le détail l'histoire du projet francophone, l'auteur reste lié à une croyance fondamentale sur l'avenir de la Francophonie. Dans un ouvrage précédent, voici ce qu'il écrivait :

> « enracinés dans leurs cultures, forts de patrimoines culturels riches et diversifiés, les francophones se renforcent du dialogue et des coopérations qu'ils mènent ensemble. Ils abordent sereinement l'ouverture sur le monde planétaire. La Francophonie leur permet d'être eux-mêmes, d'épanouir leur identité, de devenir, sans dilution ni perte d'âme, citoyens du monde. Elle est la garantie que soient préservées la différence culturelle et linguistique » (Guillou, 1995 : 7).

La dernière phrase est normative puisque l'auteur tire d'une impression une conclusion qui mériterait une analyse beaucoup plus complexe pour savoir si les politiques publiques émises par/à travers la Francophonie améliorent l'identité culturelle des populations francophones. L'une des premières recherches approfondies et critiques sur la relation entre francophonie et Francophonie est sans aucun doute l'ouvrage de John Kristian Sanaker, Karin Holter et Ingse Skattum mettant en question l'ambiguïté du lexique et resituant le projet francophone dans un temps plus long. Les auteurs échappent de ce point de vue totalement au piège de la prédication ou du normativisme concernant la genèse du projet politique francophone (Sanaker, Holter, Skattum, 2006). En effet, la plupart des articles et des ouvrages consacrés à la Francophonie restent relativement descriptifs et participent plutôt d'une vision normative comme c'est le cas du numéro de la revue Hermès consacré en 2004 à la relation entre Francophonie et mondialisation (Barraquand, 2004 : 19). Ce décalage révèle en réalité un oubli comme si cette Francophonie était soit le résidu d'un impérialisme révolu soit un projet symbolique et exotique décalé par rapport aux enjeux géopolitiques actuels. Ainsi, coincée entre un discours à visée prophétique et un objet n'intéressant que très peu les chercheurs, la Francophonie s'est trouvée presque livrée à elle-même avec une forme de régularité des sommets sans qu'il y ait de visée critique rigoureuse rendant compte de ses ambitions et de ses contradictions. Comme l'écrit Isaac Bazié en s'appuyant sur les travaux de l'historien Pierre Nora (Nora, 1997), « le lieu d'oubli est symbolique ou concret dans sa matérialité et son accessibilité, mais se distingue justement par son caractère partiellement ou totalement non sollicité, tu et tenu dans l'ombre par l'élan commémoratif, parfois festif et tonitruant, ou parfois par un recueillement et un silence tout aussi dominant » (Bazié, 2015 : 183). La Francophonie institue des rituels de commémoration ne serait-ce que par la journée internationale de la Francophonie qui est l'occasion de coordonner et de multiplier des actions autour de la langue française et des mondes francophones. Cette journée internationale du 20 mars est liée à la fondation même de cette Francophonie officielle, ce qui fait que l'on se trouve face à un risque de commémoration officielle qui vient se rajouter à l'inflation mémorielle que certaines sociétés produisent. Ce risque d'hypermnésie (Porra, 2015 : 7) fait que la Francophonie peut être tentée par l'articulation entre deux régimes mémoriels, le régime mémoriel postcolonial sur le devenir et l'histoire des populations des anciennes colonies et un régime mémoriel plus apaisé portant sur les relations complexes entre mondes francophones et l'histoire de la langue française. La Francophonie n'appuie aucune gouvernance mémorielle spécifique (Michel, 2010), mais essaie de relier ces différentes mémoires.

L'Organisation Internationale de la Francophonie réunit aujourd'hui plus de 84 États soit le tiers des États du monde comme le montre la carte du monde francophone (annexe 1). Sur cette carte, on voit l'ensemble des États membres de la Francophonie. Certes, si cette carte donne l'illusion d'une présence francophone sur les cinq continents, elle ne rend en aucun cas compte de la dispersion des populations francophones. Le Canada fait partie de cette organisation avec le Québec et même si le bilinguisme y est constitutionnel, il serait tout à fait inconséquent d'en tirer l'enseignement selon lequel le français y est très important. L'ambition de cet ouvrage est de montrer qu'il importe de dépasser une vision numéraire, quantitative de la Francophonie pour se concentrer sur les espaces de solidarité et de contacts, ce qui suppose une vision à la fois territoriale, historique et politique du fait francophone.

Cet élargissement constitue sans aucun doute l´apogée d´un cycle de coopération avec une difficulté à identifier la cohérence du projet initial. Une organisation internationale est une superstructure dépendant directement de la volonté des membres qui sont des États (Virally, 1976 : 533). La Francophonie institutionnelle correspond donc à la création d´une organisation internationale dépendant de la volonté des États membres. Le projet francophone est amené à connaître des oscillations car cette dilution traduit en même temps une certaine faiblesse dans la vision géoculturelle de cette organisation. À quoi bon maintenir une coopération lorsque la langue et la culture s´effacent au profit d´une coopération dans d´autres domaines ? Quels peuvent être les objectifs et l´identité d´une organisation géoculturelle à vocation internationale ? S´agit-il d´une nouvelle forme d´impérialisme pour imposer les vues propres à un pays sous le couvert d´un partage de valeurs autour d´une langue ? (Calvet, 1975). Ce qui motive le diagnostic francophone, ce n´est pas tant la disparition des langues que l´appauvrissement culturel dû à l´harmonisation de plus en plus forte des normes linguistiques et culturelles (Calvet, 2008 : 93). Comme l´écrivait Fernand Braudel à propos de la France,

> « pour qui n´est plus un enfant, c´est une autre forme d´histoire, inscrite dans de plus longues durées, qui permet de dégager les invraisemblables accumulations, les amalgames et les surprenantes répétitions du temps vécu, les responsabilités énormes d´une histoire multiséculaire, masse fantastique qui porte en elle-même un héritage toujours vivant, le plus souvent inconscient, et que l´histoire profonde découvre, à la façon dont la psychanalyse, hier, a révélé les flux de l´inconscient » (Braudel, 1986 : 12).

Cette histoire francophone est trop récente pour pouvoir en tirer des conclusions définitives, elle s´articule autour de quatre périodes, un segment 1960–1970 où le projet francophone donne naissance à une agence de coopération culturelle et technique à Niamey, un second segment 1970–1986 où cette coopération culturelle et technique structure les relations entre les pays francophones tout en se confrontant à la question québécoise, un troisième segment 1986–2005 où la Francophonie oscille entre une vision technique et une vision politique puis un dernier segment de 2005 jusqu´à nos jours où une organisation internationale géoculturelle glisse vers un élargissement massif questionnant l´identité du projet francophone. Dans la première période, la Francophonie est empreinte d'une vision senghorienne postcoloniale destinée à maintenir une solidarité entre pays africains anciennement colonisés par la France. L'idée est d'assurer diplomatiquement le chemin de l'émancipation pour que les nouvelles nations africaines puissent bénéficier d'une reconnaissance internationale grâce à une coopération commune. La signature du traité de Niamey le 20 mars 1970 avec l'agence de coopération culturelle et technique (ACCT) marque la naissance laborieuse d'une plateforme de coopération par défaut. Dans son profil, l'ACCT n'est guère différente d'une sous-direction administrative d'un Ministère français[2] avec des moyens encore plus limités.

Le rêve senghorien d'une Francophonie politique et spirituelle ne s'est pas réalisé, mais une plateforme technique en gestation permet de préserver et de consacrer une convergence de réseaux universitaires, journalistiques et politiques. La question québécoise et le positionnement géopolitique autonome de la France gaullienne ont compliqué l'émergence d'une organisation plus forte. Jusqu'en 1986, l'ACCT a précédé la mise en place d'une organisation politique globale avec le retour de la France contribuant à l'émission d'un message francophone cohérent. Alors que l'ACCT ressemble davantage à une forme d´UNESCO, la Francophonie mime de plus en plus l'ONU au point d'investir un message international et de rompre avec l'image postcoloniale de l'organisation entre 1986 et 2005. Ce message fait converger la solidarité avec les pays en voie de développement, les

[2] Le Ministère des Affaires étrangères et européennes compte en son sein une sous-direction du français chargée de coordonner les politiques d´influence de la langue française dans le monde.

efforts d'une diplomatie multilatérale et la critique d'une uniformisation néolibérale portée par l'anglais. Depuis 2005, l'élargissement de la Francophonie s'est accentué avec un positionnement géopolitique diversifié et axé sur les grandes questions internationales comme la lutte contre le réchauffement climatique, la lutte contre les formes de terrorisme et l'idée d'une francophonie économique[3].

Lors d'une conférence donnée dans les séminaires ouverts TED[4], l'écrivaine nigériane Chimanda Ngozi Adichie prônait la nécessité de se décentrer par rapport à des regards historiquement constitués. Au lieu de commencer l'histoire des États-Unis par les premières colonies anglaises, il faudrait selon elle commencer l'histoire en 1776 et la perception historique serait totalement différente. Au lieu de commencer l'histoire de l'Afrique par la traite des Noirs et l'esclavage, il s´agirait de partir des premiers États indépendants et il serait possible dans ce cas-là d´instituer un autre rapport à l'histoire. Certes, l'écrivaine se réfère essentiellement ici à l'histoire littéraire, mais cette méthodologie pourrait être appliquée à cet objet indéfini que constitue la Francophonie institutionnelle, c'est-à-dire la relation politique contractée par plusieurs gouvernements autour d'une organisation internationale favorisant des politiques publiques en lien avec la langue française. Nous ne sommes pas loin d'une inspiration nietzschéenne où l'histoire est liée à une forme d'oubli pour permettre à des institutions d'avoir une nouvelle trajectoire. Au début de sa *Deuxième Considération Inactuelle,* Nietzsche soulignait que

> « Celui qui ne sait pas se reposer sur le seuil du moment, oubliant tout le passé, celui qui ne sait pas se dresser, comme le génie de la victoire, sans vertige et sans crainte, ne saura jamais ce que c'est que le bonheur, et, ce qui pis est, il ne fera jamais rien qui puisse rendre heureux les autres. Imaginez l'exemple le plus complet : un homme qui serait absolument dépourvu de la faculté d'oublier et

---

[3] Ici, nous utilisons le terme de « francophonie économique » avec un f minuscule pour insister sur l'idée d'une communauté de destin sur le plan économique ; la Francophonie économique renvoie aux tentatives d'institutionnalisation de cette francophonie économique.

[4] https://www.ted.com/talks/chimamanda_adichie_the_danger_of_a_single_story?language=fr (Site consulté pour la dernière fois le 6 juillet 2018).

> qui serait condamné à voir, en toute chose, le devenir. Un tel homme ne croirait plus à son propre être, ne croirait plus en lui-même » (Nietzsche, 2011 : 7).

En d'autres termes, la relation au traumatisme colonial est décisive dans la construction d'une nouvelle aventure institutionnelle qui fait de l'espace francophone un espace postcolonial en gestation. C´est pourquoi les théories postcoloniales nous guideront dans l´examen du discours et des institutions tissés par cette organisation géoculturelle. La Francophonie se pense comme le vecteur idéologique de la francophonie en tant que communauté linguistico-culturelle déterritorialisée.

Principes de géopolitique postcoloniale

Les théories postcoloniales sont extrêmement précieuses en ce qu´elles offrent une grille de lecture critique adaptée à la création de la Francophonie et à la discussion concernant la nature de ces institutions. Certes, il y a dans le cas de l´Afrique une situation post-coloniale inédite avec une difficulté à conjuguer indépendance et décolonisation d´autant plus que tous les pays francophones d´Afrique ne sont pas indépendants au moment de la conception de ce projet. La décolonisation suppose de pouvoir élaborer un discours capable de remettre en cause des récits dominants précédents ; en d´autres termes, elle conduit à adopter un « révisionnisme créatif » (Slemon, 1988) pour assumer cette inversion de perspective. Lorsque l´on utilise les catégories issues des études postcoloniales, la genèse de la Francophonie n´est pas à considérer du point de vue d´un discours alternatif, mais davantage comme la mutation d´une colonisation agressive vers un impérialisme culturel. L´impérialisme se distingue du colonialisme par le fait qu´il institue une domination à partir d´un centre sans avoir à occuper un autre territoire (Ashcroft, Griffiths, Tiffin, 2000 : 122). Dans la Francophonie, l´idée est de pouvoir construire un avenir et des coopérations fortes entre pays anciennement colonisés par la France. Le « post » n´est pas à interpréter comme particule temporelle (Bhabha, 2007 : 34), il s´agit plutôt de percevoir l´éclatement d´une hégémonie politique qui se mue en liens culturels et linguistiques autour de grandes questions géopolitiques. C´est la raison pour laquelle l´application des théories postcoloniales à l´époque des nouvelles indépendances africaines mène inévitablement à prendre en compte l´impact du panafricanisme. Si le projet francophone et le panafricanisme ne peuvent être mis sur le même plan, ils répondent à des exigences qui peuvent être considérées comme antagonistes puisque la Francophonie vise une forme de nouvelle intégration régionale tandis que le panafricanisme tente d´élaborer une véritable décolonisation passant par la rupture avec les anciennes puissances coloniales. « La postcolonialité, pour sa part, est un rappel salutaire des relations 'néocoloniales' qui persistent au sein du 'nouvel' ordre mondial et de la division multinationale du travail. Une telle perspective permet d´authentifier des histoires d´exploitation et l´évolution de stratégies de résistance » (Bhabha, 2007 : 37).

Avec l´aide des théories postcoloniales et des analyses institutionnalistes, nous pouvons être à même de comprendre de manière critique la genèse du projet francophone. Il est important de ce point de vue de ne pas surjouer de la confusion entre la francophonie perçue comme communauté linguistique et « *francophonisme* » (Moura, 1999 : 2) rassemblant les intérêts économiques et politiques de cette communauté. Force est de constater que les discours portant sur la Francophonie entretiennent souvent cette confusion ; or, les enjeux littéraires excèdent ceux de la récupération politique qui tente d´instrumentaliser les liens culturels et linguistiques pour en faire des leviers de croissance économique et d´influence politique. Il est vrai que la littérature francophone a l´avantage de montrer les défis lancés à l´Afrique au moment de l´éclatement des empires coloniaux. L´écrivain ivoirien Ahmadou Kourouma a su mettre en évidence le malaise ontologique de l´Afrique et la nécessité de recréer un ordre nouveau (Kourouma, 1968). Dans l´œuvre d´Ahmadou Kourouma, l'ambition est de penser dans un nouveau langage les bouleversements métaphysiques et sociaux qui habitent ce continent qui est à la dérive (Kavwahirehi, 2006 : 48). Les littératures francophones traitent très souvent de ces problématiques et deviennent des espaces intéressants d´analyse dans une perspective postcoloniale. Elles alimentent une dimension critique nécessaire pour réinterroger le projet francophone qui a davantage constitué une construction élitiste.

Au-delà des perceptions traitées dans les littératures francophones, il semble que la Francophonie soit davantage un espace politique en gestation dans un monde où les relations géopolitiques se sont accélérées. Les relations internationales reposent sur des systèmes d´interdépendance économique et politique ce qui donne un rôle non négligeable aux instruments de coopération quels que soient leurs moyens (Korany, 1984 : 881). La Francophonie tente de construire un projet entre les anciennes colonies françaises avec en ligne de mire l´objectif d´exister dans le paysage des relations internationales même si cette influence n´est encore qu´à l´état embryonnaire. Le postcolonialisme repose sur l´analyse des conditions de vie dans les anciennes colonies, mais renvoie également aux relations économiques et politiques en temps de décolonisation ainsi que leurs conséquences sur les processus culturels et psychiques (Dirlik, 1994 : 332). Le courant des *postcolonial studies* s´est développé de manière conséquente après la parution de l´ouvrage d´Edward Saïd sur l´orientalisme, il porte davantage sur l´analyse de l´histoire culturelle de la décolonisation (Sibeud, 2004/5 : 94). La Francophonie est engagée dans les années soixante au moment où certains pays nouvellement indépendants tentent de trouver une troisième voie après la conférence de Bandung de 1955. Pour la plupart des nations africaines indépendantes, la décolonisation est difficile parce que les anciennes puissances coloniales disposent toujours d´un rapport de force économique et géopolitique qui leur est favorable (Berque, 1967 : 22). Frantz Fanon, qui est présenté comme l´un des inspirateurs des études postcoloniales, s´est intéressé à la question des conséquences psychiques de la colonisation avec la transmission d´un sentiment de dévalorisation (Fanon, 1952 : 109). La décolonisation suppose un travail des anciens pays coloniaux et des nouvelles nations décolonisées pour qu´un avenir collectif plus équilibré soit possible. La Francophonie, évaluée à l´aide de ces théories, est-elle une narration tentant d´adoucir cette transition politique pour que la langue et la culture française puissent être associées positivement à une ambition politique universelle ? Le terme de Francophonie est souvent lié à l´œuvre de cette colonisation puisque l´un des ardents promoteurs du projet francophone, Léopold Sédar Senghor, n´hésite pas à rendre hommage à certains cadres de l´École nationale de la France d´outre-mer comme Robert Delavignette.

> « Pour Delavignette, le rôle des colonies, comme des provinces, n´est pas, simplement, de recevoir les lumières de la Métropole, de Paris, d´être des consommatrices de culture ; il est d´être, d´abord, des productrices de culture, grâce à l´activation et à l´expression de leurs vertus originaires. Tandis que le rôle de Paris est de faire la symbiose de ces vertus, moins contradictoires que complémentaires, en quoi consiste la *culture* » (Senghor, 1967 : 26).

Dans cet hommage, on voit bien que l´ouverture humaniste prônée par Léopold Sédar Senghor implique une rencontre entre les colonisés et les colons alors que Frantz Fanon montrait que la difficulté résidait dans le fait que le colonialisme avait constitué une conception d´autodévalorisation des peuples colonisés. Les théories postcoloniales nous proposent de déconstruire la grammaire des institutions coloniales afin de comprendre comment certaines narrations historiques ont été élaborées. Pour Bhabha, la lutte contre l´oppression coloniale implique de déconstruire la vision historiciste et ordonnée imposée par les puissances coloniales occidentales. « Si l´ordre de l´historicisme occidental se trouve perturbé dans l´état d´urgence colonial, la représentation sociale et psychique du sujet humain y est plus perturbée encore » (Bhabha, 2007 : 87). Nous verrons à la lumière de ces théories si l´institutionnalisation de la Francophonie politique répond à une forme de résilience à partir de l´établissement d´une coopération multilatérale. S´agit-il de relativiser et de dédramatiser l´héritage de la colonisation par le biais de cette plateforme de coopération ou s´agit-il d´accompagner une transition pacifique vers une pluralité d´espaces politiques francophones ?

Les origines du terme « francophonie »

Le terme « francophone » a été conçu par le géographe Onésime Reclus au moment de la cartographie des populations de langue française. Le dénombrement des locuteurs francophones date d'ailleurs de cette époque.

> « Ainsi, pas tout à fait 43 millions de francophones en Europe, y compris les Français de France encore ignorants de leur langue et les Belges bilingues ; moins de 4 millions en Amérique en faisant entrer dans le rang les Franco-Canadiens des États-Unis et les Louisianais qu'il faut considérer comme très aventurés, voire déjà perdus ; à peu près 2 millions en Afrique en y comprenant les Arabes et les Berbères capables de notre idiome ; en tout, moins de 50 millions de *Francophones*, quand il y a déjà deux à trois fois plus d'Anglophones et de Russophones, et aussi plus de Germanophones et de Castillophones » (Reclus, 1899 : 825).

Reclus évoquait à la fin du XIXe siècle la concurrence des langues internationales (Wolf, 2008). Les populations de langue française sont à comparer avec les autres espaces linguistiques, la cartographie permettant de rendre compte de la compétition internationale de ces langues. Il est également important de comprendre l'importance de la géographie et du tracé des frontières dans le fait colonial. Les *Annales de* géographie de la fin du XIXe siècle nous en donnent des exemples significatifs. Par exemple, en 1893, on peut lire le passage suivant sur la délimitation des frontières :

> « le 13 avril 1893, la commission franco-allemande de délimitation chargée de procéder à la reconnaissance définitive de la frontière entre les établissements allemands du Togoland et les établissements français de Bénin a terminé ses travaux après avoir remonté le fleuve Mono d'Agomé-Seva à Toune, et déterminé les coordonnées de tous les points litigieux » (Froidevaux, 1893 : 566).

La géographie est liée au temps des explorations et de la définition des frontières, la francophonie est née dans cette optique coloniale de situer et de localiser les locuteurs potentiels de langue française. Phan et Guillou ont pour leur part classé cette époque (1880–1960) comme étant la première francophonie (Phan, Guillou, 2011 : 13), c'est-à-dire la prise de conscience de l'existence de communautés linguistiques. Cette francophonie n'est pas première en réalité car des mouvements migratoires importants affectant l'expansion de la langue française se sont produits au XVIe siècle au moment des guerres de religion (Lestringant, 1993 : 340) puis au XVIIe siècle après la révocation de l'Édit de Nantes effectuée par Louis XIV (Davies, Davies, 2000). Il s'agissait notamment pour les huguenots persécutés d'investir l'idée du Refuge où ils pourraient pratiquer et diffuser leur religion (Rocher, Pelchat, Chareyre, Poton, 2014). De nombreux huguenots ont quitté la France pour se retrouver dans des pays tolérant la pratique de leur religion.

L'idée de communautés linguistiques dépend de l'essor des diasporas dans l'histoire où migration et pratiques linguistiques sont directement liées. Ces diasporas ont colonisé certains territoires avec l'idée d'une régénération comme c'était le cas avec la création de la nouvelle France. Le français a commencé à se diffuser en Amérique du Nord au XVIIe siècle tout comme dans les Caraïbes et dans l'Océan Indien (Rey, Duval, Siouffi, 2007 : 754). Le terme de « francophonie » renvoyait ainsi finalement à la dispersion géographique des communautés de langue française avant que le terme de Francophonie ne renvoie aux structures étatiques conçues pour protéger ces espaces et à la construction d'une organisation multilatérale à la fin des années soixante (Pöll, 1998 : 7).

L'imaginaire missionnaire permet à ces communautés de s'établir avec un désir d'évangélisation et de propagation. Le nouveau monde représente un enjeu dans cette entreprise de découverte et de colonisation (Pioffet, 2009 : 45). En 1763, 60.000 colons français s'y sont installés, ce qui a occasionné des conflits armés avec les Anglais. Louis XV céda en 1763 la Nouvelle-France aux Anglais qui par la suite ont rattaché le Bas-Canada francophone au Haut-Canada anglophone en 1841 (Luneau, 1997 : 112). L'Acte d'Union imposait l'unilinguisme faisant de la langue française une langue de résistance caractérisant une population dominée sur le plan linguistique et culturel[5]. Depuis le départ, la langue française coloniale a, dans ce contexte, gardé une très forte homogénéité par rapport à la langue employée en France (Portes, 1994 : 496). L'évolution des langues suit également les mouve-

[5] http://www.solon.org/Constitutions/Canada/English/PreConfederation/ua_1840.html (Site consulté pour la dernière fois le 6 juillet 2018).

ments d´échange, le XVIIIe siècle étant davantage caractérisé par une économie-monde réticulaire autour des Provinces-Unies hollandaises avec la circulation de négociants professionnels avant que des politiques protectionnistes et industrialistes ne contribuent à l´émergence d´économies nationales. L´essor du capitalisme industriel nécessite la recherche de nouveaux marchés extérieurs qui ont favorisé un mouvement sans précédent de mondialisation des échanges (Fayolle, 1999 : 164). C´est dans ce contexte de forte concurrence que les impérialismes européens se développent. Les colonies deviennent des possibilités de renouveau. Certes, le terme de francophonie n´existait pas à l'époque, mais la réflexion sur l'évolution des communautés linguistiques francophones a bien existé pendant cette première forme de mondialisation des Temps Modernes.

Le terme « francophone » apparaît pour la première fois dans *Le Dictionnaire de l'Académie* en 1932 (Balmette, Tournier, 1997 : 168) avec très peu d'occurrences jusqu'en 1961 au moment de la fondation de l'AUPELF (Association des universités partiellement ou entièrement de langue française). L´AUPELF est l´une des premières institutions qui prend en compte la diversité de la langue française dans le monde jusqu´à évoquer le français en situation de contact (Lamaison, 1987 : 373). Ce néologisme repose sur une version latinisée du terme germanique *Frank* et de la racine grecque *phonê* qui met en évidence l'expression de la voix vivante (Derrida, 1967 : 86). Le géographe Onésime Reclus a créé ce néologisme au moment de repérer les locuteurs de langue française dans le monde à une époque où l'ennemi de la France était l'Allemagne naissante. Le terme « francophonie » apparaît comme nom à la fin du XIXe siècle dans un de ses écrits (Balmette, Tournier, 1997 : 168) toujours dans ce contexte de rivalité avec l'Allemagne (Reclus, 1899 : 825). L´Empire colonial au XIXe siècle est plutôt vu comme le destin de la France, car la vitalité francophone y est selon Onésime Reclus « stagnante » (Reclus, 1899 : 825) en raison du climat froid et tempéré et du manque de naissances. Cette approche démolinguistique est encore aujourd´hui entretenue par l´Organisation Internationale de la Francophonie soucieuse de montrer par le biais d´une cartographie l´essor mondial de la langue française selon des prévisions démographiques. Comme le signale à juste titre Alice Goheneix, le discours racialiste d´Onésime Reclus, dans la lignée des pères de la mission civilisatrice que sont Jules Ferry et d'autres républicains de l'époque, n´est jamais frontalement démenti (Goheneix, 2008 : 137). Le mythe de cette progression renvoie à la constitution d´un discours francophone qui n´a jamais disparu. Cette identité francophone pourrait « se reconnaître à mille tests, croyances, discours, alibis, vaste inconscient sans rivages » (Braudel, 1986 : 17). Le risque serait de céder par facilité à une reconstruction de cette identité francophone à partir de catégories qui lui sont postérieures (Peschanski, 1992). Nous souhaitons ici réassembler ces traces du projet politique francophone afin de comprendre l´évolution de l´Organisation Internationale de la Francophonie. Resituer le projet francophone par rapport à ses acteurs et ses institutions implique de se référer au contexte historique et politique dans lequel naît ce projet. Quel imaginaire sous-tend l´Organisation Internationale de la Francophonie définissant des objectifs et des valeurs communs ? Une organisation géoculturelle peut-elle exister en dehors des formes de l´identité nationale ? Peut-elle se muer en identité post-nationale et résonner dans la conscience des peuples qui sont concernés par les buts de cette organisation ?

Francité, francophonie et Francophonie

Dans la plupart des ouvrages portant sur la francophonie, on se réfère d'abord à l'apparition de l´adjectif « francophone » au XIXe siècle pour décrire la réalité coloniale et ensuite s'intéresser à l'histoire de la diffusion du français dans une perspective transnationale.

Le terme de « francophonie » est lui attesté à partir des années 1960 au moment de l´indépendance des nations africaines. Selon Pierre Achard, la paternité de ce terme revient à Léopold Sédar Senghor qui en tant que parlementaire de l´AOF avait rédigé un article « Où va l´Union française » en 1956 dans la revue *Nef* (Achard, 1984 : 196). Si Senghor est l´un des premiers à populariser l´expression, c´est certainement parce qu´il lui dote d´une force spirituelle capable de surmonter la relation de tension entre anciennes puissances coloniales et colonisées. En consultant les archives du journal *Le Monde* de 1944 à nos jours, nous avons repéré l'emploi du terme à partir des années 1960. Un article daté du 17 août 1960 mentionne la « francophonie » en évoquant les remarques de Stéphane Hessel qui était alors directeur de la Coopération avec la Communauté et l'étranger au Ministère de l'éducation nationale[6]. En réalité, Senghor lui-même a attribué le terme à Habib Bourguiba dans un discours de décembre 1965 prononcé à Niamey et qui signifie la communauté d'esprit (Senghor, 1989 : 152).

> « Nous avons été deux, un Canadien et le Sénégalais que je suis, à créer et lancer le mot de *francité*. En même temps et sans nous consulter au demeurant. Comme vous le devinez, nous entendons par 'francité' les valeurs de la langue et, partant, de la culture française, la 'culture' n'étant rien d'autre que l'esprit d'une civilisation donnée. Mais pourquoi '*francité*', comme 'latinité', 'germanité', et non pas 'francitude', comme 'négritude', 'berbéritude', 'sinitude' ? » (Senghor, 1989 : 152).

Senghor rappelle qu'il a lui-même été à l'origine du terme de francité pour rappeler le lien indissociable de la langue et de la culture françaises. Ce fait a été plus ou moins attesté puisque Georges-André Vachon en attribuait la paternité à Jacques Berque à Paris et Jean-Marc Léger à Montréal (Vachon, 1968 : 117).

> « Mais 'francité', qui désigne une réalité à la fois géographique et culturelle, ne fait pas partie de la famille de mots qui ont pour dénominateur commun 'la France'. ‹Francophonie›, avec lequel on le confond parfois, englobe toutes les communautés nationales qui partagent avec le peuple de France, un certain patrimoine culturel inscrit dans la langue française, tandis que ‹francité›, au sens où nous l'employons, désigne la francophonie moins la France. La création de ce mot n'est pas sans rappeler celle de *Hispanidad*, apparu au siècle dernier, peu après la chute d'un grand empire

---

[6] https://www.lemonde.fr/archives/article/1960/08/17/la-france-est-le-premier-exportateur-d-enseignants-declare-le-directeur-de-la-cooperation-avec-la-communaute-et-l-etranger_2083875_1819218.html?xtmc=francophonie&xtcr=4845 Article datant du 17 août 1960 et consulté en ligne pour la dernière fois le 6 juillet 2018.

> colonial – et l´on sait que les peuples de l´hispanité, qui peuvent être, à l´occasion, passionnément hispanophobes, ne se considèrent pas comme des Espagnols d´Amérique » (Vachon, 1968 : 117–118).

Le terme de francité oscille entre une appellation des anciens locuteurs de langue française appartenant aux anciennes colonies et une définition de valeurs propres à l´esprit français. Il est indéniable que le terme de « francité » aurait une coloration identitaire puisqu´il renverrait aux valeurs de la France, Roland Barthes l´ayant même utilisé pour évoquer le cas des frites en se référant à la presse populaire et en particulier à Paris-Match (Barthes, 1957 : 79).

La francité renvoyait à l´une des caractéristiques de l´identité belge, mais pour Roland Barthes, ce terme a une connotation foncièrement négative puisqu´il relève de la mythologie, c´est-à-dire d´un récit quotidien figé sur la perception de ce qui serait une essence ethnique[7]. Dans le numéro de la revue *Esprit,* le terme de francophonie apparaît lui à quatre reprises entre guillemets pour identifier cette communauté de destin des pays anciennement colonisés par la France, commc c´est le cas dans l´article du directeur de l´Institut franco-japonais de Tokyo à l´époque, Auguste Anglès : « l´abandon par la France de sa souveraineté politique sur ses anciennes colonies, devenues États souverains, est en train d´agir à la façon d´un 'révélateur' : il a rendu visible 'la francophonie' d´une bonne partie du monde, avec laquelle l´autre partie se met en état de négocier et commercer directement » (Anglès, 1962 : 746). On voit bien que la francophonie avec un f minuscule s´identifie avec cette forme de coopération entre régions anciennement colonisées par la France. Il est en fait plus aisé d´employer le terme de « francité » en canadien français pour se référer à la langue première des Canadiens français et les distinguer des locuteurs anglophones. La paternité du terme n´est pas tranchée puisque certains auteurs affirment qu´il aurait été employé pour la première fois en 1943

---

[7] Dans un article intitulé « La frite et la francité » et paru dans *Le Monde* le 22 juillet 1980, José Fontaine est revenu sur ce concept attribué à Senghor mais que Roland Barthes a extrait de ses lectures des journaux populaires. https://www.lemonde.fr/archives/article/1980/07/22/la-frite-et-la-francite_2795166_1819218.html, site consulté pour la dernière fois le 6 juillet 2018.

par Auguste Viatte (Ekoungoun, 2014 : 129). Dans une conférence donnée par l´Académie Royale de Belgique en 1970, l´académicien wallon Maurice Piron (1914–1986) est revenu en présence du Président Léopold Sédar Senghor sur le lien important unissant francophonie, francité et Francophonie. Il rappelle que le Président Senghor avait rapproché les deux termes de manière plus forte en septembre 1966 lors d´un discours prononcé à l'Université Laval de Québec (Piron, 1970 : 141). Senghor avait alors déclaré au sujet de la Francophonie comme culture qu´elle était

> « un mode de pensée et d´action : une certaine manière de poser les problèmes et d´en chercher les solutions. Encore une fois, c´est une communauté spirituelle : une *noosphère* autour de la terre. Bref, la Francophonie, c´est par-delà la langue, la civilisation française ; plus précisément, l´esprit de cette civilisation, c´est-à-dire la Culture française. Que j´appellerai la *francité* » (Piron, 1970 : 141–142).

Pour Senghor, la francité représente en quelque sorte l´esprit de la francophonie même si cette vision spirituelle et lyrique demeure relativement floue. En 1968, en se référant à la notion de Francité, le journaliste, romancier et universitaire Robert Escarpit (1918–2000) l´avait qualifié de « charabia métaphysico-politique » (Ekoungoun, 2014 : 129).

Le risque serait en fait de rabattre complètement l'histoire de la francophonie à ce que François Provenzano nomme la « francodoxie », à savoir une idéologie constituée autour de l'idée que la mondialisation française comme une excroissance de la France est porteuse de valeurs (Provenzano, 2011 : 63). Cette condamnation est partagée par de nombreux auteurs ayant remarqué le recours à un discours de la francophonie idéalisant les valeurs qui sont au cœur des institutions francophones existantes. En réalité, les historiens de la littérature et les universitaires qui ont utilisé le terme de « francité » en Belgique et au Québec ont exprimé une conception forte de la francodoxie, car il s´agissait de reconstruire par la culture ce qui n´était plus possible par la politique, à savoir une communauté d'intérêts entre des pays liés par la langue française. Il n´est pas étonnant que les promoteurs de la francité comme Auguste Viatte soient bien rattachés à ce discours francodoxe sur lequel François Provenzano travaille.

> « Cet idéalisme va jusqu'à poser l'existence de valeurs morales prêtées à la langue française et à la francophonie en général, l'espace francophone regroupant des hommes attachés aux mêmes idéaux de liberté, d'égalité, de fraternité, de solidarité pour qui le respect de langue est presque un impératif moral puisqu'on a même été jusqu'à parler de la probité de la langue française, ainsi humanisée, et du sens de l'humain qu'elle porte en elle-même, par nature pourrait-on dire » (Dumont, 1990 : 35).

Le discours francodoxe est à déconstruire car il porte une vision idéologique des langues comme si certaines langues portaient des valeurs liées à l´histoire des peuples qui les ont utilisées. Par exemple, dans un article de recherche portant sur l´histoire de la Francophonie, Jean-Pierre Colin se risque à ce type de réflexion :

> « une langue peut-elle cependant avoir des qualités propres qui, sans la distinguer dans l´absolu des autres, lui confèrent un statut et même un rôle à part ? Il le semble bien. Chaque histoire linguistique est originale. Il est des idiomes que les batailles, et parfois les défaites, ont privilégié. La langue française a été de toutes les aventures, de toutes les conquêtes. Elle s´est avancée parfois masquée, le Code civil investissant l´Europe dans une langue où Stendhal disait avoir trouvé son inspiration, parfois bottée comme ce fut le cas lors des aventures coloniales. Dans les deux situations, elle apportait quelque chose des valeurs dont elle se voulait porteuse » (Colin, 1997 : 147).

L´usage d´une langue dépend effectivement des conquêtes historiques et du poids politique des pays qui la pratiquent et qui arrivent à l´imposer au-delà des frontières. Dire qu´elle apporte des valeurs est à la limite du discours francodoxe, la langue n´étant jamais un véhicule neutre. Le discours francodoxe n´a pas attendu l´apparition de la Francophonie pour être propagé, il est associé de manière classique à tous les discours portant sur le génie de la langue française. Le 6 juin 1782, l´Académie royale des Sciences et Belles-Lettres de Berlin proposait un concours sur la relation entre langue française et universalité. Ce concours était de nature à alimenter les discours les plus idéologiques sur la langue française. Les trois questions posées étaient les suivantes : « Qu´est-ce qui a fait de la Langue française la langue universelle de l´Europe ? Par où mérite-t-elle cette prérogative ? Peut-on présumer qu´elle le conserve ? » (Schlobach, 1989 : 341). L´objectif principal était d´expliquer les raisons pour lesquelles cette langue avait légué une littérature classique importante et acquis un statut diplomatique particulier. Antoine Rivarol (1753–1801) est celui qui remporta le concours grâce à sa dissertation intitulée *De l´universalité de la langue française* (Schlobach, 1989 : 349) en annonçant des bouleversements géopolitiques et le lien de solidarité entre nations qu´entretiendrait la langue française. C´est un des plus beaux morceaux de francodoxie que nous ayons (Rivarol, 1991). Pour le comte de Rivarol, il importe de prendre en compte la situation géopolitique des nations pour comprendre comment la France a constitué un carrefour entre les influences septentrionales et méridionales. Outre les remarques géopolitiques, l´auteur se prête inévitablement à des remarques sur les mœurs et les comportements :

> « quand on compare un peuple du Midi à un peuple du Nord, on n´a que des extrêmes à rapprocher ; mais la France, sous un ciel tempéré, changeante dans ses manières et ne pouvant se fixer elle-même, parvient pourtant à fixer tous les goûts. Les peuples du Nord viennent y chercher et trouver l´homme du Midi, et les peuples du Midi y cherchent et trouvent l´homme du Nord » (Rivarol, 1991 : 24).

Les considérations s´enchaînent dans le lien entre génie de la langue, grandeur de la nation et littérature rayonnante. C´est souvent la mention de la littérature comme patrimoine inestimable qui vient alimenter ce sentiment francodoxe.

L'hypothèse de cet ouvrage réside dans le fait que la Francophonie institutionnelle est travaillée souterrainement par cette polarisation entre francophonie et francodoxie. Certes, la francophonie n´est pas une idée de la France (Colin, 1997 : 139), elle provient plutôt des périphéries, mais elle a été progressivement récupérée politiquement par la France qui y voit le moyen de maintenir une certaine influence géopolitique. Le risque est alors de voir cette influence concurrencer l´action diplomatique du Quai d´Orsay (Colin, 1997 : 145). Dans une veine inspirée par les travaux de Pierre Bourdieu, il serait également possible de considérer l´institutionnalisation de langues internationales (souvent des langues impériales) comme une tentative de légitimation symbolique d´une certaine approche culturelle (Boltanski, 1975 : 10). En réalité, il s´agit d´approfondir l´idée de francodoxie comme étant la justification d´un champ avec la construction d´un marché autour d´une langue (Dumont, 1990 : 35), certains auteurs plaidant pour un renouveau du français mondial (Hamelin, 1982 : 144).

L´idée même de mondialisation serait alors affectée par la compétition entre langues internationales. La Francophonie pourrait être une dernière tentative de reconstituer un sens à ces coopérations dans un monde où l'idée de marché s'impose comme l'horizon indépassable de notre époque. Dans un monde désenchanté (Nancy, 1993), ces coopérations permettraient d'articuler de nouveaux espaces géographiques entre eux par le biais de la langue. C´est ici que la rivalité avec un projet de mondialisation autour de la langue anglaise prend corps avec cette idée que la francophonie constituerait *in fine* une mondialisation à visage humain, plus respectueuse du devenir des peuples et moins marchande que la mondialisation anglophone. Cette perception est à interroger à la lumière de la différenciation entre une perspective francophone et une perspective anglo-saxonne. Le syntagme « anglo-saxon » apparaît régulièrement dans les articles et les discours portant sur la francophonie comme s´il devenait implicitement rattaché à l´idée d´une mondialisation libérale. Il existe de ce point de vue la possibilité de voir dans l´utilisation de ce syntagme un prolongement de ce qu´Emile Chabal nomme le récit néo-républicain en France où la majeure partie des Intellectuels et de l´élite politique promeut la spécificité d´un modèle d´organisation politique et sociale fondé sur le récit néo-républicain (Chabal, 2017 : 106–107). Dans cette perspective, le terme d´anglo-saxon est progressivement ramené vers celui de libéral. Ainsi, la compétition entre la francophonie et l´anglophonie est aussi celle d´un modèle social qui s´est ensuite diffusé en justifiant le colonialisme comme entreprise d´assujettissement d´une société entière.

D'autres auteurs (Achard, 1982) n'hésitent pas à ramener la politique francophone à la simple formulation d'un impérialisme culturel là où le projet colonial a échoué. Il existe une amphibologie du concept de francophonie que l'on retrouve dans des perceptions différentes du rôle des institutions. En l'occurrence, ce discours francophone alimente et justifie les postures officielles des gardiens des institutions francophones, mêlant sans cesse différents niveaux de référence. Nous pourrions emprunter la distinction entre les niveaux réel, symbolique et imaginaire chez Lacan pour décrire les répertoires utilisés dans la promotion de la francophonie (Lacan, 1966 : 11). Le réel correspondrait à ce qui se dérobe, à savoir le dénombrement impossible des locuteurs français et de l'influence française dans le monde, le symbolique serait de l'ordre des institutions qui génèrent cette comptabilité et cette recherche sur les liens entre les pays dits francophones tandis que l'imaginaire renverrait à l'idéal des liens autour de la langue française. De ce point de vue, le réel serait plus proche d'une cartographie des populations francophones disséminées dans le monde entier tandis que l'imaginaire serait cette tentative d'hégémonie culturelle autour de la langue. Chez Lacan, les niveaux sont entremêlés puisqu'il existe un réel réaliste parfois introuvable et un réel déjà symbolique, c'est-à-dire imprégné par les institutions. Cette tension est très forte dans les manières d'agir institutionnelles et dans la définition d'une stratégie francophone. Cette stratégie traduit un désir, celui d'une influence profonde de la langue permettant indirectement d'activer une forme d'hégémonie culturelle. À l'inverse, le projet francophone se doit de ne pas répéter ce geste colonial consistant à imposer une identité aux colonisés par rapport aux colons (O'Dell, 2013 : 128). Frantz Fanon s'était appuyé sur les concepts lacaniens d'image de soi pour montrer comment les images produites par les représentations du corps pouvaient se traduire par l'exclusion inconsciente et pérenne de ce qui est autre (Fanon, 1952 : 131). La question reste de savoir si la Francophonie est une tentative de créer un rêve d'association ou si elle maintient d'une certaine manière une discrimination profonde entre ex-colonisés et ex-colons. Comme l'écrivait Frantz Fanon, « le nègre possède une patrie, prend place dans une Union ou un Commonwealth. Toute description doit se situer sur le plan du phénomène, mais là encore nous sommes renvoyés à des perspectives infinies » (Fanon, 1952 : 140). La condition universelle du nègre se trouve brisée par leur intégration dans des situations concrètes nationales.

Fanon rédigeait *Peau noire, masques blancs* dans un contexte où les Empires coloniaux existaient encore. Nous pourrions utiliser ces réflexions pour savoir si la Francophonie, dans cette perspective, a joué en faveur d´une intégration et d´une dédramatisation de la condition nègre au lendemain des indépendances. Pour sa part, Léopold Sédar Senghor envisageait la Francophonie comme un espace de métissage entre les ex-colonisés et les ex-colons. La Francophonie était synonyme de la « Civilisation de l´Universel » où des synthèses culturelles sont les conditions de la création d´un nouveau projet civilisationnel (Senghor, 1967 : 26). Senghor a systématiquement associé Francophonie, Négritude et Civilisation de l´Universel dans sa réflexion fondamentale (Senghor, 1988) tout en sachant qu´il avait une marge de manœuvre diplomatique limitée.

Il importe dans cette perspective de s'intéresser spécifiquement à l'histoire de la Francophonie institutionnelle comme concrétisation d'une politique francophone autour d'une communauté de vues et d'un lien à la langue française. En ce sens, nous étudierons l'innovation institutionnelle rendue possible par la constitution d'un cadre de coopération transformé en organisation internationale. Il appert primordial de pouvoir croiser une vision postcoloniale avec une perspective institutionnaliste pour comprendre la genèse d´une telle entreprise. La perspective institutionnaliste (Rizopoulos, Kichou, 2001 : 150) est appropriée pour étudier cette émergence d'une organisation géoculturelle défendant la place de la langue française parmi les grandes langues internationales. Si la sociologie des organisations propose un primat empirique de l'étude de la relation entre acteurs et système (Crozier, Friedberg, 1981), la perspective institutionnaliste propose de travailler en profondeur le lien entre acteurs et institutions (Lecours, 2002 : 3–19) afin de montrer comment cette institution a également été mue par une conflictualité initiale de visions politiques du rôle de la langue française. De ce point de vue, il s'agit dans cet ouvrage de faire émerger ce que Nikos Poulantzas nomme la « structure-institution », c'est-à-dire la « matrice organisante des institutions » (Poulantzas, 1982 : 123).

Les visions de la Francophonie font l'objet de discussions entre élites politiques émergentes pour maintenir un réceptacle, c'est-à-dire une organisation dont les contours seront précisés ultérieurement. L'urgence était pour ces élites d'avoir une plateforme de coordination avant d'affiner ces outils de coopération. Il importe d'adopter une méthode généalogique pour lier l'évolution des institutions francophones à une série de discours initiaux définissant l'idéal francophone. Nous reprenons le chemin décrit par Louis Althusser dans un article portant sur les interprétations du *Contrat Social* de Rousseau (Althusser, 1967 : 7). En remontant et en fouillant à travers les strates discursives francophones, nous pouvons apercevoir cette intention et la manière dont ce projet essentiellement intergouvernemental est né. Des années 1950 à 1986, date du premier sommet de Versailles, la Francophonie est un ensemble institutionnel émergent et faisant converger un élan associatif avec une volonté politique essentiellement post-coloniale. Le terme de « post-colonial » est à distinguer du mot « postcolonial » dans la mesure où il indique historiquement ce qui est venu directement après la période officielle de colonisation. Cela n'empêche pas d'avoir recours aux théories postcoloniales pour comprendre l'émergence de ce projet post-colonial. De 1986 jusqu'à nos jours, la Francophonie s'est transformée en organisation proprement internationale avec un investissement symbolique et officiel très marqué. On sort alors de la « sociologie de l'Utopie » (Massart-Piérard, 2007 : 69). L'idéologie francophone s'est peu à peu déportée sur l'idée d'une mondialisation solidaire où les échanges linguistiques et culturels corrigent les excès de l'économie-monde. Comme l'écrivait Immanuel Wallerstein à propos de l'économie-monde, « la structure de l'économie-monde permet un échange inégal (principalement « trans-étatique ») de biens et de services, de telle sorte que la majeure partie de la plus-value extraite dans les zones périphériques de l'économie-monde est transférée aux zones centrales » (Wallerstein, 1984 : 791).

Dans cet esprit, la Francophonie serait un projet tournant autour de la solidarité et du développement, pour que les zones périphériques puissent avoir une attention particulière. Replacer la Francophonie au sein des différentes théories des relations internationales est primordial pour comprendre la construction du projet et ses tensions entre ceux qui privilégient une dimension de coopération technique et ceux qui s'attachent à définir un horizon normatif comme pour toutes les organisations internationales multilatérales après la Seconde Guerre mondiale. Traditionnellement, certaines organisations internationales comme ces organisations géoculturelles ont peu été étudiées, l´approche réaliste les reléguant derrière les puissances étatiques, l´approche néoréaliste les voyant au mieux comme des ajustements des relations interétatiques (de Senarclens, 2001 : 265). La Francophonie a évolué entre un espace d´intégration régionale africaine qui n´a pas abouti et une organisation multilatérale entre pays francophones, imitant de ce point de vue la forme d´une succursale symbolique de l´ONU en français. Il existe un problème de forme politique à cette organisation internationale dont le poids est équivalent à celui d´une ONG et dont l´influence est contrecarrée par la mise en place d´une bureaucratie intergouvernementale. L´hypothèse principale de cet ouvrage est que la Francophonie est une mondialisation manquée, les institutions devenant en elles-mêmes le lieu de mémoire (Nora, 1997) de cet échec. La preuve en est que la plupart des membres n´ont pas la langue française comme langue officielle ni langue administrative. Cette organisation géoculturelle est par conséquent limitée dans sa portée et dans son influence.

Dépolitiser un lien aux colonies pour construire une coopération *a minima*

> « Ils ont créé la colonisation
> Lorsqu´on a trouvé la solution
> Ils ont créé la coopération
> Comme on dénonce cette situation
> Ils ont créé la mondialisation
> C´est Babylone qui nous exploite »[8].

Cette chanson de l´artiste de reggae engagé Tiken Fah Jakoly met en évidence qu´à l´origine de la coopération entre les pays francophones, la suspicion de néocolonialisme a toujours été présente. C'était la position d'un certain nombre de critiques dans les années 1970 qui voyaient dans le projet francophone une tentative de maintenir une dépendance économique et politique vis-à-vis de la France (Cassen, 1978 : 96). Pourtant, le terme même de francophonie apparaît très peu à l´époque coloniale, car l´Empire ne se préoccupait pas de diffuser la langue française (Farandjis, 2004 : 50). La France ne se souciait pas entre 1880 et 1960 de son influence linguistique et culturelle ni du sort des populations francophones du monde. Lors d'un entretien enregistré à l'Institut français de Suède en 2011 avec un chercheur congolais habitué à fréquenter les colloques francophones, ce dernier nous a expliqué ce que signifiait l'usage de la langue française à l'époque coloniale. Bienvenu Sene Mongaba a donné une description précise de l'acculturation produite par la colonisation.

[8] Tiken Fah Jakoly, « Y´en a marre », chanson extraite de l´album *Françafrique*, http://www.paroles.net/tiken-jah-fakoly/paroles-y-en-a-marre#iTIphlUyWVUsesy1.99, [Site consulté pour la dernière fois le 6 juillet 2018].

Comment citer ce chapitre:
Premat, C. 2018, « Dépolitiser un lien aux colonies pour construire une coopération *a minima* », *Pour une généalogie critique de la Francophonie*. Stockholm Studies in Romance Languages. Stockholm: Stockholm University Press. 2018, pp. 29–80. DOI: https://doi.org/10.16993/bau.b. License: CC-BY

> « Ce qui fait que le colonisé instruit a été instruit dans la logique où il devait s´élever au-dessus de sa société, pour atteindre la société européenne. Ce qui fait que quand il se mettait à parler français, il se considérait comme quelqu´un de très intelligent, de très important et sa société qui ne parlait pas français, c´étaient des primitifs, des sauvages. Donc parler français, c´était comme une élévation dans la société. Ça veut dire que tu étais en train de quitter ta société, qui était primitive, pour atteindre la société occidentale qui était raffinée. Au Congo, on avait ce qu´on appelait les ‹évolués›, on leur donnait une carte à la fin. Ça veut dire que l´administration coloniale trouvait que tu méritais d´être appelé ‹évolué›, parce que tu parlais français, tu mangeais comme un blanc, tu n´épousais pas deux femmes, parce qu´ils interdisaient la polygamie, tu portais la cravate, tu mangeais à 12h30 à table. Et il y avait un inspecteur, parce que tu avais soumis ta candidature pour devenir évolué, et tu avais des contrôles de temps en temps pour vérifier que tu avais vraiment atteint le niveau d´évolué, que tu commençais vraiment à vivre comme un blanc. Alors, à ce moment-là, tu avais ta carte, que beaucoup recherchaient » (Colavecchio, Premat, Sule, 2012).

Les évolués se distinguent des populations locales qui relèvent pour la plupart du Code de l´indigénat. La colonisation se caractérise par la soumission d´une société par une autre et surtout par la séparation des régimes juridiques et sociaux des colons et des colonisés. C'est le Congrès de Berlin de 1885 qui a déterminé le cadre d'évolution des relations entre les puissances européennes et leurs colonies. Les colonies avaient été conçues et tracées exclusivement à partir des côtes pour faciliter le commerce et l'exploitation (Colin, Coquet, Daniel, Fourmann, 1993 : 457). La colonisation s'appuyait alors sur une importation de la hiérarchie militaire, des normes juridiques et de la langue des échanges économiques (Ansprenger, 1961). Les élites des pays colonisés passaient obligatoirement par le système scolaire français si elles souhaitaient pouvoir avoir une chance de carrière. Le *lobby* colonial s'est progressivement constitué à partir de la IIIe République française pour défendre les intérêts des colons et des entreprises commerciales présentes sur les territoires colonisés (Coquery-Vidrovitch, 1987 : 780).

Le propos de Bienvenu Sene Mongaba est à resituer dans la perspective tracée par la conférence de Berlin du 26 février 1885 qui a fait du Congo une possession à titre privé du roi belge Léopold

II (Vandeplas, 1956). L'article 9 de cet accord interdit la traite des esclaves et la remplace par la reconnaissance du libre commerce sur tous ces territoires. L'attention est portée sur les axes maritimes de communication, les mers, les fleuves ainsi que l'exploitation des littoraux[9]. L'Acte de Berlin vient à la fois reconnaître cette entreprise de colonisation et réguler les relations de concurrence entre les puissances européennes en Afrique (Vignes, 1961 : 55). Lorsqu'on évalue la perspective coloniale française, on se rend compte que l'idéologie coloniale a plutôt justifié *a posteriori* l'expansion coloniale. Il n'existait pas de discours colonial précédant l'expansion coloniale. L'impérialisme colonial français fonctionnait réellement comme une reconstruction après le constat de l'expansion (Brunschvig, 1960). À la fin des années 1880, prenant conscience du potentiel impérial, plusieurs cercles de socialisation coloniale sont nés : Comité de l'Afrique française en 1890, Union coloniale française en 1893, Comité de l'Asie française en 1893 (Wesseling, 1976 : 226). La France organise son empire avec la création d'un Ministère des colonies qui en 1871 fut un sous-secrétariat au Ministère de la Marine avant d'être un Ministère autonome en 1881–1882 pour redevenir un Sous-secrétariat d'État au commerce (Wesserling, 1976 : 226). L´enseignement et la coopération scientifique étaient très importants dans la préparation de l´Exposition Universelle de 1931 où la centralité de la métropole a été réaffirmée avec puissance. Dans un compte-rendu de l´enseignement colonial en France (28–29 septembre 1931), on trouve les propos suivants caractérisant ce clivage métropole / colonies.

> « Les colonies, au moins celles qui sont pourvues de suffisants moyens financiers, cherchent à s´organiser des services scientifiques autonomes. On ne peut que les féliciter et, dans cette voie, elles doivent être encouragées. Mais, dès que les recherches se développent, les savants coloniaux sentent d´eux-mêmes la nécessité de recourir aux grandes organisations françaises » (Jacob, 1931 : 4).

En réalité, l´autonomie de fonctionnement des colonies pouvait être tolérée, mais le savoir scientifique colonial avait selon l´auteur

---

[9] http://mjp.univ-perp.fr/traites/1885berlin.htm (Site consulté pour la dernière fois le 6 juillet 2018)

du rapport besoin du savoir-faire français, preuve de cette dépendance vis-à-vis de la métropole.

La colonisation française a une spécificité qui est de créer une administration coloniale pour former des spécialistes coloniaux. Un corps de fonctionnaires coloniaux est créé en 1887 (Dimier, 2001 : 204). Ainsi a été fondée une véritable école coloniale produisant des fonctionnaires coloniaux aux côtés des catégories traditionnelles que sont les militaires, les missionnaires et les hommes d'affaire. Il existait un corps de l´État formant les cadres coloniaux provenant des colonies, c´est-à-dire les fonctionnaires préposés ensuite à l´administration coloniale. C´est dans cet esprit que l´École nationale de la France d´outre-mer (ENFOM) a été créée en 1889 pour pouvoir former dans les colonies des fonctionnaires capables de comprendre les normes coloniales. L'expansion coloniale a en fait permis une reproduction de structures de l'État pour les colonies.

> « Enfin se pose la question de l'éducation et de la formation des spécialistes coloniaux. La solution en France ne pouvait être recherchée que dans la fondation d'une 'grande école', sur le modèle de l'École polytechnique ou de l'École normale supérieure. C'est ainsi qu'apparut en 1889 l'École coloniale, et dans un pays où les traditions scolaires et les coteries exercent une influence aussi considérable, l'existence de 'Colo' devint une donnée importante » (Wesserling, 1976 : 227).

Gambetta et Ferry faisaient partie des républicains prônant ouvertement une politique d'assimilation coloniale, il s'agissait de réunifier la France extérieure et la France métropolitaine. Gambetta le rappelait dans un discours prononcé le 5 mai 1881 : « Je le dis devant vous, représentants des colonies, je crois que ce que vous avez à réclamer, c'est l'assimilation de plus en plus étroite à la Mère-Patrie » (Ageron, 1972 : 168). Gambetta s'est référé dans plusieurs discours (Saint-Quentin, 16 novembre 1871, Angers, 7 avril 1872 et Auxerre, 1er juin 1874) à la nécessité que la France reprenne sa place dans le monde en fonction de sa situation et de ses intérêts (Ageron, 1972 : 168). Gambetta n'était pas un farouche partisan du colonialisme, il évaluait la force diplomatique de la France à sa capacité à organiser des liens avec les colonies dans un contexte de concurrence entre les forces européennes. La défaite de 1870 face à l'Allemagne avait rendu nécessaire la constitution d'un Empire pouvant rivaliser avec les autres grandes nations européennes. Plusieurs autres républicains comme Freycinet rêvent de la création de transcontinentales afin de relier les colonies africaines entre elles et de créer un réseau au service de la France (Ageron, 1972 : 191). Sur le plan culturel et linguistique, l'action extérieure de la France est marquée par l'encouragement des créations d'écoles en français, eussent-elles un caractère religieux. Grâce à Gambetta, les Jésuites de Beyrouth ont créé des écoles primaires françaises, l'Université pontificale Saint-Joseph fut confiée aux Jésuites de langue française (Ageron, 1972 : 196). Si les élites républicaines de l'époque justifient l'expansion coloniale, elles le font dans un esprit néo-mercantile avec l'idée de construire et de solidifier l'administration des colonies. Nous trouvons également une série de romans autobiographiques souvent rédigés par des militaires comme Ernest Psichari (Psichari, 1908) et qui dépeignaient l'Afrique comme un ensemble de terres exotiques. L'économiste Paul Leroy-Beaulieu était pour sa part considéré comme le théoricien de l'expansionnisme colonial français (Pinhas, 2004 : 71).

Eugène Étienne, qui est l'une des figures de proue de ce parti colonial, pensait même qu'il fallait recréer les compagnies à privilège pour renforcer la présence française dans les différentes colonies (Ageron, 1972 : 198). Bien avant la IIIe République, on trouve la justification du fait colonial chez des diplomates français comme Talleyrand au moment des conquêtes napoléoniennes. Ce dernier s'intéressait au mode de gouvernement des colonies.

> « Mais quels seront les liens entre ces colonies nouvelles et la France ? L'histoire offre des résultats frappans pour décider la question. Les colonies grecques étoient indépendantes ; elles prospérèrent au plus haut point. Celles de Rome furent toujours gouvernées ; leurs progrès furent presque nuls, et leurs noms nous sont à peine connus. La solution est encore aujourd'hui là, malgré la différence des temps et des intérêts » (Talleyrand, 1797 : 12).

L'expansion territoriale était perçue à la fin du XIXe siècle comme une nécessité pour les grandes puissances de l'époque à l´instar de l´Angleterre, la France, l'Allemagne et la Hollande (*Annales de* géographie, 1900 : 278–279). Certains y voyaient une possibilité de régénération de la France au moment où des confrontations militaires étaient en gestation. La France, dans les années 1890, s'est intéressée à l'organisation des autres empires coloniaux pour concevoir sa propre administration et voir comment éviter de reproduire un modèle bureaucratique et inefficace (Wesserling, 1976 : 245–246). Lorsqu'on regarde attentivement les débats liés à la création d'une École coloniale, on se rend compte que la question des périmètres ministériels y est essentielle. Doit-on centraliser les moyens pour les colonies sur un ministère ou au contraire répartir ces moyens dans différents ministères ? On retrouvera cette question de l'organisation administrative de l'action extérieure de l'État par la suite dans l'administration de la coopération française. Émile Boutmy s'interroge sur la manière de créer une administration coloniale compétente (Boutmy, 1895 : 18).

L'État français a ainsi créé son expansion en reproduisant un mode de sélection élitiste des fonctionnaires coloniaux. Dans les colonies, l'accès aux carrières et aux grades importants nécessitait la maîtrise de la langue française. Ce n'est pas rien si de nos jours l'éducation a une place essentielle dans les programmes de la Francophonie. À l'époque coloniale, l'objectif était d'instruire les masses colonisées pour imposer les valeurs et la civilisation française (Sraieb, 1993 : 245). Dans le même temps, l´idée de colonisation a discriminé les peuples en créant des droits différents selon le régime de l´indigénat. La nationalité n´est plus articulée à la citoyenneté d´où l´existence de normes juridiques complexes justifiant cette différenciation des peuples (Schnapper, 1994 : 152). C´est aussi dans les années 1880 que le régime de l´indigénat est expérimenté en Algérie puis en Nouvelle-Calédonie (Merle, 2004 : 141). Le régime de l´indigénat rassemble les codifications éparses liées aux statuts des habitants des colonies, il a duré de 1881 à 1946 (Merle, 2004 : 142). Les administrateurs civils sont ceux qui sont le plus susceptibles de faire connaître et d´appliquer ce régime de l´indigénat. Dans l´administration du fait colonial, ce corps est essentiel dans la diffusion des normes juridiques. Les débats de la Chambre des députés des années 1880 font apparaître cette difficulté d´acclimatation linguistique. Comment faire comprendre aux peuples colonisés les principes de la métropole alors qu´ils n´en partagent pas la langue ? Voici ce qui est déclaré sur l´Algérie lors de la séance de la Chambre des députés le 29 mai 1888 :

> « Les juges de paix sont en général absolument respectables et dignes d´estime ; mais il faut reconnaître qu´ils arrivent frais émoulus de la métropole, ne connaissant pas un mot de la langue du pays, incapables d´entrer en relations directes avec les indigènes, incapables de rien comprendre à leurs mœurs, qu´ils ne connaissent pas, et obligés par conséquent, quand ils condamnent, de s´en rapporter à des agents indigènes, qui viennent faire un rapport quelconque » (Merle, 2004 : 146).

Les discussions portent sur la nécessité de faire comprendre les normes françaises et d´avoir des interprètes de qualité. Cela était vu comme un préalable pour le bon fonctionnement de l´administration coloniale.

Jean Jules Jusserand, un des fondateurs de l'Alliance française en 1883 et diplomate de renommée, avait théorisé la nécessité de propager l'enseignement de la langue dans des pays comme la Tunisie auprès des populations locales et des Européens y vivant. Voici ce qu'il écrivait dans une *Note sur l'instruction en Tunisie* datant de février 1882 :

> « Nous n'avons pas en ce moment de meilleur moyen de nous assimiler les Arabes de Tunisie, dans la mesure où cela est possible, que de leur apprendre notre langue, c'est l'avis de toutes les personnes qui les connaissent le mieux : nous ne pouvons pas compter sur la religion pour effectuer cette assimilation ; ils ne se convertiront jamais au christianisme ; mais à mesure qu'ils apprendront notre idiome, une foule d'idées européennes se révéleront forcément à eux, l'expérience l'a suffisamment démontré. Dans la réorganisation de la Tunisie, une très large part devra être faite à l'instruction » (Sraieb, 1993 : 241).

Dans l'imaginaire colonial de la France républicaine, l'enseignement et la langue constituaient des moyens efficaces d'influence réelle. La France a conçu une politique de diffusion de l'enseignement français et de la langue française au moment de l'expansion coloniale. La création de l'Alliance française en 1883 se fonde sur une politique de la langue avec la volonté de promouvoir la langue française et de légitimer la présence française à l'étranger. Cette création intervient à un moment où l'enseignement de la linguistique et de la philologie bat son plein dans les universités (Roselli, 1996 : 78). L'apparition de l'Alliance française montre également qu'une entreprise privée partage avec la puissance publique le souci de promotion de la langue française. « La construction d'un espace associatif autour de la langue française et d'un discours sur la langue dans les colonies permet ainsi d'extérioriser les enjeux, de canaliser et de diluer les tensions internes à la problématique de la langue liée à celle de la nation » (Roselli, 1996 : 83). Le premier bulletin de l'Alliance française édité en 1884 proposait l'idée d'une *propagation de la langue française dans les colonies et à l'étranger* (Roselli, 1996 : 84). La langue a une utilité pour le rayonnement de la nation et beaucoup de professeurs agrégés et d'universitaires participent très tôt aux actions menées par l'Alliance française. C'est à cette époque que progresse un discours scientifique sur la langue avec la prise de conscience de l'intérêt des langues étrangères (Gerbod, 1979). Ferdinand Buisson, grande figure de l'école laïque et membre fondateur de l'Alliance française, a dirigé le Musée Pédagogique pour pouvoir répondre aux besoins pédagogiques des professeurs (Roselli, 1996 : 86). Dès les origines de l'Alliance française, les promoteurs de la langue française se sont interrogés sur la nécessité de fournir des ressources pédagogiques aux professeurs et aux universitaires se spécialisant dans la promotion de la langue française (Majault, 1978). Dans l´entre-deux-guerres, en France, plusieurs disciplines universitaires visaient à construire un savoir colonial, avec en particulier la psychologie coloniale qui aux côtés du roman colonial allait permettre de former des cadres coloniaux capables d´imposer plus facilement les lois françaises dans les colonies (Singaravélou, 2008).

Au moment d'une recomposition des rapports géopolitiques, la Francophonie s'invite comme plateforme de coopération technique avec l'idée que les élites des anciens pays colonisés pourront relayer la culture francophone et reproduire les principes du système d'enseignement français (Le Coadic, 1984 : 775). Considérée comme essentiellement intergouvernementale, la coopération des pays francophones a en réalité été une plateforme faisant converger des réseaux journalistiques et universitaires du Nord, c´est-à-dire du Canada, et une manière de relier les premières nations africaines francophones soucieuses de réformisme et de reconnaissance internationale. Au même moment, le Québec connaît dans les années soixante une Révolution tranquille avec la mise en scène d´un récit collectif autour d´un être nouveau, le Québécois plutôt que le Canadien français. Il y a une recomposition identitaire qui s´est cristallisée autour de la langue (Létourneau, 1991 : 49). Certaines radios comme Radio Canada ont été des vecteurs puissants de diffusion du français dans les différentes provinces canadiennes. Cette radio embauchait des terminographes chargés de repérer les différentes terminologies pour pouvoir standardiser une variété de français parlée en Amérique du Nord (Dubuc, 1980 : 15) et pour permettre à un locuteur francophone d´Ontario de comprendre les programmes de la radio. La distinction entre une langue standard et des variétés était ainsi posée.

Ce chapitre revient sur ce moment fondateur des années soixante où l´idée de cette coopération a émergé en dehors de l´influence de la France. Il y en allait d´un positionnement stratégique et d´une vision sur le long terme des relations entre les premières nations africaines et les anciens pouvoirs coloniaux. La première conférence intergouvernementale a d´ailleurs été créée en 1960 avec la Conférence des Ministres de l´Éducation (CONFEMEN) qui regroupait 15 pays[10]. C´est le premier pas de la Francophonie institutionnelle, la CONFEMEN s´est même structurée à la fin des années 1960 avec la création d´un Secrétariat Technique Permanent (STP) implanté à Dakar. Cette CONFEMEN adopte des résolutions et crée en 1975 un bulletin de liaison des correspondants pour assurer un meilleur suivi des décisions collectives prises. Le règlement du STP définit le rôle du Secrétaire général de

---

[10] http://www.francophonie.org/Une-histoire-de-la-Francophonie.html (Site consulté pour la dernière fois le 6 juillet 2018).

la CONFEMEN ainsi que les modalités de diffusion des résolutions[11]. La CONFEMEN s'intéresse plus particulièrement à tout ce qui concerne l'éducation et l'alphabétisation en milieu francophone. L'éducation et l'attention à la langue sont les domaines de priorité au moment où le projet francophone se met en place au début des années 1960. Cela étant, si on analyse en profondeur la signification de la jonction entre le Québec et l'Afrique, on se rend compte qu'historiquement les anciennes colonies (la Nouvelle-France) et les ex-colonies africaines se retrouvent liées par l'héritage de la langue française.

Il existe comme une recomposition symbolique de cette colonisation comme si l'influence devenait le vecteur positif de la projection du français dans le monde. C'est paradoxalement pour cela que la construction francophone est intéressante en ce qu'elle cristallise les vestiges du passé colonial. La volonté de construire des relations nouvelles masque difficilement ce souhait de perpétuer l'influence symbolique du français. Ce qui était dans la société, à savoir l'imposition d'un ordre colonial, se retrouve restreint au pôle symbolique de la culture. Il existe comme un stade de régression culturelle au sens lacanien (Cuéllar, 2010) puisque la culture n'est plus au service de la domination sociale, mais demeure au contraire comme une trace de cet impérialisme révolu.

> « Lacan disait ‹La civilisation c'est le déchet›. Ce n'était pas pour faire déchoir la civilisation. C'est vrai, la civilisation c'est le déchet et quand on fait l'histoire de la civilisation, on va chercher les petits morceaux de vases, les petites pointes de flèches, les petits trucs qui sont de côté, qui sont enfouis dans la terre et qu'on va sortir » (Clastres, 2012 : 65).

Au-delà de cette boutade, on sent toute l'ambition du projet francophone qui frise le projet muséal en tentant d'inventer une communauté de destin qui n'existe pas en réalité. C'est en ce sens qu'il y a tentative d'élaborer un rêve francophone qui constitue une profonde mystification. Ainsi, la Francophonie est traversée

[11] http://www.confemen.org/wp-content/uploads/2012/08/Reglement-int-confemen.pdf (Site consulté pour la dernière fois le 6 juillet 2018).

par le désir de produire une signification imaginaire positive où la solidarité des communautés francophones dépasserait ce moment négatif qu´a constitué la colonisation. En rassemblant une multitude de symboles, l´organisation francophone renoue avec une forme d´universalité pour mettre en relation les aires géographiques utilisant la langue française. Il faut ici prendre garde à différencier le symbolisme de l´imaginaire au sens où Castoriadis l´entend dans les propos suivants : « toute interprétation purement symbolique des institutions ouvre immédiatement ces questions : pourquoi *ce* système-*ci* de symboles, et pas un autre ; quelles sont les *significations* véhiculées par les symboles, le système des signifiés auquel renvoie le système des signifiants » (Castoriadis, 1975 : 206).

Dans son analyse de l´ethnographie de la colonisation en général, l´anthropologue Maurice Godelier caractérisait ce processus selon trois facteurs, la scolarisation, la christianisation et l´apprentissage des codes de la mondialisation des échanges. En analysant la communauté des Baruya en Nouvelle-Guinée, Godelier montre comment ces trois facteurs ont détruit progressivement les repères traditionnels de cette communauté au point de favoriser une forme d´acculturation (Godelier, 2007 : 143). La langue française fut le point d´appui de cette colonisation avec la création d´écoles françaises à l´étranger. La formation des cadres coloniaux a permis également d´importer plus facilement les structures de l´État-nation à l´étranger même à l´heure des indépendances des colonies. Il n´est pas étonnant de voir que la plupart des régimes africains francophones aient été organisés sur le modèle de la Ve République française avec une tendance au pouvoir unique et non partagé. La figure d´un président fort ayant le soutien de la France se caractérise par la recomposition d´une loyauté coloniale. Le Togo et le Cameroun (Bayart, 1985) sont des cas d´école dans la manière dont les institutions de la Ve République ont été copiées avec dans le même temps un État faible accaparé par des oligarchies prédatrices confondant intérêts privés et publics (Badie, 1992).

Il est de ce point de vue essentiel d´effectuer la différence entre l´indépendance et la décolonisation car l´indépendance des premières nations africaines héritant des frontières coloniales ne s´est pas immédiatement traduite par une forme de décolonisation.

L'autonomie de l'Outre-mer

La France d'outre-mer compte aujourd´hui 2,7 millions d'habitants et constitue en quelque sorte les restes de l'Empire colonial français. La France d'Outre-mer contient 13 entités administratives parmi lesquelles les départements d'Outre-mer en 1946 obtenus après la loi de départementalisation et les régions d'Outre-mer en 1982 (Guy, 2004 : 124). Depuis 2003, la Constitution a défini des collectivités d'Outre-mer (COM) qui regroupent ces territoires sauf la Nouvelle-Calédonie qui a, depuis le référendum 1988, un agenda propre pour conquérir son autonomie. La IVe République avait créé en 1946 des départements d'Outre-mer avec des droits similaires pour les habitants de ces territoires et ceux de métropole. L´Outre-mer dans les années 1950 comprenait tous les territoires en dehors de la France hexagonale. Ainsi, les traités internationaux engageant la France avaient des répercussions sur le devenir de l´Union française (Union française et institutions européennes, 1953 : 275).

Ces territoires actuels contribuent à l'émergence de variétés sociolinguistiques fortes (Gadet, 1995 : 8). Certains territoires connaissent une histoire très mouvementée comme Mayotte qui est devenu le 101e département français. Mayotte est devenue une colonie française en 1841 et l'esclavage y a été aboli par une ordonnance royale en 1846. La loi d'annexion du 25 juillet 1912 unifie Madagascar et les Comores (Anjouan, Mohéli, la Grande Comore et Mayotte) en une seule colonie française. Par la suite, l'archipel est devenu autonome en 1946 et il obtient le statut de territoire d'Outre-mer en 1958 sauf Mayotte qui souhaite conserver son statut de département. En 1974, un référendum est organisé pour demander aux habitants s'ils « souhaitent choisir l'indépendance ou demeurer au sein de la République française » (Dauphin, Thibault, 2011 : 94). Les habitants de Mayotte se sont prononcés contre l'indépendance contrairement aux Grands-Comoriens, aux Anjouanais et aux Mohéliens. Une loi du 22 décembre 1979, en son article 1, reconnaît l'île de Mayotte comme faisant « partie de la République française », elle « ne peut cesser d'y appartenir sans le consentement de sa population »[12]. Dans ces territoires, la structure de pouvoir des élites locales est déterminante puisque leur manière d'administrer dépend des réformes administratives (Denis, Rezzi, 2011 : 134). La résistance de Mayotte à l'indépendance a été le fait de grandes figures locales telles que Zéna M'dére qui a dirigé des mouvements de pression exercés sur les élus comoriens et a mis sur pied l'organisation « le Mouvement Populaire Mahorais » (Denis, 2006 : 160). Si ces territoires francophones font partie de la France, il n'en demeure pas moins que la Francophonie s'intéresse à la manière dont le français entre en contact avec les langues locales. Les rapports sur la langue française tentent d'établir un recensement des locuteurs de français selon la situation de la langue, qu'elle soit langue officielle, langue administrative, langue de scolarisation et langue d'enseignement[13]. Certaines régions d'Outre-mer comme la Réunion ont tenté d'être des acteurs de la Francophonie. À partir du moment où ces territoires sont en dehors de la France hexagonale, leur interaction avec des espaces non francophones est immédiate. Ainsi, par exemple, l'Océan Indien constitue une zone de relations entre plus de 54 États. Selon les statistiques disponibles, 90% de la population de la Zone Océan Indien (ZOI contenant Seychelles, Comores, Mayotte, Maurice, Madagascar, Djibouti et La Réunion) est non francophone (Vergès, 2008 : 53). Il existe plusieurs organisations régionales concurrentes qui sont tentées par le portugais et l'anglais, cette zone est emblématique d'une compétition directe entre des langues internationales. L'île Maurice appartient par exemple à la Commission de l'océan Indien francophone et à l'association des États riverains de l'océan Indien (IOR). Comme le déclarait Pierre Vergès, « les États membres du Commonwealth représentent plus de 50% du PIB total des États de la zone, quand les pays membres de la Francophonie ne sont responsables que 5,24% du PIB total »

[12] https://www.legifrance.gouv.fr/affichTexte.do?cidTexte=JORFTEXT000000516623 (Site consulté pour la dernière fois le 6 juillet 2018).

[13] http://www.francophonie.org/IMG/pdf/1e.pdf (Site consulté pour la dernière fois le 6 juillet 2018).

(Vergès, 2008 : 55). Les territoires d'outre-mer représentent dans ce contexte des possibilités de promouvoir et de défendre les valeurs défendues par la Francophonie institutionnelle.

Si on adopte un autre point de vue sur l´évolution politique et linguistique de ces territoires, on se rend compte que le créole y est promu et protégé par la législation française, ce qui est l´un des paradoxes historiques. Comme l´écrit Gilles Verbunt,

> « la créolité, quoiqu´issue de la colonisation, offre un cas de figure pacifique et désormais prometteuse de l´interculturel. Des langues créoles se sont créées et possèdent aujourd´hui une autonomie. Leur filiation à une ascendance dominatrice ne les empêche pas d´être des créations. Le processus de création continue, les langues créoles s´enrichissent encore, les cultures créoles évoluent. La réalité des créolisations a été souvent ignorée ou considérée comme un phénomène condamnable en raison de son impureté. Dans la perspective interculturelle, la créolité perd pour de bon cette connotation négative et devient un paradigme universel » (Verbunt, 2011 : 189).

Les recherches actuelles sur les langues créoles permettent de comprendre en profondeur les phénomènes de mutation linguistique et d´adaptation socio-culturelle. « D´ethnonyme colonial, ‹créole› est donc devenu glossonyme pour aboutir enfin dans le vocabulaire technique linguistique, à la fin du siècle dernier » (Véronique, 2000 : 33). Le terme de créole est attesté vers 1649 dans les dictionnaires français (Hazaël-Massieux, 1996 : 16), il a des origines espagnole et portugaise. Le terme de créole varie selon les îles, il provient de l´espagnol *criollo*. À la fin du XVIe siècle, l´hispanisme inclut les références à la colonisation espagnole (Rey, Duval, Siouffi, 2007 : 759). Entre les XVIIe et XIXe siècles, les parlers des colonies insulaires françaises sont évoqués en termes de patois nègres, de baragouins et ne font pas office de langues avant que la perception du créole en langues vernaculaires ne commence à s´imposer. Ces créoles sont extrêmement divers même s´ils ont des caractéristiques communes dans leur évolution et leur relation à la langue des colons (Bollée, Neumann-Holzschuh, 1993). En outre, la sociolinguistique est la discipline qui s´intéresse à l´histoire des attitudes envers ces langues ainsi que les processus de (dé)valorisation des locuteurs (Rey, Duval, Siouffi, 2007 : 762).

En l´occurrence, les premiers créoles datent de la naissance des établissements coloniaux français avec notamment Saint-Christophe/St. Kitts (1627), Guadeloupe et Martinique (1635), Louisiane (1672–1763), St Domingue-Haïti (1659–1804), Bourbon/Réunion (1665), Île de France/ Maurice (1721–1814) et Seychelles (1770–1814) (Véronique, 2000 : 33). Les phénomènes de diglossie existent sur certains territoires d´outre-mer, lorsque l´usage des langues renvoie à des identités socio-historiques distinctes (Hazaël-Massieux, 1978 : 106). En France, la Loi d´Orientation pour l´Outre-Mer d´octobre 2002 a reconnu officiellement les quatre créoles des Départements d´Outre-mer (Guadeloupe, Guyane, Martinique, Réunion). La départementalisation de 1946 a permis une intégration linguistique de ces aires et une reconnaissance de ces différentes variétés. Les concours d´enseignement proposent ces créoles, une licence de créole a été par exemple créée en 2002 à l´Université de la Réunion (Adelin, Lebon-Eyquem, 2009). L´Outre-mer qui désignait avant la décolonisation la présence française territoriale en dehors de l´hexagone, rassemble aujourd´hui des îles dispersées ayant pour la plupart choisi de rester partie intégrante du territoire de la France.

Les Pères Fondateurs de la Francophonie

Pour pouvoir comprendre ce qui émerge dans les années soixante au moment où l'Empire colonial français s'effondre, il importe de se référer à ceux qui sont considérés comme les Pères Fondateurs de la coopération francophone. L´expression Pères Fondateurs entre en résonnance avec les *Founding Fathers* américains (Farvaque, 2007) et les Pères Fondateurs du projet européen (Schirmann, 2007), l´expression est liée à un projet d´union politique, que ce soit entre des anciennes colonies anglaises ou que ce soit entre plusieurs États qui se sont fait la guerre. L'usage de cette expression renverrait plutôt à une forme d'histoire patrimoniale, ce qui est paradoxal pour une institution qui naît dans les années 1960. Comme l'écrivait Nietzsche dans sa *Seconde Considération Inactuelle,*

> « le patrimoine des ancêtres, dans une âme semblable, reçoit une nouvelle interprétation de la propriété, car c'est maintenant lui le

propriétaire. Ce qui est petit, restreint, vieilli, prêt à tomber en poussière, tient son caractère de dignité, d'intangibilité du fait que l'âme conservatrice et vénératrice de l'homme antiquaire s'y transporte et y élit domicile » (Nietzsche, 2011 : 17).

Le Père Fondateur est une dénomination institutionnelle forgée pour inaugurer une tradition. La perspective généalogique implique d´avoir un regard critique sur ceux qui sont perçus comme ayant été les premiers inspirateurs de la construction de cette aventure institutionnelle. Comme l´écrivait Pierre Bourdieu,

> « autant me déplaisent ces professions de foi prétentieuses de prétendants empressés de s´asseoir à la table des 'pères fondateurs', autant je me délecte de ces ouvrages où la théorie, parce qu´elle est comme l´air que l´on respire, est partout et nulle part, au détour d´une note, dans le commentaire d´un texte ancien, dans la structure même du discours interprétatif » (Bourdieu, Wacquant, 1992 : 205).

Dans le cas de notre étude, l´origine de la Francophonie tient avant tout à une tentative d´accords préliminaires entre des chefs d´État africains et un roi cambodgien. Les nouveaux États indépendants ne souhaitaient pas perdre tout lien avec cette antériorité coloniale, ils voulaient transformer les relations avec l´ancienne colonie-mère, la France. L´expression Pères Fondateurs n´est pas anodine, elle est souvent reliée à un archétype national, une figure matricielle de référence pour une culture ou une société (Memel-Fotê, 1991 : 265).

La Francophonie n´est pas une entité nationale, mais un lien entre plusieurs pays qui se trouvent dans des situations comparables. Un Père Fondateur est enraciné sur un territoire, il est celui qui initie un rituel, celui qui donne une vision de l´organisation sociale. La Francophonie est un projet reliant plusieurs Pères Fondateurs ayant un héritage commun. Il est possible de relier ces Pères Fondateurs à ce que Hegel nommait les « grands hommes » dans la concrétisation historique de la raison humaine.

> « Ce sont maintenant les grands hommes historiques qui saisissent cet universel supérieur et font de lui leur but ; ce sont eux qui réalisent ce but qui correspond au concept supérieur de l'Esprit. C'est pourquoi on doit les nommer des héros. Ils n'ont pas puisé leurs fins et leur vocation dans le cours des choses consacré par le systè-

> me paisible et ordonné du régime. Leur justification n'est pas dans l'ordre existant, mais ils la tirent d'une autre source. C'est l'Esprit caché, encore souterrain, qui n'est pas encore parvenu à` une existence actuelle, mais qui frappe contre le monde actuel parce qu'il le tient par une écorce qui ne convient pas au noyau qu'elle porte » (Hegel, 1965 : 120).

Ces Pères Fondateurs étaient conscients de la difficulté et de l'incertitude de leur projet, ils savaient en même temps que ce succès pouvait être historique et amorcer le cadre des nouvelles relations à l´époque des premières indépendances. Il existait une part instinctive, une croyance et une part de lucidité sur l'état de ces relations entre les pays francophones anciennement colonisés. « Les actes qu'ils accomplissent sont en apparence un simple produit de leurs intérêts et de leur œuvre. Mais le Droit est de leur côté parce qu'ils sont lucides (…) ils expriment les tendances les plus profondes de l'époque » (Hegel, 1965, 122). La difficulté est que ces Pères n´ont pas eu besoin de renvoyer à d´autres ancêtres mythiques, puisque l´antériorité était coloniale. Ils ont mis en place une coordination qui est devenue peu à peu une coopération culturelle et technique. Ces Pères Fondateurs sont nés sous le régime colonial, ils ont construit une vision de l´émancipation sous un cadre impérial réaménagé, c´est leur vision commune. La difficulté réside dans le fait néanmoins que ces Pères Fondateurs sont liés la plupart du temps à un mythe d'origine. Jung et Kerenyi définissaient la mythologie comme étant « une somme d'éléments anciens, transmis par la tradition, traitant de dieux et d'êtres divins, de combats de héros et de descentes aux enfers » (Jung, Kerenyi, 1951 : 16). Dans le mythe des Pères Fondateurs et lorsque l'on s'intéresse à la généalogie du discours francophone institutionnel, il y a l'idée d'un écart par rapport à une intention d'origine. Le mythe est une reconstruction de la réalité, il « ne saurait être un mode d'interprétation fait pour la satisfaction d'une curiosité scientifique ; il représente la recréation d'une réalité des époques les plus anciennes sous une forme narrative » (Jung, Kerenyi, 1951 : 17). Ces Pères Fondateurs étaient les personnes politiques clés de la transition des pays francophones dans les années soixante. Ils représentent également une forme de puissance politique au moment des indépendances puisqu´ils sont les premiers chefs d´État de pays indépendants. La figure du Père Fondateur est étroitement liée à celle de Père de l´indépendance, c´est-à-dire Père de la nation. D´autres Pères de l´indépendance n´ont pas tenté ce projet de coopération pour préférer une option panafricaniste.

Hamani Diori, Président du Niger, Habib Bourguiba, le Père de l´indépendance tunisienne, Léopold Sédar Senghor, le premier Président du Sénégal et le roi Sihanouk du Cambodge multiplient les rencontres pour construire patiemment une plateforme de coopération concrétisant la convergence de plusieurs réseaux francophones, le réseau des journalistes et le réseau universitaire notamment. Comme le rappelait Léopold Sédar Senghor dans un discours prononcé en 1987,

> « ce ne sont pas les Français, surtout pas leurs gouvernants, qui ont lancé l´idée de Francophonie – ils faisaient un complexe de 'Colonisateurs' -, mais des hommes d´État africains, dont Habib Bourguiba, Hamani Diori et moi-même. Je me rappelle encore comment, à la Commission de la Constitution pour la 5e République, fut rejeté mon amendement sur le 'droit à l´autodétermination' des peuples colonisés, qui seul pouvait fonder une confédération francophone, c´est-à-dire, concrètement, la Francophonie » (Senghor, 1989 : 152).

Les mots ont leur sens car pour Senghor, le projet de la Francophonie est avant tout d´essence africaine pour construire une forme de coopération entre les nations africaines francophones indépendantes.

Dans le même temps, ces chefs d´État ont un pouvoir politique fort et s´investissent en politique étrangère pour maintenir un lien à la métropole[14]. Il existe au sens de Hegel une ruse de l'histoire (Hegel, 1965 : 108) avec une évolution simultanée et parallèle des réseaux bilatéraux entre la France et les nouveaux pays africains francophones indépendants et une relation entre

[14] Le terme de métropole a une connotation coloniale puisqu'il renvoie à un imaginaire reliant un centre à des périphéries colonisées. Lors de la discussion du dernier projet de loi sur l'égalité réelle Outre-mer discuté à l'Assemblée Nationale en France. Voir http://outremers360.com/societe/egalite-reelle-outre-mer-ne-disons-plus-metropole-disons-hexagone/ (Site consulté pour la dernière fois le 6 juillet 2018).

les pays nouvellement francophones pour instituer une nouvelle coopération. Les passions de ces acteurs francophones sont essentielles pour la réalisation de ce projet même si la ruse fonctionne à un double niveau, d'abord de manière inconsciente avec la mise en place d'un projet qui dépasse les désirs de ces acteurs et puis de manière consciente quand il s'agit de maintenir de bonnes relations avec l'ancienne puissance coloniale. Cette double ruse a permis de réaliser ces convergences et de construire un projet francophone qui par la suite entraînera la France à rejoindre cette Francophonie institutionnelle. On trouve également le nom de Charles Hélou qui fut le Président de la République libanaise de 1964 à 1970. Charles Hélou a la même trajectoire que Senghor puisqu´il a été écrivain et responsable politique (El Fakhri, 2004 : 40). Il avait comme Senghor la conviction que la Francophonie était porteuse d´un message civilisationnel. Pour autant, en faire un des Pères fondateurs est quelque peu problématique car il a plutôt eu des fonctions au sein des institutions francophones à partir des années 1970. Membre de l´Association des parlementaires de langue française en 1970, il présida cette Association en 1972, il dirigea l´Agence de Coopération Culturelle et Technique (ACCT) pendant trois ans et fut nommé par François Mitterrand en 1986 membre du Haut Conseil de la Francophonie[15]. Charles Hélou est intervenu à de nombreuses reprises pour défendre et promouvoir la Francophonie même s´il a un peu moins été associé à l´élaboration de ce projet dans les années 1960.

Hamani Diori, une voix francophone du Niger

Hamani Diori (1916–1989) fut le premier président de la République du Niger (1960–1974). Ses liens avec l´ancienne colonie étaient très forts puisqu´il a été député représentant le Niger à l´Assemblée Nationale sous la IVe République entre 1946 et 1951

[15] « Charles Hélou – Un être exceptionnel ayant marqué son temps » ; « Funérailles officielles et populaires au président défunt » (2001), *La Revue du Liban*, n. 3775 : 13–20. http://www.rdl.com.lb/2001/q1/3775/1sujcouv.html (Site consulté pour la dernière fois le 6 juillet 2018).

et 1956 et 1958. Pour lui, le Niger devait s´appuyer sur un développement agricole ambitieux, la coopération internationale étant nécessaire. Il serait hâtif de juger l´implication d´Hamani Diori dans le projet francophone uniquement à la lumière de ses relations avec la France. Ce chef d´État, qui avait une connaissance fine des rouages de la politique française, souhaitait avant tout une coopération entre les États africains pour que leur indépendance soit synonyme d´émancipation. Du 17 au 24 octobre 1966, il a effectué une visite officielle en Tunisie au cours de laquelle il a montré son attachement à l´idée d´un *Commonwealth* à la française. Il évoqua le « grand projet de la Francophonie dû à l´initiative de deux éminents chefs d´État africains, les présidents Senghor et Bourguiba, qui tendent à la création d´un Commonwealth à la française et contribuera à l´édification de l´unité africaine » (Salifou, 2010 : 86). Les voyages officiels de ces Pères fondateurs se sont appuyés sur cette idée de maison commune africaine, Hamani Diori s´est activé à diffuser cette idée lors de sa présidence de l´Organisation commune africaine et malgache (OCAM). Le 27 janvier 1967, le Président Hamani Diori, est interviewé par le journal télévisé français de treize heures sur le projet francophone. Les bases de l´organisation francophone sont jetées avec les universités, les parlements de langue française et la réunion des ministres de l´éducation et de la culture[16]. Au cours de cet entretien, le Président Hamani Diori insistait sur les « réserves »[17] de la France en citant cette volonté commune avec les Présidents Bourguiba et Senghor. Au cours des années 1960, plusieurs conférences techniques ont été organisées à l´instar de la Conférence des ministres de l´Éducation des pays ayant le français en partage (CONFEMEN) et en 1968 la Conférence des ministres de la Jeunesse et des Sports des États et gouvernements ayant le français en partage (CONFEJES) (Phan, Guillou, 2010 : 191).

En mars 1968, l´OCAM, sous la présidence d´Hamani Diori, concevait l´idée d´une Agence de Coopération Culturelle et Technique (ACCT) (Phan, Guillou, 2011 : 190). Hamani Diori

[16] http://www.ina.fr/video/CAF97044752 [Site consulté pour la dernière fois le 6 juillet 2018].

[17] C´est le mot utilisé dans l´entretien précité.

avait le mérite d´avoir une vision réformiste du projet francophone, mais il bénéficiait d´un soutien du général de Gaulle et de la France notamment sur le plan intérieur, puisque l´opposition politique au Niger grandissait. Cela faisait partie des réseaux de relation de la France avec certains pays francophones, ce qu´on a appelé la Françafrique. La Françafrique est différente du projet francophone, elle vise à asseoir des pouvoirs politiques africains qui partagent les intérêts de la France. L´expression a une connotation négative puisqu´elle est liée aux réseaux de corruption destinés à s´assurer de la loyauté de ces gouvernements francophones (Verschave, 1998). Elle caractérise des relations clientélistes entre l´État français et les anciennes colonies africaines.

Hamani Diori avait de bonnes relations avec la France et a été renforcé dans son pouvoir politique avec la bénédiction du pouvoir politique français. Le président Diori avait été menacé par l´opposition Sawaba avec notamment des tentatives de coup d´État. La France ne voulait pas que le Niger soit déstabilisé surtout après ce qui s´était passé à Brazzaville avec la non-assistance à l´abbé Fulbert Youlou. L´opposition Sawaba autour de Djibo Bakary était dans la clandestinité depuis 1959 et préparait une insurrection populaire à l´automne 1964[18]. Christian Coulon a montré l'extrême diversité des mouvements politiques africains et leur fragmentation à l'époque postcoloniale (Coulon, 1972 : 1059). Hamani Diori a largement diffusé la conception senghorienne de la Francophonie tout en étant soutenu par les réseaux franco-africains. Plus tard, le 3 août 1973, au moment de la célébration du 13e anniversaire de l´indépendance, Hamani Diori souhaitait une coopération fondée sur « un crédit, un plan *Marshall* » (Diori, 1973 ; Salifou, 2010 : 229). Hamani Diori a mis toute son énergie à construire un projet reliant ces États africains indépendants. Il s´est investi dans une francophonie africaine pour permettre à ces États de trouver un souffle politique, culturel et économique et de s´engager dans la voie du développement. Il a par la suite été renversé par un coup d´État et une génération militaire a pris le

---

[18] http://www.rfi.fr/afrique/20160106-niger-1965-methode-foccart-action-francafrique-france-gaulle-sawaba-bakary-diori, 8 janvier 2016, site consulté pour la dernière fois le 6 juillet 2018.

contrôle du Niger (Idrissa, 2008 : 102). Hamani Diori et Léopold Sédar Senghor, anciens porte-parole de leurs pays au sein de l´Assemblée Nationale, avaient ainsi un rôle à jouer pour mener une transition politique majeure. L´indépendance des premières nations africaines devait être organisée pour être stabilisée.

Entre négritude et francophonie, la destinée de Léopold Sédar Senghor

> « Senghor, le penseur sénégalais ! Senghor, le philologue et le linguiste ! Senghor, l'écrivain, le poète négro-africain, le magicien du Verbe ! Senghor, l'inspirateur visionnaire de la Francophonie ! Senghor, le théoricien du métissage universel ! Senghor, l'homme d'État. Je laisserai aux hommes de lettres, aux philosophes, aux esthètes, le soin d'évoquer les œuvres de beauté qui continuent d'étoiler le ciel de l'Afrique, brouillé par la misère, la douleur et les guerres » (Boutros-Ghali, 2002 : 57).

Formé dans un milieu élitiste français, homme politique représentant les colonies, Léopold Sédar Senghor est souvent perçu comme ayant servi de caution à l'idée d'une francophonie fraternelle réunissant colons et colonisés. À la différence d´Hamani Diori qui était surtout un homme politique ayant compris les transformations géopolitiques de l´Afrique, Léopold Sédar Senghor y ajoute une dimension culturelle au point de penser intellectuellement le projet émergent de la Francophonie. Cette dernière vise plutôt la réconciliation dialectique de la langue et la culture françaises avec le mouvement de la négritude. Il faut par conséquent puiser dans les œuvres politique et poétique de Léopold Sédar Senghor pour caractériser cette vision spirituelle de la francophonie incarnée dans une organisation internationale de coopération. Martin Stains n'hésite pas à critiquer les hagiographies (Vaillant, 1990) de ce bon élève francophone pour s'intéresser à ses conceptions et à l'usage du mot nègre dans son œuvre (Stains, 1992). D'autres auteurs rendent plutôt hommage à la fine vision de la négritude chez un auteur formé chez les colons (Bernasconi, Cook, 2003 :4). Léopold Sédar Senghor est un acteur complexe pleinement conscient des enjeux de son époque et capable d´user d´une grande diplomatie pour faire prévaloir la nécessité d´une coopération incarnant cette volonté de métissage qui constitue la seule voie pour dépasser les ressentiments et les tensions hérités de la colonisation.

Si Léopold Sédar Senghor affirme incontestablement dans son œuvre poétique une compréhension de la négritude comme nouvel humanisme, ses écrits théoriques sur la langue française demeurent habités par une vision idéologique de la langue comme civilisation. Cette vision idéologique de la langue peut se saisir à travers cette dimension spirituelle qu´il affecte à la langue française. Jean-Paul Sartre, dans sa préface « Orphée Noir » de l´*Anthologie de la nouvelle poésie nègre et malgache de langue française*, insiste sur la manière dont les poètes noirs se sont emparés de la langue française.

> « L´acte poétique est alors une danse de l´âme ; le poète tourne comme un derviche jusqu´à l´évanouissement, il a installé en lui le temps de ses ancêtres, il le sent s´écouler avec ses saccades singulières ; c´est dans cet écoulement rythmique qu´il espère se retrouver ; je dirai qu´il tente de se faire posséder par la négritude de son peuple ; il espère que les échos de son tam-tam viendront réveiller les instincts immémoriaux qui dorment en lui » (Sartre, 1948 : XXIV).

Lorsque nous prenons en considération le parcours de Léopold Sédar Senghor, nous comprenons la manière dont la poésie exprime au mieux, au moyen des ellipses et des non-dits, l´impensable de cette domination brutale qu´est la colonisation et la stigmatisation des Noirs qui en découle. Senghor n'a jamais défendu le pouvoir colonial français, en tant que député du Sénégal, il s'est évertué à obtenir des droits politiques et civils pour les populations locales tout en maintenant le fait qu'elles devaient évoluer selon leurs propres coutumes. Sa conception de la négritude est directement liée à une socialisation en France avec des milieux antillais et africains revendiquant une forme d'identité culturelle (Manchuelle, 1992 : 378). Au fond, par l´économie de la forme poétique, il est ainsi plus aisé de rendre compte de la postérité de ce traumatisme historique. Senghor a été sans aucun doute l´artisan de la Francophonie comme ensemble poïético-politique, c´est-à-dire avec une dimension spirituelle teintée de lyrisme et une dimension pratique fondée sur l´échange culturel.

Cela lui a attiré des critiques au moment de la décolonisation par ceux qui voyaient dans l´éloge de la Francophonie une ruse de l´histoire au service des intérêts du colon. Cheikh Anta Diop a été l'un de ses grands opposants intellectuels et politiques, il ne partageait pas la vision senghorienne de la Francophonie et plus généralement de la civilisation (Diop, 1999). Sur le plan intellectuel, Cheikh Anta Diop (1923–1986) s'appuyait sur des travaux portant sur l'Égypte prédynastique (Diop, 1967) et refusait l'idée d'un syncrétisme civilisationnel entre les civilisations africaines vernaculaires et le seul héritage gréco-latin. Cette synthèse ignorait une empreinte civilisationnelle beaucoup plus ancienne et importante des civilisations africaines et risquait de masquer un ethnocentrisme européen (Mouralis, 2015 : 228). La critique de Cheikh Anta Diop relève de l´afrocentrisme ; pour lui, Senghor n´est pas allé assez loin dans la redécouverte de l´Afrique précoloniale. Cela expliqua sans doute l´éloignement des penseurs de la négritude qui ne se sont jamais réellement intéressés à la Francophonie qui étaient pour eux un avatar voire une mystification du projet colonial. En l´occurrence, Senghor était suspecté d'avoir importé une culture nationale française (Ouattara, 2015).

D´aucuns, à l´instar de Mongo Béti et de Sembène Ousmane (Soubias, 1993 : 162), ont critiqué ouvertement cette conception senghorienne de la Francophonie (Béti, 1979 : 134–144). Mongo Béti[19] avait été l´un des rares dénonciateurs des atrocités commises par les colons français au Cameroun, ce qui tranchait avec l´opinion commune selon laquelle la décolonisation française s´était réalisée de manière pacifique (Thuram, 2010 : 372). Il avait écrit un ouvrage de fiction, *Remember Ruben* en hommage au leader de libération nationale du Cameroun, Ruben Um Nyobé (Achour, 2010 : 321). L´ouvrage de Mongo Béti, *Main*

[19] Son vrai nom est Alexandre Biyidi Awala qui représente l´un des grands écrivains africains de langue française. Son pseudonyme est Mongo Béti et certains de ses écrits comme *Main basse sur le Cameroun. Autopsie d´une décolonisation* ont été censurés dès leur parution (Achour, 2010 : 320).

basse sur le Cameroun. Autopsie d´une décolonisation, paru en 1972 avait subi une double censure en France et au Cameroun[20]. L´intellectuel critique algérien Kateb Yacine (1929–1989)[21] avait également à plusieurs reprises dénoncé la Francophonie comme instrument de politique néocoloniale (Boisbouvier, 2015 : 171). Certains écrivains ont pour leur part affiché une distance prudente avec l'usage de la langue française comme ce fut le cas avec la revue *Souffles*, revue trimestrielle, culturelle et littéraire du Maghreb qui est parue entre 1966 et 1971 à Rabat et dont 22 numéros sont parus en langue française (Achour, 2010 : 249). Abdellatif Laâbi (né à Fès en 1942), son fondateur, exprimait ce sentiment dans les lignes suivantes :

> « notre attitude, nous pouvons la caractériser par la formule de co-existence, mais une co-existence non pacifique, empreinte de vigilance. Nous sommes constamment sur nos gardes. Assumant, provisoirement le français comme instrument de communication, nous sommes conscients en permanence, du danger dans lequel nous risquons de tomber et qui consiste à assumer cette langue en tant qu'instrument de culture » (Laâbi, 1970 : 36).

Ces écrivains sont conscients du danger de glissement implicite d'une conception communicationnelle vers le partage d'une hégémonie culturelle. L'objectif de la revue *Souffles*, une revue littéraire qui s'est politisée à la fin des années soixante, était bien de trouver une nouvelle forme d'identité politique et esthétique. « La culture nationale n'est ni une négation, ni une volonté de clôture. Volonté, nécessité et condition d'être, on ne peut pas y déboucher par des portes de service. C'est un itinéraire ardu que les hommes de culture du Tiers-Monde doivent assumer. Épopée du corps et de la mémoire avec le risque » (Laâbi, 1967 : 29–35).

---

[20] Selon Catherine Pont-Humbert, qui animait l´émission de France Culture consacrée à Mongo Béti le 26 décembre 2004, Jacques Foccart aurait fait pression sur le ministre de l´intérieur français Marcellin pour que le livre *Main basse sur le Cameroun* ne soit pas édité en France. https://www.youtube.com/watch?v=BoH6_1kZGSw (Site consulté pour la dernière fois le 6 juillet 2018).

[21] Kateb Yacine a découvert la langue française en détournant l´instrument d´aliénation pour y puiser une expression de libération. Il a milité toute sa vie pour la liberté d´expression et le multilinguisme (Achour, 2010 : 232).

La conception senghorienne de la francophonie est critiquée au nom du risque d'un néocolonialisme culturel où les principes de l'ancienne puissance occupante sont intériorisés comme étant supérieurs. L'émancipation passait avant tout par l'appropriation d'une culture et d'une langue nationales et le projet francophone demeurait suspect. Dans le même temps, la langue arabe classique est officielle au Maroc depuis 1961 et dans un contexte de fort analphabétisme se pose la question d'une langue de circulation. En d'autres termes, les écrivains et intellectuels de la revue *Souffles* se proposaient d'emprunter provisoirement la langue française comme langue de communication faute de mieux. Le débat n´a jamais disparu entre une ligne pro-Francophonie incarnée par l´écrivain-diplomate Henri Lopes[22] et l´historien congolais Anicet Mobé[23] et de l´autre des écrivains et universitaires critiques de ces institutions comme le romancier Boubacar Boris Diop[24] ou l´universitaire camerounais Ambroise Kom[25]. Pour ces intellectuels, la langue française est une langue coloniale au même titre que l'anglais et le portugais, la promouvoir comme langue de communication signifie prolonger cette prétention hégémonique (Achard, 1982 : 422). L'idéal de la langue et le discours francodoxe ont été élaborés pendant la colonisation avec une politisation forte de la francophonie. La réflexion va même plus loin puisque la langue française est perçue comme l'imposition politique d'une forme d'universalité liée à la forme de l'État-nation.

---

22 Henri Lopes était l´ambassadeur du Congo-Brazzaville et écrivain, il était proche du Président Denis Sassou-Nguesso et visait la succession d´Abdou Diouf au poste de Secrétaire général de l´Organisation Internationale de la Francophonie. Voir *Brazza news,* 3 décembre 2014, http://brazzanews.fr/2014/12/francophonie-les-vraies-raisons-de-lechec-de-henri-lopes-candidat-du-dictateur-congolais/ (Site consulté pour la dernière fois le 6 juillet 2018).

23 Anicet Mobé est critique des intellectuels congolais soumis au pouvoir politique à Kinshasa. Anicet Mobé, « Intellectuels serviles de Kinshasa », *Le Monde diplomatique,* février 2016, http://www.monde-diplomatique.fr/2016/02/MOBE/54717 (Site consulté pour la dernière fois le 6 juillet 2018).

24 Boubacar Boris Diop est un écrivain et intellectuel sénégalais, il a publié plusieurs essais politiques (Diop, 2007).

25 Ambroise Kom est un universitaire camerounais, spécialiste des littératures francophones.

> « De ce point de vue, sans approfondir l'analyse technique, alors que le français a eu historiquement une évolution commandée à partir d'un pôle étatique, l'anglais s'est développé pragmatiquement à partir d'un pôle commercial-véhiculaire (...). D'où une attitude plus souple par rapport à la norme, qui est 'mise sur le marché' au lieu d'être 'administrée', et par rapport aux 'langues locales' confinées à la 'marge' » (Achard, 1982 : 421).

Pour les voix critiques du projet francophone, la centralisation de la langue française et l'idéologie du français standard constituent des vestiges de l'époque coloniale. Cette critique est juste en ce qu'elle montre un repli de l'hégémonie politique française sur la centralité de la langue avec un discours francodoxe qui motive la création de la Francophonie. L'anthropologue Maurice Godelier a mis en évidence une ethnographie de la colonisation qui passe par la promotion de l'État-nation comme catégorie de pouvoir unifiante au sein de la mondialisation (Godelier, 2017 : 243). Il semble dans ce contexte que les critiques du projet francophone dénoncent un risque de domination politique à distance de la France par le maintien de la langue française.

À l'inverse, l'article de Senghor « Le français, langue de culture » est vu comme le Manifeste fondateur de la francophonie. Cette conception est directement tirée du mouvement de la négritude qui a utilisé la langue française pour rechercher une émancipation profonde. Comme l´écrit Achille Mbembé, la négritude est un constat de départ d´une entreprise de domination d´une race pour la transformer en marchandise. Une fois ce scandale historique dénoncé, nous risquons de voir apparaître d´autres formes du devenir-nègre du monde (Mbembé, 2013 : 6–10). Si dans l'esprit des Pères fondateurs de la Francophonie, il s'agit de faire croire à cette rupture de fond, cette pacification qui fait de la langue française un héritage colonial, nous pouvons remettre cette hypothèse en question pour montrer que la langue française a été imposée et administrée au sens où Frantz Fanon l'entendait lorsqu'il évoquait la réaction des Noirs à l'égard de l'usage des langues européennes (Fanon, 1952 : 28).

L'article de Senghor répond à une question proposée par la revue *Esprit,* revue fondée par Emmanuel Mounier en 1932 et ayant une vision imprégnée du christianisme social : « Que représente, pour un écrivain noir, l'usage du français ? » (Senghor, 1962 : 838). Cet article promeut l'usage des langues vernaculaires et montre ce que le français a apporté et peut encore donner à ces langues. « Beaucoup, parmi les élites, pensant en français, parlent mieux le français que leur langue maternelle, farcie, au demeurant, de francismes, du moins dans les villes. Pour choisir un exemple national, à Radio-Dakar, les émissions en français sont d'une langue plus pure que les émissions en langue vernaculaire » (Senghor, 1962 : 839).

Les francismes désignent ici les expressions idiomatiques propres au français de France utilisées par les journalistes. Senghor commence par décrire sociologiquement les usages du français en Afrique et en particulier au Sénégal avant de proposer une vision idéologique de la langue française et des langues vernaculaires. Il impose l'idéologie du standard en montrant que la langue française a une supériorité intrinsèque. En ce sens, Senghor se comporte comme un « évolué » au sens où l'entendait Fanon lorsqu'il évoquait l'attitude des Antillais ayant vécu en métropole et revenant avec cette idée de maîtrise de la langue française et de ses codes (Fanon, 1952 : 29). Senghor est ce Noir qui a eu une éducation élitiste chez les Colons et qui en tire une généralisation sur la situation linguistique de l'Afrique subsaharienne.

Le Manifeste senghorien résonne comme un hommage à la langue française avec des références explicites au mouvement surréaliste qui a transformé le rapport à la langue avec une manière particulière d´utiliser les mots, de les agencer et de libérer leur expression (Sebghor, 1962 : 840). Si Senghor écrit à la fois comme homme de lettres et grammairien pour montrer les contacts entre familles linguistiques, il n´empêche que son article ressemble à une réactualisation de la dissertation d´Antoine Rivarol qui avait gagné le concours de l´Académie de Berlin en 1784. Rivarol proposait une conception de la langue française qui est reprise par Senghor sans être citée dans cet article.

> « Le français, écrivait Rivarol, par un privilège unique, est seul resté fidèle à l´ordre direct, comme s´il était tout raison, et on a beau, par les mouvements les plus variés et toutes les ressources du style, déguiser cet ordre, il faut toujours qu´il existe ; et c´est en vain que les passions nous bouleversent et nous sollicitent de suivre l´ordre

> des sensations : *la syntaxe française est incorruptible.* C´est de là que résulte cette admirable clarté, base éternelle de notre langue. *Ce qui n´est pas clair n´est pas français ;* ce qui n´est pas clair est encore anglais, italien ou latin » (Rivarol, 1991 : 39).

Nous retrouvons cette profession de foi qui assimile le français au rationalisme cartésien avec une conception idéologique forte de la grammaire comme outil au service de l´explicitation rationnelle. L´usage de nombreux connecteurs logiques est selon Senghor une propriété de la langue française. Nous percevons une appréhension culturelle de la langue française qui devient dotée de qualités essentielles. La langue française est vue comme propice à la dialectique, comme si elle avait augmenté sa puissance au fil du temps, synthétisant les divers apports culturels et les différentes utilisations faites. Cette tentation essentialiste s'aggrave dans l'humanisme : « c'est précisément, dans cette élucidation, dans cette re-création, que consiste l'humanisme français. Car il a l'homme comme objet de son activité. Qu'il s'agisse du droit, de la littérature, de l'art, voire de la science, le sceau du génie français demeure ce souci de l'Homme » (Senghor, 1962 : 840).

Le glissement vers une conception francodoxe et essentialiste de la langue est ici indéniable, la langue française étant le mode d'expression d'une forme d'universalité même si Senghor souligne dans le même temps l´apport des langues vernaculaires à la langue française. Dans ses travaux, le linguiste Alain Rey a montré que la langue est affaire d´affects, de passions et parfois de discours portant sur le bon usage (Rey, 2007 : 28). Du coup, les premières apparitions de la topologie francodoxe ont un lien avec cette idée de pureté et de génie de la langue (Rey, 2007 : 38). Alain Rey montre qu´il existe un paradoxe sur la perception de l´évolution de la langue française. Plus elle est l´objet de métissages, plus il y a des tentatives de reconstruction d´une forme de généalogie avec en filigrane l´idée d´une pureté. De ce point de vue, le discours francodoxe de Senghor serait à relier à cette tradition littéraire française que ce dernier maîtrise parfaitement. Le texte « Le français, langue de culture » est aussi un exercice de style où Senghor utilise avec brio ses compétences de grammairien en se référant à l´analyse du fonctionnement du français. En 1968, dans un article très proche du « français, langue de culture », il est revenu sur la signification de la Francophonie et sur le sens de la langue française.

> « Clarté du vocabulaire, qui tient à la clarté des procédés de dérivation et de composition, des procédés de dérivation en particulier, à partir des mots grecs et latins. Ce qui n´empêche pas des procédés plus populaires et, partant, plus spontanés et vivants. Ce qui provoque, surtout, une prodigieuse richesse de mots. Pour prendre un exemple, on a discuté sur le point de savoir si nous étions des franco-phones ou des franco-lingues. On s´est même disputé. Le peuple aurait pu nous mettre d´accord en faisant, de nous, des parlant-français. On eût crié au franglais. Mais le Dictionnaire Robert avait déjà consacré l´usage en optant pour 'francophone' » (Senghor, 1968 : 132).

En revenant sur le sens des mots, Senghor s´immisce volontiers dans la dispute des grammairiens pour faire ressortir ce qui fait le génie de la langue française et son métissage heureux avec le wolof. Il se réfère à la tradition cartésienne puis convoque des poètes comme Saint-John Perse, Maurice Scève, Louise Labé, Joachim du Bellay, Pierre de Ronsard, Agrippa d´Aubigné, François de Malherbe et des philosophes comme Gaston Berger (Senghor, 1968 : 135). Il y a comme un plaisir chez Senghor à traiter de ces références culturelles qu´il a apprises durant son parcours scolaire des plus brillants. Son vocabulaire est aujourd´hui daté, il emploie assez facilement des termes qui aujourd´hui apparaissent problématiques comme celui de « race ». En 1968 encore, il évoque Pierre Teilhard de Chardin en des termes très équivoques.

> « Partant donc de Pascal, sautons trois siècles pour nous arrêter à Pierre Teilhard de Chardin. La comparaison n´est pas hasardeuse, elle est nécessaire. Ce sont même race celtique, même esprit scientifique, même foi ardente, même style. Mais de Pascal à Teilhard, le rationalisme français s´est élargi et approfondi grâce au progrès de la science, au développement subséquent de la technique et de l´industrie, à la multiplication des relations interraciales et inter-continentales » (Senghor, 1968 : 138).

Pour le père spirituel de la négritude, les questions ethniques ne sont pas à masquer, il importe d´aller au fond des choses et de comprendre le métissage opéré par la question de la francophonie et de la mise en contact des peuples par le biais de la domination coloniale. Jamais Senghor n´a tenté de justifier le colonialisme, en revanche il a toujours milité pour ne pas occulter cette partie de l´histoire des peuples africains. Certaines conceptions en revanche frisent la stéréotypie sans doute à cause du champ lexical teinté de négritude. « Sentir, c´est le mot clef de l´épistémologie des peuples noirs : des peuples de raison intuitive » (Senghor, 1968 : 138). L´opposition entre raison/émotion se retrouve selon Senghor dans ce que contiennent les langues. Au fond, Senghor est l´un des premiers à travailler sur ce que le métissage culturel implique en termes d´expressivité. Il y a pour lui dans le contact des langues des possibilités nouvelles d´expression avec un matériau linguistique disponible qui demande à être travaillé. La langue porte en elle-même des mythes sur ses propres origines. Pour Senghor, la créolisation a commencé bien plus tôt au moment où on s´affranchit du latin avec l´apparition d´une langue romane (Rey, 2007 : 129). Le discours de Senghor reprend ce mythe du génie de la langue française pour évoquer les nouvelles formes de métissage et de créolisation rendues possibles par les aléas de l´histoire et de la colonisation. Nous ne sommes pas si loin des conceptions de Frantz Fanon sur la confiance en eux des peuples nègres qui ont été dominés. Pour Fanon, l´image de soi est d´abord une projection de l´image corporelle et ainsi la question de différence de couleur mue rapidement en discrimination. Fanon, en 1952, reconnaît dans la négritude une résistance aux catégories mentales des Blancs et des colons. Selon Fanon, lorsque Senghor loue la capacité magique et émotionnelle des civilisations nègres, ce n´est pas pour inférioriser l´âme noire, c´est au contraire pour décrire ce qui échappe aux Blancs et qui est souvent perçu par eux comme étant une propriété par essence des nègres.

> « Le Blanc veut le monde ; il le veut pour lui tout seul. Il se découvre le maître prédestiné de ce monde. Il l´asservit. Il s´établit entre le monde et lui un rapport appropriatif. Mais il existe des valeurs qui ne s´accommodent qu´à ma sauce. En magicien, je vole au Blanc 'un certain monde', pour lui et les siens perdu. Ce jour-là, le Blanc dut ressentir un choc en retour qu´il ne put identifier, étant tellement peu habitué à ces réactions » (Fanon, 1952 : 103).

Senghor revendique cet héritage des civilisations africaines et le fait qu´il ait échappé aux colons, mais en même temps il pense à la synthèse produite aux niveaux biologique et politique. D´ailleurs, il préfère noter les similarités entre les peuples européens et les peuples africains. L´Art gaulois ressemble étrangement à l´Art nègre avec un accès à l´émotion et à l´intuition comme si chaque civilisation exprimait une face de l´Universel (Senghor, 1968 : 139). « Si les Gaulois ne sont pas nos ancêtres, à nous, les Nègres, ils sont nos cousins » (Senghor, 1968 : 139). On peut catégoriser les peuples selon des caractéristiques ethniques et culturelles, on n´effacera jamais selon Senghor cette prétention à l´Universel. Dans ce contexte, le Blanc est celui qui est animé par un pur désir de puissance en ignorant à la fois les racines des peuples qu´il asservit et les siennes. Le Blanc est cette puissance dangereuse d´acculturation qu´il faut rejeter. Contrairement à ce qui a été dit sur Senghor, ce dernier ne souhaite en aucun cas retrouver une forme pure et précoloniale de ces civilisations, il pense simplement les éléments de la nouvelle synthèse produite, ce n´est pas un hasard si le terme de complémentarité a été retenu dans la devise de la Francophonie par la suite car il est éminemment senghorien[26]. La complémentarité vise la coopération pour éviter un enfermement dans l´État-nation. Comme Senghor le rappelait en 1959,

> « on ne manie pas les hommes comme des tas de bois mort. Pardessus tout, nous prendrons garde à ne pas tomber dans l´une des tentations de l´État-nation, qui est l´uniformisation des personnes à travers les patries. L´archétype, c´est l´appauvrissement des personnes, leur réduction en individus robots, une perte de sucs et de sève. La richesse naît de la diversité des patries et des personnes, de leur complémentarité » (Senghor, 1959 : 22).

[26] Le sociologue Saïd Bouamama interprète en ce sens la différence entre la pensée de Fanon et de Senghor dans son cours sur la pensée de Fanon. Nous pensons que la pensée de Senghor est elle-même extrêmement nuancée et qu´il est inexact d´en faire un défenseur d´une forme d´essentialisme https://www.youtube.com/watch?v=3sOGkJEP_5g (Cours n. 4 du Front Uni des Immigrations et des Quartiers Populaires proposé en 2015, site consulté pour la dernière fois le 6 juillet 2018).

C´est d´ailleurs pour cela que la Francophonie est associée à cette entreprise de synthèse qui n´est pas achevée et qui reste à l´état de promesse. « En Francophonie, il s´agit toujours de l´Homme : à sauver et à perfectionner, intellectuellement avec Descartes, moralement avec Pascal, intégralement avec Teilhard » (Senghor, 1968 : 139). Senghor est l´un des rares penseurs de la Francophonie spirituelle, il rêve de cette synthèse civilisationnelle qui est en cours et il différencie bien le produit de cette synthèse des relations entre la France et ses colonies.

> « La Francophonie ne sera pas, ne sera plus enfermée dans les limites de l´Hexagone. Car nous ne sommes plus des 'colonies' : des filles mineures qui réclament une part de l´Héritage. Nous sommes devenus des États indépendants, des personnes majeures, qui exigent leur part de responsabilités : pour fortifier la Communauté en l´agrandissant » (Senghor, 1968 : 140).

Cette description de la Francophonie en des termes psychologiques est puissante car l´accès à la majorité signifie émancipation et fin de la tutelle politique et symbolique de la France. Toujours en frisant la francodoxie, Senghor énonce l´une des missions les plus importantes de la Francophonie qui est de décoloniser culturellement pour saisir la richesse issue de cette synthèse, cette promesse résonne comme un défi géopolitique majeur (Senghor, 1968 : 140). D´autres figures de la Francophonie ont par la suite milité pour ces multiples métissages comme ce fut le cas chez Charles Hélou, l´ancien Président libanais qui s´exprimait en des termes très similaires dans les années 1980.

> « L´humanisme qui est le nôtre et qui a pris, d´âge en âge, des formes différentes, nous l´appelons maintenant francophonie. Je déclare une fois encore que la francophonie n´est ni un impérialisme politique ni un impérialisme linguistique ; qu´elle est une culture ouverte à toutes les cultures, une culture à plusieurs voix. Elle est, pour nous Libanais, l´interaction des cultures française et arabe, car nous sommes fiers d´avoir été, et de rester à l´avant-garde et en même temps de propager non seulement en Orient, mais sur tous les continents, les valeurs essentielles de la culture française, au premier rang desquelles, la liberté » (Hélou, 1989 : 121).

Senghor ne pensait pas uniquement la synthèse civilisationnelle entre le français et les cultures africaines, il voyait les promesses de fécondité culturelle entre la langue française et les autres civilisations en contact. Ses études de grammaire l´ont beaucoup influencé dans la manière de caractériser l´esprit des peuples (Chancel, Senghor, 1988).

Beaucoup plus tard, nous retrouverons chez des auteurs comme Alain Finkielkraut cette appréciation de la spécificité du génie français (Finkielkraut, 1989 : 15), c'est-à-dire cette manière de construire des catégories universelles par le raisonnement. La langue est pour Léopold Sédar Senghor à la fois ce qui conditionne la créativité humaine, elle est dans le même temps affectée par cette créativité. Senghor a commencé dans le texte de 1962 « Le français, langue de culture » à effectuer des constats politiques sur le positionnement de la langue française : le tiers des délégations de l´ONU s´exprimait en français dans les années 1960, de nombreux enseignants français travaillaient dans les nouveaux États africains, cette langue se trouvait dans une position de force. Puis, le reste du texte est animé par un point de vue structuraliste pour montrer l´évolution de cette langue et la synthèse civilisationnelle propre à l´Afrique. Ces considérations sur la langue sont risquées car elles peuvent donner un point de vue naturaliste voire essentialiste à la langue. Immanquablement, il existe une confusion entre la créativité et son instrument qui devient doté de ces qualités.

Lorsque nous abordons la question de l'institution imaginaire de la société au sens de Castoriadis (Castoriadis, 1975), la langue est une institution seconde. Tout se passe comme si, les peuples colonisés, pouvaient intégrer une partie de cet héritage pour le transformer au contact des langues vernaculaires. Cette théorisation de la langue comme mise en contact de plusieurs mondes se retrouvera par la suite dans le projet francophone. L´un des termes les plus importants du Manifeste de Senghor est celui de « symbiose » (Senghor, 1962 : 841) qui manifeste l´alliance entre la tradition des langues vernaculaires africaines et la tradition littéraire française. On pourrait même aller plus loin dans cette esquisse d'une synthèse civilisationnelle, il existe la promotion d'une Eurafrique défendue à la fois par des Européens convaincus que l'Afrique est à eux et par des Africains soucieux de retrouver une unité au lendemain des indépendances nationales (Muller, 2005 : 55). L´objectif est de mettre en résonance ces traditions et de montrer comment la langue française a évolué au contact de ces langues et comment ces dernières se sont transformées. En l'occurrence, la langue est vue comme une libération de mots et d´expressions et comme le produit d´une inventivité culturelle permanente. L´exemple des Surréalistes est à ce titre révélateur de cette évolution, ils avaient ouvert la voieen quelque sorte à la négritude pour envisager l´émancipation par la langue au moyen du jaillissement des métaphores nouvelles (Senghor, 1962 : 842). Léopold Sédar Senghor pensait en termes de civilisation et lorsqu´il se référait aux civilisations « négro-africaines » (Senghor, 1962 : 841), il évoquait en filigrane l´idée de négritude pour laquelle il s´était battu.

Il a revendiqué très tôt son appartenance à ce mouvement en s´inscrivant dans les pas spirituels de Pierre Teilhard de Chardin avec son idée d´humanisme universel. Au fond, chaque civilisation exprime une idée de l´Universel que ce soit par la raison intuitive comme c´est le cas dans les civilisations africaines ou par la raison dialectique pour les civilisations européennes. Lorsqu´il y a contact entre ces civilisations par l´échange économique ou culturel ou par la domination brutale du colonialisme, ces deux conceptions entrent en conflit avant de contribuer à une nouvelle synthèse (Bounoure, 1957). Sans céder à une personnification des langues, Léopold Sédar Senghor montre que la langue est déjà en elle-même une forme de synthèse civilisationnelle. Le métissage améliore la percussion et l´expressivité d´une langue. En outre, il existe chez Léopold Sédar Senghor un romantisme des premières nations qui ont pour charge d´organiser un nouveau rapport à l´Universel. À l´indépendance, les premières nations africaines ont eu pour tâche de retrouver une identité culturelle forte pour exprimer ce rapport à l´Universel, elles ne pouvaient plus seulement être ramenées à la dimension globale du continent africain. Teilhard de Chardin était un savant et un érudit, à la fois paléontologue, philosophe et théologien. Toute son œuvre est fondamentalement liée à la manière de penser une forme d´universalité incarnée (Overzee, 1991 : 110). Le corps divin chez Teilhard de Chardin est une métaphore qui permet de comprendre la manière dont les civilisations perçoivent leur existence. Sédar Senghor a été profondément influencé par ce style reliant la religion, la philosophie et la poésie pour exprimer la nature d´un fait civilisationnel.

La négritude est une attitude culturelle des peuples dominés, c´est-à-dire des nègres cherchant une émancipation qui vaille comme réaction universelle. Le terme a été forgé par Aimé Césaire en 1939 (Constant, Mabana, 2009 : 12) dans ses *Cahiers d´un retour au pays natal* au moment où plusieurs écrivains noirs antillais et africains se retrouvent à Paris dans les années 1930 gravitant autour de la *Revue du Monde Noir.* Comme le déclarait Léopold Sédar Senghor lors de l´ouverture d´un colloque sur la Négritude en 1971,

> « Le terme de négritude est souvent contesté comme mot avant de l´être comme concept. Et l´on a proposé de lui substituer d´autres mots : mélanité, africanité. On pourrait continuer. Et pourquoi pas éthiopité ou éthiopianité ? Je suis d´autant plus libre de défendre le terme qu´il a été inventé, non par moi, comme on le dit souvent à tort, mais par Aimé Césaire » (Constant, Mabana, 2009 : 12).

La négritude renvoie à une réalité définie, celle des nègres, de leur monde et de la perception d´une culture dominée et ramenée à l´esclavage. Dans la négritude, la dimension du refus de la civilisation coloniale est également présente car il s´agit de redonner aux nègres leur fierté au sein de cette domination multiséculaire. Avant de se sublimer en humanisme, la négritude est une posture littéraire et intellectuelle de résistance. Lorsque Léopold Sédar Senghor réfléchit à l´élaboration d´une culture francophone, il est pétri de cette négritude devenue par la suite le refus de toute forme d´esclavage et d´asservissement culturel. En ce sens, il existe une forme de dialectique spirituelle reprenant en filigrane la relation maître-esclave définie par Hegel (Kojève, 1947 : 29). Le maître ici était le colon, celui qui possédait le territoire et qui a imposé ses cadres culturels et linguistiques, l´esclave a su travailler sur la langue et l´extraire de l´emprise du maître pour la transformer. Cette autonomisation caractérise en profondeur l´*éthos* propre à la négritude. Ce qui distingue Senghor de Césaire, c´est la jonction entre Négritude et Francophonie. Senghor en fait des synonymes puisque la Francophonie est capable de porter l´héritage de la Négritude.

> « Ceux qui, avec Césaire, ont, dans les années 1930, lancé le mouvement de la Négritude ont beaucoup insisté sur ce dernier point : il s´agit, pour chaque continent, pour chaque peuple, de s´enraciner profondément dans les valeurs de sa civilisation propre pour s´ouvrir aux valeurs fécondantes de la civilisation française, mais aussi des autres civilisations, complémentaires, de la Francophonie » (Senghor, 1989 : 156).

Senghor reconnaît à plusieurs reprises la paternité de la Négritude à Césaire (Chancel, Senghor, 1988), mais il l´associe à sa réflexion sur la Francophonie alors que Césaire est resté quelque peu circonspect quant à la dimension émancipatrice du projet francophone (Gallagher, 2009).

La langue devient le dépôt spirituel de ce métissage culturel rendu possible par les aléas de l´histoire, elle porte selon Senghor le principe de cette rencontre et constitue pour les écrivains noirs un instrument d´émancipation dont ils peuvent augmenter la valeur grâce à leur inventivité. L´image finale du Manifeste de la francophonie sacralise cet héritage.

> « Il n´est pas question de renier les langues africaines. Pendant des siècles, peut-être des millénaires, elles seront encore parlées, exprimant les immensités abyssales de la Négritude. Nous continuerons d´y pêcher les images-archétypes. Il est question d´exprimer notre authenticité de métis culturels, d´hommes du XXe siècle. Au moment que, par totalisation et socialisation, se construit la Civilisation de l´Universel, il est, d´un mot, question de nous servir de ce merveilleux outil, trouvé dans les décombres du Régime colonial. De cet outil qu´est la langue française » (Senghor, 1962 : 843).

Dans la conception de Léopold Sédar Senghor, nous trouvons l'idée d'un trésor à conserver, à arracher au pouvoir colonial. La dissociation entre le colon et son produit qu'on lui subtilise fonctionne à merveille dans le Manifeste de la francophonie de Léopold Sédar Senghor. Utiliser la langue française, c'est réinvestir d'une autre manière le pouvoir du colon dans les pays africains devenus indépendants. Nous retrouvons ici un sujet collectif qui est nié au profit de l'émergence d'un nouveau sujet, les peuples décolonisés tout en conservant la langue des anciens maîtres pour la faire éclater et la libérer. Tout se passe comme si, dans une fibre lacanienne, nous revenions à cette trinité de « l'*ego*, du *superego* et de l'*id* »[27] (Lacan, 1966 : 282). Le risque d´une telle démarche est de se faire accuser de néocolonialisme en utilisant l´un des instruments de la domination culturelle des anciens colons. La ruse de l´histoire est justement de détacher la langue de la France, mais comme la langue est langue-culture, cela signifie qu´on réutilise des fragments culturels français et qu´on les assimile d´une autre manière. Toute l´œuvre de Léopold Sédar Senghor n´a pas échappé à ce soupçon d´autant qu´on lui a reproché d´avoir une vision plus lénifiante de cette alliance de civilisations parce qu´il n´a pas connu comme d´autres le traumatisme des souffrances infligées par les colons.

Dès son accession au pouvoir, Léopold Sédar Senghor a conscience qu´il fallait organiser le Sénégal de l´intérieur en éveillant ce sentiment d´appartenance collective à une nation et de l´extérieur avec les autres pays africains francophones libérés du joug colonial. Voici quelques extraits du discours qu´il prononça le 6 septembre 1960 à Dakar et qui résume sa vision géopolitique :

> « Sénégalais et Sénégalaises, depuis quinze ans, je vous ai souvent mis en garde contre une certaine maladie inoculée par le Colonialisme et que j´appelais la sénégalité. C´était un complexe de supériorité. Votre rôle n´était pas, n´est pas de conduire, mais d´éclairer. Il n´est pas d´entrer dans la course au leadership ; il est d´unir dans l´égalité, qui est la condition sine qua non de la coopération » (Senghor, 6 septembre 1960 : 3).

La coopération est vue comme une égale participation sans qu´une nation ne prenne un avantage, elle est le contraire de l´impérialisme. Comme nation première, le Sénégal ne peut répéter les mêmes erreurs commises par les anciennes puissances coloniales. La question de la nationalité a agité d'autres anciennes colonies, notamment la Côte d'Ivoire avec la résurgence dans les années 1990 de l'ivoirité, ciment culturel utilisé pour exclure certaines

[27] L'*id* signifie l'identification au sein de cette trinité, le dépassement de l'ego grâce à une identification avec un principe supérieur.

franges de la population de l'exercice du pouvoir (Kipré, 2005). Certains ont même relié l'émergence de cette ivoirité exclusive en la référant à Senghor au moment où la Côte d'Ivoire s'enfonçait dans une forme de guerre civile au début des années 2000 (Gary-Tounkara, 2010 : 167). Pourtant, à l'époque, Senghor est conscient des nécessités de donner une vision plus forte du Sénégal surtout après la séparation d´avec le Mali au sein d´une Fédération.

> « Si nous avons transcendé les querelles de races et de castes, si nous avons su, par un effort de quinze ans sur nous-mêmes, nous débarrasser du territorialisme, le drame de l´ex-Fédération du Mali, prouve que d´autres n´avaient pas fait le même effort. Nous en avons tiré la leçon, qui est l´indépendance sénégalaise comme préalable à la coopération africaine » (Senghor, 6 septembre 1960 : 4).

Cette vision réaliste des rapports de force au sein des nouveaux gouvernements indépendants révèle que pour Senghor, les États indépendants devaient réaliser leur transition politique pour ensuite pouvoir former une union beaucoup plus solide. Il a ainsi appuyé en tant que Président de nombreux projets sur l´art et la culture sénégalais car il fallait faire exister cette nouvelle nation politique avec une organisation intérieure et des liens extérieurs. Il est revenu plus tard sur l´un de ses rêves pour le Sénégal : « au lendemain de l´indépendance, j´ai fait un rêve. J´ai eu une vision, après m´être frotté les yeux avec l´huile de punaise verte, comme le font les anciens Sérères. J´ai eu la vision d´un Sénégal uni » (de Benoist, 1998 : 147). La coopération africaine envisagée permettrait à tous ces États de se reconnaître et de partager des ambitions communes.

> « L´idée de la Fédération n´est pas encore mûre dans l´ancienne AOF[28] ; les micro-nationalismes ne sont pas encore transcendés. Ce regroupement des États de l´ancienne AOF ne serait que le premier pas vers un regroupement plus large, qui aboutirait un jour, nous l´espérons du moins, aux États-Unis d´Afrique. Il est entendu que ces États-Unis n´empêcheraient l´appartenance ni à

[28] Afrique Occidentale Française. C´était le nom donné aux colonies françaises de l´Afrique de l´Ouest.

la Communauté ni au Commonwealth » (Senghor, 6 septembre 1960 : 5).

Le premier projet de Léopold Sédar Senghor visait une nouvelle unité africaine francophone à visée fédératrice. La Fédération nommée renvoyait à la tentative de 1959–1960 de fonder une Fédération entre le Sénégal et la République soudanaise (l´actuel Mali). À cette époque, Léopold Sédar Senghor avait soutenu ce projet en refusant de rejoindre le Rassemblement démocratique africain (RDA) d´Houphouët Boigny qui militait pour une indépendance de chaque pays africain vis-à-vis des autres. En 1958 avait été fondé le Parti du regroupement africain (PRA) qui défendait une vision confédérale de l´Afrique. Le projet de Fédération mis en place n´a pas survécu aux dissensions entre le Mali et le Sénégal qui se suspectaient mutuellement de séparatisme. En outre, la France voyait d´un mauvais œil la constitution d´une entité confédérale qui lui pouvait lui échapper ; les amitiés franco-africaines nées dans l´ombre de Jacques Foccart privilégiaient le RDA comme étant une structure relayant les intérêts français en Afrique (Foccart, 1999). Dans la lignée de la loi-cadre de Gaston Deferre votée le 23 juin 1956 qui ouvrait le chemin à l´indépendance des États africains, la France a encouragé la création d´États indépendants.

En 1958, au moment de la création de la Ve République, tous ces États ont répliqué la structure institutionnelle française en choisissant des régimes présidentiels forts. Ces présidents avaient le privilège historique de donner une vision non seulement de leur action mais du moment géopolitique dans lequel ils se trouvaient. Léopold Sédar Senghor utilisait un vocabulaire nouveau en créant des néologismes pour décrire une attitude civilisationnelle. Ce qui dérange pour le lecteur d´aujourd´hui, c´est en réalité ce recours à des schèmes ethno-civilisationnels avec la perception d´une histoire et d´une évolution de l´Afrique. Il a défini dans une conférence prononcée au Caire en 1967 l´Africanité comme étant une synthèse de valeurs culturelles. « J´ai souvent défini l´Africanité comme la 'symbiose complémentaire des valeurs de l´Arabité et des valeurs de la Négritude' ». (Senghor, 1977 : 105). S´ensuivit une analyse des travaux des ethnologues et des anthropologues sur l´évolution de l´homme africain du Paléolithique à nos jours avec en particulier une détermination des différentes strates de métissage. Les travaux de l´anthropologue Leo Frobenius (1873–1938) sont discutés pour décrire les étapes dialectiques de ce métissage patient en Afrique. À la fin de cette conférence, Léopold Sédar Senghor s´est intéressé à des considérations linguistiques en adoptant un point de vue structuraliste.

> « Puisque je parle d´*Africanité*, je ne peux, parmi les langues sémitiques, retenir que la langue *arabe*. Puisque c´est elle que nous avons incorporée dans notre patrimoine : dans l´Africanité. Depuis la conférence constitutive de l´Organisation de l´Unité africaine, je me suis penché, avec plus d´attention, sur l´homme arabo-berbère, plus particulièrement sur la langue arabe. Je vous dirai, modestement, que je ne connais pas l´arabe. Je crois, seulement, après avoir lu maintes études ethnologiques, sociologiques et linguistiques sur l´homme et sa langue, *avoir commencé de comprendre leurs structures* » (Senghor, 1977 : 136).

La conférence de l´Organisation de l´Unité Africaine tournait autour de la langue arabe, d´où la tentative de Senghor de montrer les synthèses linguistiques et spirituelles à l´œuvre en Afrique. C´était une manière de repositionner la problématique francophone dans ce moment géopolitique essentiel pour l´Afrique.

L´autre lecture que nous pouvons faire de cette tentative échouée est celle de l´action de la France tentant d´éviter la construction d´une Fédération africaine francophone qui lui échapperait totalement. Pour Jean-Pierre Bat, « cet échec consacre la 'balkanisation' de l´Afrique francophone, c´est-à-dire l´accession à l´indépendance des colonies d´AOF et d´AEF dans le cadre des anciennes frontières coloniales et non des grands ensembles fédéraux…à la plus grande satisfaction de Félix Houphouët-Boigny, président de la Côte d´Ivoire, et Jacques Foccart, 'Monsieur Afrique' du général de Gaulle » (Bat, 2017 : 664). En jouant la carte de la rivalité entre les anciennes colonies, la France s´assurait de conforter des liens personnels bilatéraux qui allaient alimenter les sommets France-Afrique. L´indépendance des États africains ne s´est pas traduit par une décolonisation puisque les frontières et les cadres de pensée coloniaux ont continué à perdurer.

Senghor est revenu par la suite plusieurs fois sur cette idée d´un Commonwealth à la française. Lors d´une conférence prononcée en 1987, voici ce qu´il déclarait en tant que membre de l´Académie française :

> « comme vous le savez, le *Commonwealth,* plus précisément, le *Commonwealth of Nations,* la 'Communauté des Nations', a été redéfini en 1971, après l´adhésion de pays du Tiers-Monde, comme une 'association librement consentie d´États souverains et indépendants, ayant, chacun, la pleine responsabilité de ses décisions politiques, qui se consultent et coopèrent en vue de servir les intérêts communs de leurs peuples et la cause de la compréhension et de la paix mondiale' » (Senghor, 1989 : 153).

Senghor pense que ces objectifs généraux pourraient être repris en partie par la Francophonie, même si cette dernière serait caractérisée par une différence de nature. Le Commonwealth avait pour avantage de présenter un modèle organisationnel qui pourrait être imité pour la Francophonie. Sur le plan des objectifs, le Commonwealth propose une association libérale reposant sur une idéologie du commerce et de la prospérité des nations alors que la Francophonie est caractérisée davantage par un projet culturel (Senghor, 1989 : 154). Dans la suite de son argumentaire, Senghor fait une différence entre la Francophonie, la Lusophonie et l´Hispanophonie d´un côté et le *Commonwealth* de l´autre. « Précisément, il n´est pas indifférent qu´on n´ait pas pris l´habitude d´appeler le '*Commonwealth*' '*Anglophonie*'. À cause des États-Unis d´Amérique, bien sûr, mais, encore une fois, parce que le *wealth*, l´économique, caractérise le Commonwealth » (Senghor, 1989 : 155). Cette position a été réaffirmée à de nombreuses reprises par Senghor au cours de sa trajectoire politique et intellectuelle. Il est souvent intervenu en tant que grammairien pour rappeler le rôle qu´a joué la langue française dans la conception d´une civilisation (Senghor, 1975 : 441).

La francophonie nord-africaine d´Habib Bourguiba

Le troisième Père Fondateur de la Francophonie est le héros de l´indépendance tunisienne, Habib Bourguiba qui était également un visionnaire et un stratège. Bourguiba a été formé en France, cette socialisation lui a laissé en héritage un amour pour la langue française. La Tunisie a accédé à l´indépendance en promouvant une élite francophone chargée de construire une nouvelle identité nationale. S´il a eu des rapports antagonistes avec la France, Bourguiba a su faire les bons choix en choisissant le camp des Alliés pendant la Seconde Guerre mondiale. Il a par la suite construit un pouvoir fort en Tunisie en veillant à mettre au pas les organisations syndicales et les fonctionnaires (Ben Hammida, 1990 : 132–133). De son côté, Léopold Sédar Senghor s´est souvent référé aux conceptions de Bourguiba au moment des accords avec le gouvernement d´Edgar Faure en avril 1955 juste avant l´indépendance.

> « Bourguiba est un homme de l´Occident, mieux, un métis culturel de la Méditerranée ; il n´est pas indifférent qu´il ait épousé une Française [...]. Il entend maintenir le dialogue entre les deux rives de la Méditerranée, entre les deux continents complémentaires que sont l´Europe et l´Afrique. C´est d´une « communauté solidaire » qu´il rêve » (Senghor, 1971 : 172).

En s´appuyant sur les conceptions de Bourguiba, Senghor a pu développer une théorie de la confédération francophone.

> « Pour tout dire, l´autonomie interne suppose un lien de caractère fédératif. On nous répondra par l´affirmation de la 'communauté franco-tunisienne', non sans gêne. Car cette communauté ne pourra être, pour les Tunisiens, que de dépendance par l´absence même de tout lien de caractère fédératif. Autre inconvénient, nous aurons demain une communauté franco-marocaine, comme nous avons déjà, moins artificiellement, une communauté franco-laotienne, une communauté franco-cambodgienne. Qui ne voit que cette multiplicité de communautés est précisément une absence de communauté ? Les Anglais, eux, n´ont qu´un *Commonwealth*. Encore une fois, la communauté suppose l´égalité et l´unité dans la diversité nécessaire » (Senghor, 1971 : 173).

Il imaginait une confédération francophone avec le respect des identités nationales, une vision commune de certaines grandes questions politiques internationales et la mise en forme d´un développement solidaire. Entre les quatre Pères Fondateurs, cette conscience est profondément ancrée même si Léopold Sédar Senghor demeure le seul à utiliser un vocabulaire confédéral (Senghor, 1989 : 152). Bourguiba était un défenseur de l´arabité de la Tunisie, c´est-à-dire qu´il pensait tout comme Senghor que chaque nation africaine devait s´approprier son identité pour pouvoir établir des coopérations internationales efficaces. Il avait une conception très gaullienne de la nation tunisienne en se référant volontiers à l´expérience de Kemal Ataturk en Turquie qui avait su imposer une nouvelle langue pour créer un nouveau pays. La Constitution de la Tunisie adoptée en 1959 rappelle cette définition d´un socle identitaire commun aux Tunisiens : « La Tunisie est un État libre, indépendant, souverain, sa religion est l´islam, sa langue est l´arabe et son régime la République » (Toumi, 1989 : 33). Si nous mettons à part la mention de la religion, voici un article très proche de l´esprit de la Constitution de 1958 en France.

Le discours de référence de Bourguiba reste celui tenu à Montréal le 11 mai 1968. À propos de la langue française, il déclarait : « il ne me semble pas que, tout au long des soixante-quinze ans [de protectorat français], la langue française soit apparue comme l´instrument de la domination qu´il nous fallait subir. Pourquoi ? Sans doute parce que c´est une des langues du monde par laquelle s´enseignent le mieux les philosophies de la liberté » (Ndao, 2008 : 15). On retrouve ici une version un peu différente de l´héritage senghorien avec cette idée première que l´on pouvait jouer de la langue contre ceux qui en prétendaient la maîtrise. Au fond, la langue française est prise au sein d´une dialectique maître-esclave en échappant à ses créateurs. Cette langue allait exprimer, au contact des autres langues des peuples colonisés, un puissant vecteur d´émancipation. Dans ce même discours, Bourguiba développait cette idée :

> « Langue des philosophes et de la liberté, le français allait construire en outre pour nous, à côté de l´arabe, un puissant moyen de contestation et de rencontre. Au défi de la sujétion, doublé de toutes sortes de prétentions à l´annexion ou à la co-souveraineté, grâce à la langue française tout autant que grâce à l´arabe, par la parole et par les écrits, lorsque la fortune le permettait, toujours d´ailleurs de façon hasardeuse, nous pouvions opposer à l´oppression notre

> contestation fondamentale et notre revendication de la liberté, de la dignité, de l´identité nationales » (Ndao, 2008 : 16).

Bourguiba insistait davantage sur une tradition émancipatrice au sein de la France qui a influencé le mouvement indépendantiste tunisien. En utilisant à la fois la tradition critique de la France et la projection internationale de la langue française (« langue véhiculaire », Ndao, 2008 : 20), il était possible à ces mouvements d´avoir une assise forte. Bourguiba opposait à la francophonie perçue comme un espace de rencontre, ce qu´il appelait la « francisation » (Ndao, 2008 : 17) alors que Senghor pensait la notion de francité comme caractéristique spirituelle d´une civilisation (Rey, Duval, Siouffi, 2007 : 1280). Il existe des nuances dans la perception de la francophonie par Bourguiba. Senghor voyait dans la Francophonie un espace de synthèse civilisationnelle avec l´idée que la langue française pouvait être le moyen d´expression de cette universalité. Senghor avait même fait part de son vœu en 1987 avant le sommet de la Francophonie de Québec que les « chefs d´État ou de gouvernement procèdent *à la française* : en donnant à la Francophonie, dans un traité international, sa 'charte constitutionnelle' » (Senghor, 1989 : 167). Bourguiba s´est appuyé pour sa part sur l´héritage français critique pour penser la décolonisation. Il s´est aussi référé à cette idée du *Commonwealth* tout comme Léopold Sédar Senghor. Dans ce même discours, il rejoint en approfondissant l´idée senghorienne d´un butin de guerre.

> « Il est clair en tout cas qu´aujourd´hui, la langue française ne représente pas pour nous le bien d´autrui que nous nous serions approprié, et dont nous aurions de quelque manière à rétribuer l´usage. Il est clair que nous la considérons comme un bien propre, comme une partie intégrante de notre culture présente, une culture qu´elle a largement formée et informée. Je pense d´ailleurs qu´il en est ainsi pour tous les peuples francophones » (Bourguiba, 11 mai 1968).

L´héritage culturel de la langue française fait partie de l´identité tunisienne. Au fond, Bourguiba et Senghor mettent en avant l´idée selon laquelle la culture est par essence métissée, c´est-à-dire contact avec des civilisations différentes, ce contact pouvant prendre la forme d´une domination barbare ou d´une influence culturelle plus extérieure. On ne peut nier ce passé, il revient de transformer cette situation pour faire de ce métissage un avantage. Il existe une autre manière de mettre en perspective la problématique du métissage culturel en se référant à la notion de social-historique définie par Cornelius Castoriadis. « Ce qui est ici visé est l´élucidation de la question de la société et de la question de l´histoire, questions qui ne peuvent être entendues que comme une seule et la même : la question du social-historique » (Castoriadis, 1975 : 251). Société et histoire ne sont pas extérieures l´une à l´autre, elles s´impliquent : la société est aussi bien histoire que l´histoire est société. C´est pourquoi, Castoriadis forge un néologisme, un adjectif qualificatif qu´il substantive parfois. Selon lui, il ne sert à rien de démultiplier les questions, car nous risquons de nous embarquer dans des abstractions qui ne nous permettent pas de penser la réalité sociale. L´ontologie de Castoriadis repose sur un être qui est nécessairement social-historique, parce que toutes les significations qui l´animent dépendent de la société dans laquelle il vit. Le social-historique est source de création, il est

> « position de figures et relation de et à ces figures. Il comporte sa propre temporalité comme création ; comme création il est aussi *cette* temporalité, et comme cette création, il est aussi cette temporalité, temporalité social-historique comme telle, et temporalité spécifique qui *est* chaque fois telle société dans son mode d'être temporel qu'elle fait être en étant » (Castoriadis, 1975 : 305).

Chaque société définit un monde, une temporalité propre et un mode de vie. Il n'existe pas de société sans définition implicite ou explicite des différentes sphères de l'existence sociale. Selon Bourguiba, le projet francophone permet de penser les conditions de cette transition entre un état dominé vers la conquête d´une nouvelle forme d´émancipation social-historique. Cette vision francophone est bel et bien commune à toutes ces nations nouvellement émancipées, elle doit permettre de justifier des coopérations au sein de l´espace francophone tout en reconnaissant la souveraineté de ces différents États.

La francophonie hors d´Afrique, l´impulsion du roi Sihanouk

Le roi Sihanouk a donné une caution plus internationale au projet francophone en le décentrant de l´Afrique. C´est un acteur incontournable de l´évolution du Cambodge, il a su rejoindre les aspirations des autres Pères Fondateurs car il a souhaité maintenir une neutralité vis-à-vis des deux hyperpuissances de l´époque (Rosoux, 1997 : 67). Selon le prince Norodom Sihamoni, « nous avons été parmi les premiers à ressentir l´intérêt d´une organisation d´États francophones. Dès 1962, Sa Majesté le roi Norodom Sihanouk du Cambodge engagea le Cambodge sur cette voie en cosignant un appel à rassembler ceux que nous appelions alors les 'parlant français' » (Sihamoni, 2004 : 93). Le prince Sihanouk a par la suite accueilli le général de Gaulle le 1er septembre 1966 au moment où ce dernier critiqua ouvertement la politique américaine au Vietnam. La guerre froide pressait les différents pays à chercher de nouvelles alliances, le projet francophone visait proprement à ne pas s´aligner culturellement et politiquement sur cette bipolarité. Le roi Sihanouk était l´autre Père Fondateur de la Francophonie, visionnaire pour les uns, dictateur pour les autres (Ross, 2015 : 151). Il s´est démarqué des pièges de la guerre froide pour éviter toute forme d´impérialisme et a construit une mythologie nationale synthétisant socialisme et éthique bouddhiste, mythologie enracinée dans les trois principes que constituaient *Sangkum* (groupe, association), *Reastr* (nation, peuple) et *Niyum* (accord commun) (Ross, 2015 : 161). Le roi Sihanouk voulait dépasser l´anarchie politique du Cambodge en instituant un principe unitaire au fondement de la nation khmère. Ce principe assimilait le socialisme, la monarchie khmère avec des principes hérités de l´éthique bouddhiste et échappait aux dichotomies régime libéral / régime socialiste que l´on trouvait ailleurs dans le monde. Le roi Sihanouk a été le grand absent du traité fondateur de Niamey parce qu´il essuyait un coup d´État dans son propre pays. Dans ses entretiens de l´époque, il est difficile de trouver des éléments de sa conception sur la Francophonie dans la mesure où il faisait face à des transformations radicales de son propre pays. L´information selon laquelle un coup d´État se préparait au Cambodge ne lui avait pas été transmise de la France, il gardait ainsi une certaine distance avec le pouvoir politique français.

> « Comment, dans ces conditions, pourrais-je ne pas considérer que la France, à laquelle je m´étais confié, dont j´étais en quelque sorte l´allié personnel et 'privilégié' depuis la Déclaration commune du 2 septembre 1966 signée à Phnom Penh par le général de Gaulle et moi-même, la France qui jouait le premier rôle dans les secteurs économique, culturel et militaire à Phnom Penh, a sinon pris part au complot qui m´a renversé (ce qu´ont fait, on me l´a affirmé, des personnalités privée françaises), mais au moins 'accompagné le coup' sans la moindre réaction et avec une sorte de soulagement ? » (Sihanouk, 1972 : 105).

Il est certain que le roi Sihanouk a perçu le potentiel de la Francophonie dans un non-alignement géopolitique. S´il a d´un côté renforcé ses liens avec la France, il s´en est démarqué par la nécessité de fonder une alliance des nouveaux pouvoirs politiques postcoloniaux confrontés à diverses ambitions. Il existe aussi une autre dimension de ce personnage liée à sa passion pour le cinéma et la culture en général. Il a d´ailleurs réalisé une série de longs-métrages comme *Apsara, La Forêt enchantée,* puis *Cortège royal, Le Petit Prince du peuple* (Cambacérès, 2013 : 156). Tout comme Senghor était poète et écrivain, Sihanouk avait également une conception très forte de la culture. Cela fait partie intégrante de la conception de leur personne publique, Senghor ayant réussi à montrer qu´il épousait la modernité politique de l´Afrique (Hemel-Fotê, 1991 : 274).

Naissance de la Francophonie : le traité de Niamey

Si le 20 mars a été retenu comme journée internationale de la Francophonie, c´est en référence au traité conclu le 20 mars 1970 à Niamey au Niger entre plusieurs États. Il s´agissait à l´époque de créer une agence de coopération technique et culturelle (ACCT) pour renforcer les liens entre les États sortis de la colonisation française. Cette agence s´est constituée en dehors de l´influence française, il n'était en aucun cas question de refonder une organisation néocoloniale, mais de créer les fondements d´une coopération entre des pays ayant eu un passé similaire.

De cette conférence, il en est sorti une plateforme technique et culturelle avec la fabrication d´un discours proprement idéologique. Le lyrisme des discours faisait contraste avec la modestie des moyens. Jean-Marc Léger fut le premier Secrétaire général de cette agence entre 1969 et 1974 avec en arrière-plan l´articulation entre des visées souverainistes québécoises et un discours de coopération sur le plan culturel (Maugey, 1993 : 129). Il est possible d´avoir des traces des conférences qui ont permis d´aboutir à la création de l´ACCT lors du traité de Niamey, vue comme l´acte fondateur de la Francophonie institutionnelle. Jean-Marc Léger était un journaliste écrivant dans *Le Devoir* et qui multipliait les éditoriaux géopolitiques (Gay, 1976). C´est la personne-pivot permettant au mieux d´articuler des réseaux journalistiques professionnels avec une première volonté politique manifestée par ce geste créateur. Impliqué depuis longtemps dans cette recherche d´un ordre culturel international, Jean-Marc Léger avait participé au numéro de la revue *Esprit* qui avait publié le Manifeste de Léopold Sédar Senghor (Léger, 1962). Il a dirigé l´Union canadienne des journalistes de langue française entre 1955 et 1961 puis l´Association internationale des journalistes de langue française[29]. Jean-Marc Léger tout comme la revue *Vie et langage* a contribué à populariser la notion de « français universel » (Larose, 2004 : 65) en marquant cette communauté d´intercompréhension qui existe et qui appelle des structures de soutien. Jean-Marc Léger incarnait cette convergence de réseaux du « français universel » avec la Francophonie naissante. Il représentait d´une certaine manière cette caution francophone du nord qui allait rencontrer les espaces post-coloniaux du Sud. Il permettait à la Francophonie de se superposer à la Communauté franco-africaine. C´est certainement de cette ouverture qu´est née la Francophonie. En France, Jacques Foccart, Secrétaire général des affaires africaines et malgaches sous de Gaulle n´était pas favorable à la nomination de ce journaliste car la Francophonie

---

[29] Jean-Marc Léger (2011). http://www.lapresse.ca/actualites/national/201102/14/01-4370246-jean-marc-leger-premier-dirigeant-de-lolf-est-decede.php (Site consulté pour la dernière fois le 6 juillet 2018).

échappait à l´aire géopolitique africaine. « L´Afrique, c´est essentiellement l´affaire de la France » (Foccart, 1999 : 410). Ainsi, on ne pouvait tolérer l´expansion de ce projet d´un point de vue diplomatique car il ne servait pas les intérêts de la France. La France ne souhaitait pas que le Canada prenne un leadership sur les questions francophones, mais voyait néanmoins d´un bon œil le fait qu´il y ait une organisation multilatérale qui se constitue et qui puisse être un vecteur de son influence dans le monde. L´échec de la constitution d´une Communauté franco-africaine qui aurait pu permettre à la France de conserver son influence dans les anciennes colonies par le biais d´une assimilation (de Lacharrière, 1960 : 12) des différents pays n´est pas étranger à l´intérêt que portent les autorités françaises au projet francophone.

L´ACCT n´est pas non plus née dans un contexte neutre puisque la question canadienne allait habiter peu à peu le devenir de la Francophonie. Alors que les autres pays cherchaient une coopération internationale contribuant à une forme de légitimité symbolique, le Québec cherchait une reconnaissance de sa spécificité. Ce n´est qu´en 1984 que le nouveau Premier Ministre canadien Brian Mulroney autorisa la province du Québec à participer au premier Sommet de la Francophonie de 1986 (Guillou, 1995 : 34). Pour Brian Mulroney, homme politique profondément libéral et proche de Ronald Reagan, il s´agissait d´assurer une intégration politique plus forte du Québec pour couper court aux velléités d´indépendance comme en témoignent ses Mémoires (Ouellette, 2009 : 251). La Francophonie a émergé comme agence technique pour structurer la convergence des réseaux avec une forte caution politique (Phan, Guillou, 2011 : 196–197). Il ne faut cependant pas oublier que ce Traité de Niamey de 1970 avait été précédé d´une conférence intergouvernementale dans la même ville en 1969. La vision plus pragmatique d´Hamani Diori d´une plateforme technique allait prendre le pas sur la vision plus profonde et spirituelle de Léopold Sédar Senghor. En réalité, cette vision spirituelle qui mêlait une forme de croyance religieuse et une conception philosophique allait être réactualisée dans la repolitisation du projet francophone au début des années 1980.

Sur le plan des acteurs, les quatre personnages politiques à l´origine de l´Agence de Coopération Culturelle et Technique (ACCT) marquaient un processus de présidentialisation du pouvoir politique (Chauzal, 2011 : 119) en Afrique tandis que le roi Sihanouk avait marqué de son côté l´histoire du Cambodge. Cela signifie que le volontarisme inspirant le projet francophone est issu d´une coopération entre des chefs d´État cherchant à renforcer la place de leur pays sur le plan international. La Francophonie institutionnelle est ainsi intimement liée au désir d´émancipation des premières nations africaines. Elle répond à une vision que l´on qualifierait de *top-down,* ces hommes forts du moment souhaitant installer une structure appelée à évoluer à l´avenir. Ils correspondaient également à une vision des pays anciennement colonisés qui avaient besoin d'incarner un changement important. En langue moré, les hommes forts se disent *gandado*, la mythologie de l'incarnation est essentielle pour penser cette transition géopolitique (Simpore, 2015 : 495). Pourtant, il est permis de penser que ce Traité aurait pu avoir une autre teneur en fonction de l´évolution géopolitique de l´Afrique francophone. Une vision plus fédérale aurait pu donner naissance à une articulation politique plus forte entre ces États qui se sont rabattus sur une vision essentiellement culturelle et linguistique. Ces présidents ou ces rois fondateurs ayant une maîtrise des rouages du fonctionnement culturel de la France, ont eu l´avantage d´être à l´origine d´une nouvelle époque historique. Cette conjoncture était favorable à la mise en forme d´un nouveau récit post-colonial des relations entre pays francophones, récit accompagné par des personnalités extérieures telles que Jean-Marc Léger. Le traité de Niamey a consacré une volonté symbolique et politique et s´est concrétisé par une agence technique centrée sur la coopération culturelle et le développement. Si cette généalogie officielle installe définitivement un récit historique de la Francophonie (le 20 mars a été institué comme fête de la Francophonie lors d´un sommet en 1988), il faut revenir au moment de l´indépendance des premières nations africaines pour comprendre la mise en forme d´un dessein francophone. La recherche d´une Francophonie ne s´enracine pas dans une simple volonté de maintenir des liens culturels et linguistiques, mais plutôt dans l´idée de trouver une organisation internationale de coopération adéquate pour accroître la reconnaissance internationale de ces nations africaines.

L´organisation des relations entre les premiers États indépendants africains

Il existe, au-delà de la position de ces acteurs influents, des raisons géopolitiques à l´émergence de cette organisation francophone à vocation géoculturelle. Lorsque les premiers États indépendants africains s´affirment, les rivalités politiques prédominent et l´influence recherchée par certains régimes fait que les espaces de coopération entre ces États sont limités. Tous ces pays sont en train d´élaborer des institutions et rechercher une identité politique et constitutionnelle. Dans ce contexte, certaines frontières sont encore mouvantes. Avant que le Sénégal n´émerge, il était constitué d´une Fédération avec le Mali (Gandolfi, 1960). Il existait même un projet d´union africaine permettant de relier tous ces États, semblable au projet européen avec une pensée profonde des relations institutionnelles. Ce moment africain n´est pas à ignorer, les anciens pays sous le joug colonial français avaient la possibilité de s´organiser pour avoir une influence prépondérante au sein de cette architecture géopolitique nouvelle.

Les Pères Fondateurs se sont organisés très vite au début des années 1960 pour renforcer les accords bilatéraux et créer une organisation multilatérale ressemblant à un *Commonwealth* à la française. Plusieurs personnalités telles que le Président Philibert Tsiranana, le prince Sihanouk, le ministre de l´éducation Paul Gérin-Lajoie et le ministre belge de la culture, Paul de Stextre (Rosoux, 1997 : 69), souhaitaient une entente internationale francophone. Léopold Sédar Senghor a joué un rôle moteur en proposant, lors d´un sommet de l´Organisation commune africaine et malgache en 1966, des rencontres régulières entre ministres

Comment citer ce chapitre:
Premat, C. 2018, « L´organisation des relations entre les premiers États indépendants africains », *Pour une généalogie critique de la Francophonie.* Stockholm Studies in Romance Languages. Stockholm: Stockholm University Press. 2018, pp. 81–104. DOI: https://doi.org/10.16993/bau.c.

francophones de l´éducation et la création d´un conseil africain de l´enseignement supérieur comprenant les États de l´OCAM, les autres pays francophones et la France (Rosoux, 1997 : 70). Selon nous, le Président Senghor avait un espace politique international limité par les ambitions des autres chefs d´État africains et par des relations politiques qu´il voulait ménager avec les anciennes puissances coloniales.

Il y avait plusieurs vues sur l´évolution du continent africain qui petit à petit sortait des différentes tutelles coloniales et affirmait une émancipation. Au fond, ces États se trouvaient dans les mêmes situations géopolitiques avec des ressources et des niveaux de développement économique différents. Soit ces pays choisissaient une option révolutionnaire avec une voie panafricaine fondée sur des nouvelles formes de nationalisme en adaptant la grammaire socialiste à l´émancipation post-coloniale soit ils choisissaient un modèle libéral pouvant être soupçonné de réutiliser les catégories de pensée des anciens pays coloniaux européens soit ils tentaient une troisième voie autour de l´idée de coopération. Cette tergiversation a profondément animé ces pays et nul doute que la Francophonie a pu dans une certaine mesure prolonger cette illusion d´une troisième voie modeste (De Lattre, 1960 : 586). Nous ne sommes pas loin des tentatives personnalistes des années trente en Europe (Puccini, 2008) avec cette idée d´un développement social harmonieux (*Esprit*, 1962)[30].

> « À vrai dire, la préoccupation essentielle africaine est l´homme, la personne humaine. Il ne s´agit pas seulement pour les États de développer des cultures, des techniques de production, des industries. Il s´agit pour eux de mettre l´homme en mesure de pouvoir devenir librement tout ce qu´il doit être, compte tenu de tout ce qu´il est. L´Afrique cherche une civilisation qui permette à l´homme de participer davantage, d´une manière personnelle et responsable, au devenir de sa Communauté » (de Lattre, 1960 : 587).

La fin des années 1950 est marquée par la tentation panafricaniste sur le plan politique. La conférence de Bandung sur le

[30] Cette vision est renforcée par la publication de ce quez nous appelons le Manifeste de la Francophonie dans la revue *Esprit* en 1962.

non-alignement fut une source d'inspiration géopolitique pour tous ces pays. De plus, la conférence panafricaine du 15 au 22 avril 1958 d'Accra fut la première manifestation politique de ce panafricanisme. Elle avait réuni les premiers États indépendants d'Afrique dont des pays francophones comme le Maroc, la Tunisie et le Ghana. Le président ghanéen Nkrumah et le président guinéen Sékou Touré constituaient des forces motrices de cette idéologie panafricaniste. Ils constituaient des figures archétypales d'une nouvelle ère politique, ils sont devenus des Pères Fondateurs mythiques en incarnant de manière consubstantielle leur pays, d'où la mise en place de régimes uniques (Memel-Fotê, 1991 : 274).

L'Union des États indépendants d'Afrique fut créée le 1er mai 1959 avec une volonté de fédérer les États africains post-coloniaux. Nkrumah, Touré et Senghor ne partageaient pas la même conception du fédéralisme politique, ce malentendu fut même à la source de l'inspiration francophone où Senghor a plutôt développé une option confédérale reliant les premières nations africaines francophones. Il s'est ainsi opposé à la coupure radicale des liens entre ces États et les anciennes puissances coloniales. Un peu avant 1959, le journaliste québécois Jean-Marc Léger, le futur premier Secrétaire général de la première organisation internationale francophone en 1970, se rendait en Afrique francophone pour évoquer la question des fédérations et de l'organisation des relations entre les provinces francophones (Léger, 1958). Pour le souverainiste québécois, la question de l'organisation des nouveaux États africains indépendants n'est pas sans résonance avec ce qu'il pourrait imaginer pour le Québec au sein du Canada. La voie francophone contourne finalement le socialisme tiers-mondiste en promouvant l'idée d'une coopération internationale.

La conférence d'Abidjan du 24 au 26 octobre 1960 regroupa tous les chefs d'États africains d'expression française à l'exception de la Guinée et du Mali. Elle était censée trouver une solution à l'éclatement de l'Afrique Occidentale Française et l'Afrique Équatoriale Française en refusant pour autant la voie panafricaniste. Pour sa part, la conférence de Brazzaville du 15 au 19 décembre 1960 permit une nouvelle forme de coopération économique entre les États francophones. Des plans nationaux de développement furent conçus avec la formation d´un Comité d´études pour la monnaie (Zerbo, 2003 : 118). En d´autres termes, la vision senghorienne est à relativiser car son lyrisme confédéral est nuancé par une compréhension stratégique des relations politiques. L´expérience de la République soudanaise de 1959 a peut-être mis en évidence cette divergence de conceptions et de visions. Ce qui aurait pu advenir avec cette tentative panafricaniste aurait été une forme d´une union africaine commune semblable au fonctionnement actuel de l'Union européenne. Senghor a été distant vis-à-vis de ces tentatives en renouant avec une mystique spirituelle. Il est revenu notamment en 1967 sur sa circonspection vis-à-vis de l´Organisation de l'Unité Africaine.

> « Fonder l´organisation commune que nous avons dessein de bâtir uniquement sur l´anticolonialisme, c´est lui donner une base bien fragile. Car le passé colonial ne nous caractérise pas en tant qu´Africains. Il nous est commun avec tous les autres peuples d´Asie et d´Amérique. Il est du passé – il sera, du moins, demain, du passé. Il est du passé surtout quand il s´agit de bâtir notre avenir. Celui-ci ne peut reposer solidement que sur des valeurs qui soient communes à tous les Africains et qui soient, en même temps, permanentes. C´est, très précisément, l´ensemble de ces valeurs que j´appelle *Africanité* » (Senghor, 1977 : 105).

Au fond, Léopold Sédar Senghor était convaincu qu´il fallait user de ruse avec les anciens colons car la résistance à leur influence culturelle pouvait être encore plus dangereuse pour l´identité de ces pays africains. Il ne s´agissait pas tant d´édifier une Francophonie multilatérale (Phan, Guillou, 2011 : 181) que de positionner l´Afrique sur le plan mondial par une nouvelle institution internationale. Les organisations régionales existantes ne sont pas toutes adaptées à cette exigence de mondialisation. Dans le même temps, même si nous avons des preuves de l´idéologie senghorienne, il ne faut pas négliger l´aspect pratique et immédiat de la politique comme espace de négociation pour obtenir un pouvoir politique plus important. Les hommes politiques sont tentés après coup de justifier leurs décisions qui sont souvent liées aux rapports de force circonstanciés (Kirk-Greene,

Bach, 1995). Il existe une autre explication sur le fait que la Francophonie se soit constituée sur le refus du panafricanisme. La plupart des leaders révolutionnaires panafricains ont été assassinés souvent avec la complicité du pouvoir politique français, comme ce fut le cas avec Ruben Um Nyobè (Um Nyobè, 1984) en 1958 au Cameroun ou Thomas Sankara au Burkina Faso[31]. En ce sens, toute l´œuvre littéraire de Mongo Béti s´est évertuée à dénoncer l´évolution politique du Cameroun qui, après l´indépendance, a reproduit des schémas coloniaux avec la constitution d´oligarchies qui se sont partagées le pouvoir même au moment de la prétendue ouverture au multipartisme au début des années 1990[32]. En réalité, le colonialisme n´a pas cessé d´exister en s´exprimant de manière absolue par la mise à mort de celles et ceux qui désiraient un avenir sans colons (Mbembé, 2007 : 42). Thomas Sankara avait été porté au pouvoir à la suite d´un coup d´État en 1982 et avait rebaptisé la Haute Volta en Burkina Faso, « le pays des hommes intègres » avec des mesures en faveur de la moralisation de la fonction publique (Lemarchand, 1994 : 163).

Toutes ces organisations internationales sont dotées d´un Secrétariat général permanent et d´un comité de suivi technique qui préfiguraient l´évolution des institutions de la Francophonie par la suite. Dans une perspective généalogique, le rôle de la France et notamment du Général de Gaulle dans l´élaboration de la transition politique des régimes africains francophones est à évoquer car le moment africain de la Francophonie est indissociable de l'évolution des rapports géopolitiques au sortir de la guerre.

---

[31] Au Cameroun par exemple, le procès politique des sucesseurs de Ruben Um Nyobè au début des années 1970 comme Ernest Ouandié est emblématique de la volonté de liquider toute forme de revendication panafricaniste, voir https://dailyretrocmr.wordpress.com/2014/12/26/26-decembre-1970-ouverture-du-proces-de-la-rebellion/ (Site consulté pour la dernière fois le 6 juillet 2018).

[32] Mongo Béti est revenu en 2001, peu avant sa mort, sur le problème politique et culturel du Cameroun qui a du mal à dépasser l´héritage d´un antagonisme entre deux puissances coloniales. https://www.youtube.com/watch?v=lT8NGwCfIHI (Site consulté pour la dernière fois le 6 juillet 2018). Cette vidéo est extraite d´un entretien que l´écrivain a accordé à des journalistes autrichiens.

Les promesses d´autonomie, le rôle de Charles de Gaulle dans l´évolution de l´Afrique francophone

Charles de Gaulle a eu une influence historique incontestable et décisive dans l´évolution des États africains vers leur indépendance. On ne peut le ranger parmi les Pères Fondateurs de la Francophonie car il constitue celui qui a accompagné la transition plus ou moins douloureuse des États anciennement colonisés vers leur indépendance. Son idée était d´organiser une communauté d´États francophones sans pour autant que cette organisation ait un pouvoir politique fort. L´équilibre géopolitique des Empires coloniaux a été modifié au cours de la Seconde Guerre mondiale et Charles de Gaulle avait pu s´appuyer sur l´Empire colonial français pour pouvoir résister aux puissances de l´Axe[33]. Le discours prononcé à Brazzaville le 30 janvier 1944 témoignait de cette prise de conscience de l´évolution de l´Empire colonial français (voir le discours complet en annexe 2). La France allait être refondée au sortir de la guerre, elle allait devoir retrouver une unité et cela modifierait la perception de son Empire. Charles de Gaulle avait conscience de la fragilité géopolitique de la France après l´épisode de la collaboration du régime de Vichy lorsqu´il évoquait la « défaite provisoire ». Les colonies ont pu sauver la métropole et la régénérer. Les liens organiques entre les périphéries et le centre allaient être substantiellement modifiés par l´Histoire et Charles de Gaulle en avait pleinement conscience, d´où un discours prononcé avec le sens extrême de la nuance et le poids des mots. Après avoir rappelé la bonne coopération entre les colonies françaises et anglaises, il livra dans ce discours une vision d´espérance évoquant l´autonomie progressive de l´Empire colonial.

> « Nous croyons que, pour ce qui concerne la vie du monde de demain, l´autarcie ne serait, pour personne, ni souhaitable, ni même possible. Nous croyons, en particulier, qu´au point de vue du développement des ressources et des grandes communications, le continent africain doit constituer, dans une large mesure, un tout.

[33] Les puissances de l’Axe regroupaient les alliés de l’Allemagne Nazie avec entre autres l’Italie mussolinienne et le Japon.

Mais, en Afrique française, comme dans tous les autres territoires où des hommes vivent sous notre drapeau, il n'y aurait aucun progrès qui soit un progrès, si les hommes, sur leur terre natale, n'en profitaient pas moralement et matériellement, s'ils ne pouvaient s'élever peu à peu jusqu'au niveau où ils seront capables de participer chez eux à la gestion de leurs propres affaires. C'est le devoir de la France de faire en sorte qu'il en soit ainsi » (de Gaulle, 30 janvier 1944).

Dans cet extrait, de Gaulle se référait à l'entreprise coloniale du point de vue des communications et de la manière de gérer le territoire. Il ne souhaitait pas « l'autarcie » qui aurait impliqué une coupure radicale entre les colonies et la métropole. Ajouter une dimension morale signifiait transmettre progressivement aux peuples colonisés le principe de libre administration. Tout en restant dans un imaginaire colonial, de Gaulle pensait cette émancipation selon une formule de décentralisation administrative qui pouvait à terme permettre de repenser les liens entre ces différentes colonies. Le général de Gaulle ne proposait pas une sortie du colonialisme, mais un réaménagement des libertés des colonisés avec une émancipation progressive si ces pays acceptaient le principe d'une communauté française des États d'Afrique. Cette conférence de Brazzaville, au-delà du mythe, s'effectuait majoritairement en faveur de la perception du régime colonial avec cette idée sous-jacente d'un régime colonial à visage humain (Chatain, Epanya, Moutoudou, 2011 : 25). Parmi les représentants à cette conférence, il y avait les gouverneurs des colonies d'Afrique et de Madagascar. Mis à part Félix Éboué qui était d'origine guyanaise, la conférence ne comptait que des représentants issus de la métropole coloniale (Chatain, Epanya, Moutoudou, 2011 : 25). Là encore, le général de Gaulle a tenté d'imposer un récit post-colonial où la France par le biais d'une association conduirait les peuples colonisés vers la voie d'une émancipation progressive et réelle.

Si le général de Gaulle pensait l'Afrique française selon un schéma de coopération, il ne s'est jamais engagé publiquement pour une Francophonie institutionnelle parce qu'il percevait la Francophonie comme un rouage essentiel devant échapper à l'influence directe des acteurs politiques. Autant a-t-il salué la création d'organisations non gouvernementales francophones comme l´Association internationale des journalistes de langue française (1952), l´Union culturelle française (1953) ou l´Association des universités partiellement ou entièrement de langue française (1961). En 1967, il a accueilli à Versailles le Congrès fondateur de l´Association Internationale des Parlementaires de Langue Française (Rosoux, 1997 : 68). En redonnant une stabilité institutionnelle à la France et en réglant le problème de la décolonisation (Cotteret, Moreau, 1969 : 94), il a permis à la France de retrouver une certaine image positive. Ce n´est pas tant par effet de mimétisme que par compréhension des relations internationales que les Pères Fondateurs de la Francophonie ont proposé une vision géopolitique d´un lien civilisationnel entre les premières nations indépendantes et la France *via* le partage de la langue et de la culture.

Dans le même temps, la France a maintenu des réseaux de relation très étroits avec les chefs d´États francophones, ce qui a souvent valu des critiques de ce système jugé opaque et néocolonial. L´homme des relations personnelles franco-africaines est Jacques Foccart, un entrepreneur et ancien résistant fidèle du général de Gaulle qui a construit de nombreux réseaux personnels après la Seconde Guerre mondiale. Il a été chargé par le général de Gaulle d´organiser et d´assurer la décolonisation de la meilleure des manières. Le chef d´État français est conscient que l´Afrique a donné à la France une dimension internationale et qu´il fallait ménager une transition inéluctable en entretenant des relations franco-africaines étroites. De ce point de vue, l´évolution du projet francophone ne peut pas être compris en dehors de ces relations franco-africaines qui dépendaient du conseiller élyséen chargé de 1959 à 1974 des relations africaines et malgaches. Le projet francophone s´enracine en réalité en 1958 au moment où la Ve République se met en place et où des juristes tentent d´importer les feuillets constitutionnels de la nouvelle République dans les pays francophones. La vraie différence réside dans deux fidèles alliés de la France, Félix Houphouët-Boigny et Léopold Sédar Senghor.

> « Le premier, s´appuyant sur son parti interterritorial, le Rassemblement démocratique africain (RDA), a fait évoluer ses idées vers un pragmatisme entre les thèses radicales du congrès

> fondateur de Bamako en 1946 et sa nomination comme ministre d´État à la fin de la 4e République […]. Avec la préparation de la nouvelle République, fort de nombreux soutiens et de postes de choix à travers le continent, il plaide pour un droit à l´indépendance des territoires au sein d´une fédération franco-africaine librement consentie. En d´autres termes, il souhaite que les indépendances aient lieu à l´échelle du territoire, procédant à la création d´autant d´États-nations qu´il existe de territoires coloniaux. Ce sont les thèses dites « fédérales » » (Bat, 2012 : 84).

Félix Houphouët-Boigny, l´homme fort de la Côte d´Ivoire, a été un ami fidèle à Jacques Foccart tout comme Léopold Sédar Senghor. La France souhaite éviter que les nouveaux États indépendants tombent dans la zone d´influence communiste. La Guinée de Sékou Touré tourna le dos à la France, ce qui aboutit à la rupture des relations économiques et politiques. Les services secrets français avaient même contribué à émettre une fausse monnaie guinéenne pour perturber le régime de Sékou Touré. Foccart avait vécu comme une humiliation le fait que la Guinée refuse de rejoindre la Communauté Franco-Africaine[34]. Face à la ligne Houphouët-Boigny et du Rassemblement Démocratique Africain, Senghor a défendu ses options confédéralistes avec la constitution du Parti du rassemblement africain (Bat, 2012 : 84–85). L´idée d´une confédération multinationale de peuples libres et égaux avec la création de fédérations primaires reliées à la France a préfiguré cette vision senghorienne de la Francophonie.

L´objectif était de s´appuyer sur une indépendance et de constituer une confédération faisant renaître l´union de l´AOF et de l´AEF. Jacques Foccart, de par son positionnement original, aussi bien informel que formel, était le relais essentiel de la politique et de la diplomatie française en Afrique (Médard, 2002). Il était responsable de l´organisation des relations avec la Communauté des États francophones, il avait construit des relations d´amitié avec la plupart des chefs d´État africains et informait directement le Président sur les affaires africaines. À lui tout seul, il symbolise

[34] « Portrait de Jacques Foccart » http://www.archivesdafrique.com/archives-dafrique-radio?page=10, Site consulté pour la dernière fois le 6 juillet 2018.

une longue histoire franco-africaine où la France n´a jamais cessé de renoncer à ses liens politiques et économiques avec ses colonies après la décolonisation. Si les Pères fondateurs ont eu l´adoubement du général de Gaulle[35] et de la France dans leur installation politique et leur conservation du pouvoir, s´ils ont répliqué des structures institutionnelles françaises dans leur propre pays, ils ont subtilement joué de ces rapports pour construire une coopération qui serait utile à leur propre pays. Il ne faudrait pas voir ces chefs d´État comme étant des marionnettes dans les mains de Jacques Foccart et de l´Élysée, mais au contraire comme des hommes conscients du poids des réalités politiques et économiques et prêts non sans ruse à amorcer une coopération qui aurait elle-même une histoire. D´une certaine manière, la Francophonie prend acte de cette décolonisation et devient une organisation symbolique et culturelle de plus en plus décentrée de la France. La France n´a pas créé la Francophonie comme une structure secrète néocoloniale, cette dernière est née dans une forme de convergence de réseaux qui n´étaient pas uniquement politiques.

> « On en retiendra que l´idée n´était ni française, ni européenne, ni américaine ; qu´elle venait du tiers monde, que, par Senghor au moins, elle voulait s´accorder avec la grande idée du 'métissage' et avec celle de 'négritude', qui engageait l´Afrique subsaharienne et les Caraïbes, avec Aimé Césaire, autre porte-parole d´une vertu majeure des langues, la poésie » (Rey, Duval, Siouffi, 2007 : 1280).

C´est véritablement en ce sens que l´on présente officiellement les évolutions de la Francophonie institutionnelle. Si elle n´avait été que politique, elle aurait probablement été rabattue sur une vision statocentrée, c´est-à-dire une vision des relations politiques entre la France et les États post-coloniaux. Cela étant, la perception d´une France distante des institutions de la Francophonie doit certainement être nuancé. Le général de Gaulle voyait d´un bon œil la constitution d´une politique linguistique forte dans les années 1960 car la langue française pouvait devenir un ciment géopolitique

---

[35] De Gaulle lui-même n´a jamais prononcé le mot de « francophonie » (Phan, Guillou, 2010 : 191).

non négligeable. Il créa en 1966 le Haut Comité pour la défense et l´expansion de la langue française, le Premier ministre Georges Pompidou précisa les contours de cette politique linguistique lors du discours inaugurant ce Haut Comité le 29 juin 1966 (Chansou, 1983 : 62). Le terme de francophonie n´apparaît pas dans ce discours qui est centré sur l´idéologie de la langue. Georges Pompidou rappelle le rôle qu´a joué la conférence de Brazzaville avec une idée senghorienne d´influence spirituelle de la France par le biais de la langue[36]. Voici ce qu´il déclarait : « en janvier 1944, le général de Gaulle engagea toute l´Afrique française dans la voie de la promotion sociale, politique et scolaire. De ce geste, date la seconde francisation de l´Afrique, non plus coloniale, mais spirituelle » (Institut Georges Pompidou, 2015 : 103). Dans les années 1960, que ce soit Senghor, Bourguiba ou Pompidou, il semble que le terme de francisation soit plus naturel que celui de francophonie dans les discours politiques. Le mot « francisation » est aujourd´hui suranné, il semble même posséder une connotation coloniale alors qu´on le retrouvait assez fréquemment dans les débats parlementaires de la IVe République française lorsqu´il s´agissait de discuter des noms patronymiques francisés ou de la question des actes de francisation des navires de pêche[37]. Dans ce dernier cas, le terme de francisation était utilisé fréquemment en droit commercial pour évoquer le fait qu´un bateau ait droit de battre le pavillon français. Ainsi, c´est souvent dans les colonies que se posait la question de la francisation des navires. On retrouve le terme de francisation dans de nombreux rapports coloniaux de la fin du XIXe siècle quand il est question d´évoquer les influences anglaise et française. Par exemple, un rapport de 1897 fait état de l´accroissement de l´influence anglaise suite aux actions des missionnaires protestants à Madagascar et à Tahiti mentionne plusieurs fois ce terme (Gardey, 1897). Voici ce qui est écrit dans ce rapport d´un fonctionnaire colonial :

---

[36] Georges Pompidou et Léopold Sédar Senghor ont partagé des liens d´amitié et ont été camarades de classe au lycée Louis-le-Grand de Paris.

[37] On se reportera utilement aux débats parlementaires portant sur ces thèmes. Voir http://4e.republique.jo-an.fr/?q=francisation&&p=2 Site consulté pour la dernière fois le 6 juillet 2018.

> « Les pasteurs français nouvellement arrivés sont hommes de religion avant tout ; et guidés par leurs confrères anglicans qui craignent que leurs ouailles n´échappent à leur domination, ils ont cru voir un danger pour leur évangélisation dans une mesure sur laquelle reposait l´avenir du pays. On ne leur a pourtant pas laissé ignorer qu´en Océanie, à Tahiti comme ailleurs, *protestant est synonyme d´Anglais ;* ils pouvaient réagir contre cette interprétation en démontrant aux indigènes qu´on peut être en même temps protestant et français ; et *ce, en se séparant nettement de leurs confrères anglicans,* en secondant de tous leurs moyens l´administration dans son œuvre de francisation par les écoles » (Gardey, 1897 : 20).

La francisation était perçue sous le prisme de la nécessaire colonisation à poursuivre pour contrecarrer la colonisation anglaise, l´éducation et la religion étant les deux domaines clés de cette influence coloniale. Pour sa part, Léopold Sédar Senghor utilisait plus facilement le terme de francité pour indiquer les valeurs liées à la langue française dans un discours proprement francodoxe surtout lorsqu´il s´adressait à un public français comme ce fut le cas dans un discours prononcé en Normandie le 9 mai 1987 (Senghor, 1989 : 151–167). La francité est davantage perçue comme un esprit de méthode pour Senghor (Senghor, 1989 : 167). Le Premier ministre Pompidou rappelait dans le discours du 29 juin 1966 les moyens directs investis par l´État par le biais de la formation des professeurs et l´action de la Direction des Affaires culturelles et de la Coopération. L´influence des littératures de langue française, le tourisme culturel, la promotion des sciences et des techniques servent les intérêts de la France. L´ennemi visé dans ce discours du 29 juin 1966 est les États-Unis accusés de dégrader la langue française, d´où la nécessité de résister à la « xénomanie » (Institut Georges Pompidou, 2015 : 106) consistant à importer des mots de langue anglaise dans la langue française. La vision spirituelle de la langue française correspondait bien au discours francodoxe qui était propagé au plus haut niveau.

La France a toujours soutenu la construction de la Francophonie car elle avait pleinement conscience des avantages que la promotion de la langue française pouvait receler. La langue française avait su s´imposer au niveau international comme langue de travail à l´ONU, il s´agissait de renforcer cette influence par le biais d´une action politique structurée. Au cours d´une émission sur la Francophonie diffusée par France Culture le 25 mars 2017, Bernard Cerquiglini rappelle une anecdote que lui avait confié Jean-Marc Léger[38]. Au moment où Jean-Marc Léger fut chargé d´organiser les institutions de la Francophonie, la France lui mit à disposition des bureaux et lui versa un salaire pendant un certain temps. Cela montre que la France n´était en aucun cas insensible à l´émergence de cette Francophonie institutionnelle et qu´elle y voyait dès le départ un possible vecteur d´influence. Jacques Foccart, qui était pourtant réservé sur le choix de Jean-Marc Léger comme Secrétaire général de l´ACCT, avait assuré un salaire à Jean-Marc Léger pour qu´il puisse démarrer plus facilement sa mission au sein de cette agence. Cette observation se vérifie puisque la France est l´ex-puissance coloniale qui s´est le plus préoccupée d´Afrique pendant la période post-coloniale. La France a ménagé une coopération multilatérale en Afrique *via* la Francophonie tout en entretenant des relations bilatérales plus étroites par le biais de la coopération franco-africaine (Petiteville, 1996 : 576). Cela renforce l´idée que les autorités politiques françaises ont participé à l´élaboration d´un récit officiel de la Francophonie qui serait exclusivement porté par des élites des anciennes colonies alors que la France a suivi de très près l´évolution de ces institutions.

La France a développé de son côté une stratégie francophone dès les années 1950 avec des directions de coopération au sein du Ministère de l´Éducation Nationale et du Ministère des Affaires étrangères. La Francophonie institutionnelle est donc née d´une vision dépolitisée de son contenu avec la création d´une agence technique avant de connaître par la suite une repolitisation en se décentrant de plus en plus de la langue et de la culture. Au fond, ce mouvement dialectique peut expliquer les évolutions de ce projet protéiforme sans cesse habité par le dilemme identifié par Phan et Guillou entre le « tout agence » et le « tout

---

[38] https://www.franceculture.fr/emissions/concordance-des-temps/le-francais-dans-le-monde-flux-et-reflux (Site consulté pour la dernière fois le 6 juillet 2018).

sommet » (Phan, Guillou, 2010 : 206–207). L´agence permet de neutraliser la conflictualité politique et de mettre des moyens sur des projets et du personnel de coopération à disposition au sein des pays francophones. Le sommet marque une forme de rituel symbolique mimant à la fois la présidentialisation des régimes (les sommets de chefs d´État) dans une optique bilatérale voire multilatérale et le fonctionnement des Nations-Unies ou des organisations régionales.

Le système de coopération en Afrique francophone

Si le projet de Fédération entre le Sénégal et la République soudanaise a échoué, toutes les tentatives de coopération de l´Afrique francophone n´ont pas été vaines. Les anciens territoires de l´Afrique Occidentale Française ont créé dès 1962 une Union monétaire ouest-africaine (UMOA), organisation d´intégration régionale. Cette organisation n´était pas du tout reliée à une quelconque vision de la Francophonie, mais de nombreux États francophones étaient concernés comme le Mali, le Sénégal, la Côte d'Ivoire, le Niger, le Togo, le Bénin, le Burkina Faso et le pays lusophone Guinée-Bissau (Ouédraogo, 2003). La Communauté économique des États de l´Afrique de l´Ouest (CÉDÉAO) en tant qu´organisation économique ouest-africaine est née en 1975 et regroupe un certain nombre d´États africains francophones de l´Ouest comme le Bénin, la Côte d´Ivoire, le Sénégal, la Guinée, le Ghana, le Mali, le Niger et le Togo. Léopold Sédar Senghor en a été le Président en 1979–1980 (Ghadhi, 2009). La CÉDÉAO est un organe d´intégration régionale qui tend à neutraliser les anciennes divergences entre le Sénégal et la Côte d´Ivoire. Elle est fondée sur un pacte de non-agression et dispose d´une force militaire chargée de veiller à ce pacte dans la région (la composante militaire se nomme ECOMOG). La Communauté économique de l´Afrique de l´Ouest (CEAO) réalisa en 1973 elle-même la synthèse de deux unions douanières précédentes avec l'Union Douanière de l´Afrique de l´Ouest (UDAO) en 1959 et l'Union Douanière des États de l´Afrique de l´Ouest en 1966. La CEAO s´est elle-même transformée en CÉDÉAO en 1975 (Buzelay, 1994 : 876). Les institutions de la CÉDÉAO demeurent assez complexes avec un Secrétariat de l´Exécutif, un Parlement de la Communauté, un organe judiciaire de la Communauté, un Conseil Économique et Social de la Communauté, un Fonds de coopération, de compensation et de développement et une Banque d´Investissement et de Développement de la CÉDÉAO. Le tableau 1 résume l´ensemble des coopérations régionales émergeant dans les années soixante afin de comprendre comment la Francophonie réutilise une architecture institutionnelle existant au sein de ces coopérations.

Tableau 1 : Exemples d´organisations régionales africaines depuis les années 1960.

Nom de l´organisation	Date de création	Pays francophones concernés au moment de la création
UDAO (Union Douanière de l´Afrique de l´Ouest) qui devient en 1966 l´UDEAO (l´Union Douanière des États de l´Afrique de l´Ouest)	1959	7
CEAO (Communauté Économique de l´Afrique de l´Ouest), succède à l´UDEAO	1973	7
UDEAC (Union douanière des États d´Afrique Centrale)	1964	6
UEAC (Charte de l´Union des États de l´Afrique Centrale)	1968	3
CÉDÉAO (Communauté Économique des États de l´Afrique de l´Ouest)	1975	17
OUA (Organisation de l´Unité Africaine)	1963	32
Union Africaine	2002	54
CEMAC (Communauté Économique et Monétaire des États de l´Afrique Centrale)	1994	6

Source : synthèse personnelle

Ce moment géopolitique permet de se décentrer de la seule perception des relations entre les anciens pays colonisés et les pays colons. Il existe une intégration communautaire en Europe avec le traité de Rome en 1957 qui prônait le principe d´association avec en ligne de mire une solidarité très forte avec l´Outre-mer au sens très large du terme. Parmi les six pays du marché commun européen, trois sont des anciennes puissances coloniales. Il serait rapide d´affirmer que l´Afrique de l´Ouest a recherché une union similaire (Kirk-Greene, Bach, 1995), mais cette intégration communautaire a stimulé de son côté une coopération régionale plus forte en Afrique. Le processus d´intégration régionale en Afrique se lit à plusieurs échelles. L´Afrique centrale s´est organisée à partir du traité de Brazzaville de 1964 qui engage six pays francophones, le Cameroun, le Gabon, le Congo, la République centrafricaine, le Tchad et la Guinée Équatoriale (Buzelay, 1994 : 876). Il s´agissait de favoriser le développement d´une zone de libre-échange et d´une union douanière avec un fonds commun de solidarité en lien avec la communauté européenne naissante (Ministère des affaires étrangères, 2006). On retrouve ici finalement les deux concepts communs à une forme de capitalisme qui joue sur la solidarité, mais qui favorise en réalité les échanges avec la monnaie et la langue. Il faut pouvoir communiquer pour discuter de la valeur des marchandises que l´on échange (Calvet, 1984 : 57). L´Afrique des premières nations indépendantes se trouve prise dans des coopérations et des solidarités internationales en compétition, l´intégration régionale permettant d´être une zone intermédiaire d´échanges. Le traité de Brazzaville entré en vigueur en 1966 a eu des prolongements par la suite avec la mise en place de la Charte de l´Union des États de l´Afrique Centrale (UEAC) signée le 2 avril 1968 à Fort-Lamy entre la République Démocratique du Congo, la République Centrafricaine et le Tchad (Borella, 1968 : 170). Le traité de Brazzaville n´a pas eu d´effets concrets sur la stabilité de la zone monétaire, les taux de change ont été très variables, faisant apparaître une extrême hétérogénéité. La Banque des États d´Afrique Centrale (BEAC) n´a pu réguler ces taux, elle est l´institut d´émission du franc CFA, monnaie coloniale créée en 1945 puis transformée au fur et à mesure de l´indépendance des États africains.

Le général Mobutu avait auparavant annoncé la création d'un nouvel « État » africain (Borella, 1968 : 168) pour introduire cette nouvelle forme de coopération économique et monétaire (Nusbaumer, 1981). La Guinée Équatoriale a adhéré à l'UDEAC en 1983 avant que ne soit signé à N'Djamena au Tchad le 16 mars 1994 le traité instituant la CEMAC (Communauté Économique et Monétaire des États de l'Afrique Centrale)[39]. Les objectifs de la CEMAC sont de favoriser une zone de stabilité monétaire et de sécuriser l'environnement des activités économiques et des affaires en général. L'ensemble de ces organisations régionales font apparaître pour l'Afrique et notamment sa partie francophone un enjeu de développement et de forme politique avec un répertoire allant de la simple coopération organique entre États à une véritable Confédération.

L'autre grande organisation régionale qui a un aspect politique plus développé est l'Organisation de l'Unité Africaine. En mai 1963, l'Organisation de l'Unité Africaine est constituée à Addis-Abeba regroupant des pays comme l'Éthiopie, mais aussi le Sénégal et la Guinée. Léopold Sédar Senghor et Bourguiba étaient de la partie, cela confirme la volonté de multipositionnalité de ces acteurs cherchant à cumuler la participation à différentes organisations régionales. Cela atténue l'idée d'une seule concurrence entre les États panafricanistes et les États réformistes soucieux d'une relation renouvelée avec les anciennes puissances coloniales. Dans le même temps, l'OUA, qui est devenue en 2002 l'Union Africaine avec un certain nombre de politiques communes, s'est heurtée à l'inter-gouvernementalisme de plus en plus prépondérant suivant une tendance similaire dans l'Union européenne depuis le début des années 2000. L'OUA prévoyait, avec le traité d'Abuja (3 juin 1991) la création d'un marché commun africain à l'horizon 2025. L'OUA et par la suite l'Union Africaine sont confrontées aux organisations sous-régionales florissantes en Afrique et voient finalement d'affronter des positions dures entre Fédéralistes et Anti-Fédéralistes, c'est-à-dire ceux qui prônent une organisa-

[39] http://www.cemac.int/apropos (Site consulté pour la dernière fois le 6 juillet 2018).

tion fédérale du marché africain et ceux qui préfèrent s´appuyer d´abord sur la réalité des organisations sous-régionales. En 1999, l´Union africaine a reconnu officiellement huit organisations économiques régionales, la Communauté économique des États de l´Afrique de l´Ouest (CÉDÉAO), la Communauté Économique des États de l´Afrique Centrale (CEEAC), la Communauté de Développement de l´Afrique Australe (SADC), l´Union du Maghreb arabe, le Marché Commun pour l´Afrique australe et orientale (COMESA), l´Autorité Intergouvernementale pour le Développement (IGAD), la Communauté des États sahélo-sahariens (CEN-SAD) et la Communauté de l´Afrique de l´Est (CAE) (Aïvo, 2009 : 470). La CEN-SAD, instituée par le traité de Tripoli en 1998, venait concurrencer directement l´OUA d´où la difficulté pour les Fédéralistes de progresser dans la construction d´une coopération économique africaine homogène. Le sous-développement de ces zones économiques incite toujours les différents États à établir de nouvelles formes de coopération économique pour pouvoir créer les conditions d´un décollage économique et social. Les États africains francophones sont concernés par ce phénomène, ils essaient par le biais de différentes alliances de créer les conditions d´un mieux-être économique. Il est important de confronter la réalité de ces zones de coopération régionale à l´évolution de la Francophonie institutionnelle car elles lui laissent une faible marge de manœuvre. Si de nos jours l´Organisation Internationale de la Francophonie (OIF) s´est investie dans une approche multilatérale, elle se doit d´intensifier un dialogue régional en Afrique et notamment dans la zone francophone, car cette région pourrait être le socle d´une intégration monétaire et économique. À l´heure où la francophonie économique a été réaffirmée comme priorité depuis le sommet de Kinshasa en 2012, une meilleure lisibilité des coopérations internationales de ces États africains francophones pourrait être l´embrayeur de ce type d´échanges. Que faire d´une langue internationale commune en héritage si les échanges économiques demeurent limités ? C´est en tous les cas l´un des défis adressés à l´OIF qui multiplie ses prises de position sur les grandes questions internationales sans avoir la possibilité réelle de susciter ces relations économiques.

La liquidation de la construction panafricaine

La Francophonie commence à prendre forme dans le contexte des indépendances africaines. Les pays nouvellement libérés de l´emprise directe des anciennes puissances coloniales ont dû chercher les moyens de conjuguer indépendance et décolonisation effective. Dans un contexte géopolitique marqué par la guerre froide, une alternative se présentait à ces pays, soit ils s´inséraient dans des formes de coopération multilatérale avec les puissances occidentales soit ils tentaient l´expérience d´une forme de panafricanisme avec une voie socialiste et une coopération renforcée avec les autres pays africains. La France ne souhaitait pas perdre son emprise en Afrique, c´est pourquoi elle a lutté activement à la fois pour détruire cette tendance panafricaine et également éviter l´organisation d´une Fédération francophone qui lui échapperait. Comme l´écrivait Georges Balandier, « la décolonisation n´entraîne pas seulement un transfert de souveraineté, une impulsion – et souvent une orientation – nouvelle en matière de développement économique et social, elle pose le problème des grandes unités politiques et de leurs frontières » (Balandier, 1960 : 841). Ainsi, le défi posé est celui des coopérations et de l´intégration régionale de ces pays (Martner, 1983 : 747). Il existait plusieurs possibilités de regroupements même si ces pays n´avaient pas forcément le temps de réorganiser les communautés et les territoires issus de la colonisation.

Le panafricanisme est une volonté d´émancipation des pays africains souhaitant trouver leur propre voie et apporter leurs solutions aux problèmes politiques et sociaux qui se posent. Le panafricanisme a été à l´origine de plusieurs regroupements régionaux, il est apparu dans les territoires africains anglophones et a rapidement touché les pays francophones. L´échec de la République soudanaise a paradoxalement stoppé les regroupements régionaux sur une base panafricaniste en Afrique francophone. Houphouët-Boigny refusait l´idée d´une fédération primaire comme base de réorganisation des relations entre pays africains. Animé par l´idéologie panafricaniste, il s´est peu à peu éloigné de ces positions pour choisir une voie simplement nationale qui allait dans le sens de ce que la France voulait de manière à maintenir de bonnes relations bilatérales avec tous ces pays (Decraene, 1960 : 854). La théorie de la balkanisation (Benoist, 1979) a permis d´éviter ces fédérations primaires qui auraient sans doute créé des liens très forts entre ces différents pays. Il existait une véritable idéologie panafricaniste ayant pour objectif d´assurer une voie vers la décolonisation *via* un système d´alliances régionales. Kwame Nkrumah, l´un des grands leaders panafricains devenu Président du Ghana entre 1960 et 1966, avait proposé la formule de « consciencisme » (Rahman, 2007 : 188) pour que les idées panafricaines puissent se diffuser. Le « consciencisme » équivalait à une crise de conscience et à une prise de conscience que l´Afrique doit trouver elle-même le chemin de sa propre émancipation (Nkrumah, 1964). La plupart des pays africains souhaitait pouvoir renforcer le volume des échanges commerciaux entre pays du Sud pour éviter de tomber dans l´ornière des anciennes puissances coloniales, le plan de Lagos adopté par la suite en 1980 par l´Organisation de l´Unité Africaine prévoyait des mesures pour remédier aux déséquilibres industriels (Umbricht, 1987 : 824).

L´idéologie panafricaniste provenait d´Amérique avec l´idéalisation des communautés africaines suite à la prise de conscience de la traite négrière et de la situation des Afro-Américains. Un an après la conférence de Brazzaville, le Congrès de Manchester de 1945 met à l´honneur les idées panafricaines (Ngodi, 2007 : 58). Ce Congrès qui s´est déroulé en octobre 1945 a permis de sortir le mouvement panafricaniste d´un cercle restreint d´intellectuels afin de lui donner une assise plus solide. Nkrumah avait à l´époque proposé une union de l´Afrique de l´Ouest qui comprenait l´AOF, la *British West Africa*, les colonies portugaises de l´Ouest, les deux Congo et le Cameroun (*Le mouvement panafricaniste au 20e siècle*, 2013 : 34). Du point de vue de la France, le cas de la Guinée de Sékou Touré est emblématique de ce que l´ancienne puissance coloniale souhaite éviter. La Guinée contient des ressources minières assez importantes avec en particulier l´extraction de la bauxite qui assure des revenus au pays. Elle faisait partie de l´AOF depuis 1895, mais progressivement le pays a connu des contestations politiques avec la création du Parti Démocratique de Guinée (PDG) en 1947 et un rapprochement avec le bloc soviétique. Sékou Touré avait été élu député de l´Assemblée Nationale à Paris en 1956 et a gagné progressivement toutes les élections territoriales en prenant soin d´africaniser les cadres du parti et les élus du PDG. Lors du référendum sur la Communauté en 1958, la Guinée est le seul pays de l´AOF à avoir choisi l´indépendance (Lemarchand, 1994 : 187). La Guinée a contribué à un regroupement territorial avec le Ghana et le Mali avec la création d´une Charte entérinant une Union des États Africains (UEA) (Borella, 1961 : 797). Ce qui inquiétait la France était la possibilité que ces nations révolutionnaires réussissent à fomenter un regroupement territorial plus puissant susceptible de remettre en cause le nouvel ordre géopolitique africain. Le 7 janvier 1961, plusieurs États dont le Maroc, l´Égypte, la Lybie, le Ghana, la Guinée et le Mali ont adopté une charte dans laquelle le colonialisme et le néocolonialisme sont dénoncés. L´objectif était de préserver les ressources minières et d´éviter d´avoir à faire appel à des troupes étrangères (Borella, 1961 : 802).

Le panafricanisme a pu se développer grâce à l´essor du mouvement syndical qui remettait en cause les collusions avec les anciennes puissances coloniales. Certains pays à l´instar du Burkina Faso ont progressivement échappé à l´influence française même si la Haute Volta (colonie créée en 1919) avait choisi de devenir une république autonome en rejoignant la Communauté française en 1958. Le pays avait renoncé en 1959 à participer à la Fédération du Mali qui aurait compris le Sénégal, le Soudan français, le Dahomey (Bénin) et la Haute Volta (Lemarchand, 1994 : 162). La question qui se pose en AOF et en AEF demeure la manière dont les pays vont accéder à l´indépendance soit individuellement soit au moyen de communautés organiques susceptibles de devenir des ensembles fédératifs. L´Union Sahel-Bénin connue sous le nom de Conseil de l´Entente a été une tentative de solidarité organique entre la Côte d´Ivoire, le Niger, la Haute Volta et Dahomey suite à la conférence d´Abidjan le 29 mai 1959. Cette entente permettait de manière souple de contribuer au développement de ces pays tout en garantissant des échanges commerciaux et en construisant un mini-marché commun (Borella, 1961 : 796). La même tentative a été effectuée pour les quatre États de l´ancienne AEF et qui avaient pourtant signé une convention douanière le 23 juin 1959. Une conférence s´est tenue par la suite à Bangui les 19–21 juin 1961 pour organiser les relations entre le Congo-Brazzaville, la Centrafrique et le Tchad en envisageant d'y faire adhérer le Cameroun.

Si la France est hostile au panafricanisme, les États-Unis ont une attitude plus prudente dans la mesure où le panafricanisme est en partie lié à des conférences qui se tiennent partout dans le monde avec les Afro-Américains et des leaders panafricains. Les années 1960 sont marquées par les revendications civiques aux États-Unis et il demeure important de favoriser une transition politique et économique de ces pays pour qu'ils ne basculent pas dans le camp soviétique.

La Francophonie dans le camp occidental

Si la Francophonie peut apparaître comme la construction d'un espace de médiation voire de transition politique, il serait erroné de la percevoir comme étant une tentative de dépasser les bouleversements géopolitiques contemporains. Au sein de la guerre froide, les pays africains francophones ont choisi le camp occidental, non seulement vis-à-vis des anciennes puissances coloniales mais également vis-à-vis des États-Unis (Lefèvre, 2010). Les États-Unis ont paradoxalement appuyé ce projet afin que la décolonisation ne se traduise pas par une influence soviétique dominante en Afrique *via* le panafricanisme. Le désengagement des États-Unis n'est que relatif, il ne signifie pas indifférence, mais incarne une attitude favorable à la construction de ce projet qui permettrait de lutter efficacement contre la tentation socialiste dans ces pays (Lefèvre, 2010 : 25). Les États-Unis ont à résoudre une équation puisqu'ils souhaitent éviter la construction d'un arc euro-africain susceptible de leur rogner une partie de leur leadership diplomatique et politique, mais en même temps ils trouvent assez commode de faire confiance aux anciennes puissances coloniales comme la France et la Grande-Bretagne (Cummings, 1988 : 696) pour gérer cette transition politique. En 1958, les États-Unis se sont dotés pour la première fois d'un bureau des affaires africaines au Département d'État américain, ce qui montre que l'Afrique devenait un sujet politique et diplomatique important (Cummings, 1988 : 694). Le premier secrétaire adjoint dirigeant ce bureau en 1958, Joseph

Satterthwaite, résuma les intentions du pouvoir politique américain vis-à-vis de l'Afrique en insistant sur la loyauté des pays indépendants vis-à-vis de la communauté internationale (Cunnings, 1988 : 695). Il ne s'agissait pas seulement d'endiguer la menace soviétique, mais également de soigner l'image des États-Unis au moment des revendications civiques d'égalité entre Noirs et Blancs. Ces bonnes intentions sont à relativiser puisque les États-Unis ont renforcé leur présence en Afrique dans les années soixante bien décidés à exister et à accompagner les indépendances des nations africaines qui leur seront fidèles. C'est aussi l'époque où les États-Unis envoient massivement des volontaires *via* le *Peace Corps* dans les pays francophones d'Afrique (Durand, 2005 : 96), ce qui suscite une méfiance accrue de la France qui voit dans ces nouveaux missionnaires des apôtres de la propagande américaine. Par la suite, la diplomatie américaine s'est effectuée essentiellement en Afrique *via* des institutions privées (Laïdi, 1984 : 306) ce qui la différencie foncièrement de la diplomatie française liée à l'État. De manière subtile, à partir des années 1980, les États-Unis ont misé sur la diaspora africaine présente aux États-Unis pour construire des réseaux d'élites africaines susceptibles de relayer leur influence (Dedieu, 2003 : 124). La Francophonie apparaissait dans ce contexte aux yeux des Américains comme une plateforme intéressante car elle émanait principalement des anciens pays colonisés avec le soutien discret de la France. En outre, le fait que la Francophonie ne soit pas seulement cantonnée à l'Afrique était un élément positif pour contrer les tentatives de construire un projet eurafricain (Muller, 2005 : 59).

Une plateforme technique de coopération

Il nous semble limité de décrire l´histoire de la Francophonie avec un premier âge qui serait lié à la diffusion de la langue entre la fin du XIXᵉ siècle et le début des années 1950, un second âge qui serait post-colonial et un troisième âge à partir de la fin des années 1990 qui serait géoculturel avec comme ambition principale le dialogue interculturel (Phan, Guillou, 2010 : 34). Cette perspective diachronique est à relativiser car l´histoire du projet francophone est davantage tiraillée par l´idée d´une forme politique à donner à la solidarité des pays francophones. Au fond, il faut revenir à une théorie des organisations internationales (Battistella, 2006) pour comprendre le profil de cette association internationale et étudier son contenu politique.

La francophonie des experts

De 1970 à 1986, la Francophonie existe à travers une coopération technique centrée sur la culture et la langue. Il s´agit essentiellement de soutenir l´apprentissage du français et de diffuser des manifestations culturelles en langue française au sein de tous ces pays. Si cette plateforme ne remplit pas tous les espoirs senghoriens, ils garantissent un avenir grâce à une convergence entre les réseaux politiques (les Pères fondateurs), les réseaux journalistiques et les réseaux universitaires. L´Agence de Coopération Culturelle Technique (ACCT) comme son nom l´indique permet d´asseoir un réseau de coopération avec la France se traduisant par l´envoi de coopérants et de professeurs de français et une diplomatie culturelle active de la France. Il s´agit pour la France de contenir les autres influences culturelles à une époque post-coloniale et de mettre

Comment citer ce chapitre:
Premat, C. 2018, « Une plateforme technique de coopération », *Pour une généalogie critique de la Francophonie.* Stockholm Studies in Romance Languages. Stockholm: Stockholm University Press. 2018, pp. 105–122. DOI: https://doi.org/10.16993/bau.d.

l´accent sur la solidarité dans une optique développementaliste. La création d´une bureaucratie intergouvernementale est devenue nécessaire pour pouvoir maintenir l´essence même du projet. Au fond, l´agence technique ne pouvait être suspectée de recréer une influence politique des anciennes puissances coloniales, elle permettait aux pays francophones d´entamer un cycle de coopérations autour de la langue française. Cette bureaucratie intergouvernementale est restée la marque de l´organisation de ces réseaux d´experts, ce qui a fait dire à certains promoteurs de la Francophonie institutionnelle tels Michel Tétu qu´il fallait passer de la francophonie des experts à la francophonie populaire (Tétu, 1997). Michel Tétu est une figure importante de la Francophonie officielle puisqu´il a occupé les fonctions de Premier Secrétaire général adjoint de l´AUPELF (Association des universités partiellement ou entièrement de langue française) de 1977 à 1982 et celles de président du CIDEF (Conseil international des études françaises) et du CIEF (Conseil international d´études francophones). Signe de cette consécration officielle, plusieurs de ses ouvrages comportent un avant-propos et une préface de Jean-Marc Léger et de Léopold Sédar Senghor (Tétu, 1987). En même temps, Michel Tétu est un digne représentant d´une perception « francolâtre » de la Francophonie teintée d´euphémisation du rôle de la colonisation française (Provenzano, 2012 : 139–140). Il s´agit bien de placer au sein de ces institutions des personnes pouvant relayer la doctrine officielle d´une civilisation émancipatrice. Les institutions francophones avaient aussi pour fonction de donner corps à cette idéologie francodoxe faisant de la langue française une langue pétrie de valeurs universelles. Cette institutionnalisation marque déjà d´une certaine manière le fait qu´il s´agit d´un projet à vocation muséale pour conserver quelque chose de cette langue internationale appelée à décliner après la décolonisation.

L´ACCT est sans aucun doute une antichambre bureaucratique chargée de conserver les premières promesses d´une Francophonie politique, elle permet dans le même temps de mettre en relation des élites politiques et institutionnelles francophones. Il y a sans aucun doute une mini-révolution dans l´institutionnalisation de cette bureaucratie qui masque une approche politique plus ambitieuse. Cette institutionnalisation passe par une forme de rituel visant à consacrer cette nouvelle marque déposée en 1970 (Guglielmi, 1989 : 4). Hamani Diori a initié la création d´une bureaucratie intergouvernementale afin de faire exister ce projet. L´idée était d´institutionnaliser un réseau *via* la création d´un secrétariat exécutif. Jean-Marc Léger avait été chargé entre la première conférence intergouvernementale de 1969 et le Traité de Niamey de 1970 de construire cette agence dont le plus petit dénominateur commun est le partage de la langue française.

Le contenu du traité de Niamey

Le traité est constitué de 11 articles avec notamment un triptyque « Égalité, Complémentarité, Solidarité » à l´article 3 et les annexes de la convention contiennent 24 articles précisant les modalités de fonctionnement de l´Agence. Pour que l´agence fonctionne, il fallait aux moins dix États signataires. L´Article 1 a défini l´Agence tout en lui donnant une dimension hautement symbolique et politique puisqu´elle se devait d´exprimer un dialogue entre civilisations.

> « Le but de l´Agence de coopération culturelle et technique ci-après dénommée « l´Agence » est de promouvoir et de diffuser les cultures des Hautes Parties contractantes et d´intensifier la coopération culturelle et technique entre elles. L´Agence doit être l´expression d´une nouvelle solidarité et un facteur supplémentaire de rapprochement des peuples par le dialogue permanent des civilisations. Les Hautes Parties contractantes conviennent que cette coopération devra s´exercer dans le respect de la souveraineté des États, et de leur originalité »[40].

Les États signataires étaient au nombre de 21[41] avec un gouvernement participant, le gouvernement du Québec. 15 États sont

---

40 http://www.francophonie.org/IMG/pdf/acct-textes-fondamentaux-1970-convention-et-charte-3.pdf (Site consulté pour la dernière fois le 6 juillet 2018).

41 Les pays signataires étaient la Belgique, le Burundi, le Cameroun, le Canada, la Côte d´Ivoire, Dahomey (non que se donnait le Bénin), la France, le Gabon, Haïti, La Haute-Volta (le Burkina Faso), le Luxembourg, Madagascar, le Mali, l´île Maurice, Monaco, le Niger, le Rwanda, le Sénégal, le Tchad, le Togo, la Tunisie, le Vietnam et le gouvernement du Québec.

situés en Afrique, ce qui met en évidence le poumon africain de cette agence qui a en réalité déjà dans ses statuts le profil d'une organisation internationale. Le siège de l'ACCT est à Paris même si l'article 18 des annexes définit des bureaux régionaux. L'article premier des annexes de la Convention rappelle qu'elle

> « exerce son action dans le respect absolu de la souveraineté des États, des langues et des cultures, et observe la plus stricte neutralité dans les questions d'ordre idéologique et politique. Elle collabore avec les diverses organisations internationales et régionales et tient compte de toutes les formes de coopération technique et culturelles existantes »[42].

Le rappel de la neutralité et le principe de coopération montrent que son contenu est davantage ramené à des aspects techniques de fonctionnement. Les autres articles de la convention définissent le cadre de cette bureaucratie : l'agence élabore des recherches et établit une cartographie de l'état de la langue française dans le monde.

L'Agence disposait d'une personnalité juridique, ce qui est une première dans l'histoire de la Francophonie intergouvernementale ; elle était constituée d'une Conférence générale, d'un Conseil d'administration, d'un Comité des programmes, d'un Conseil consultatif et d'un Secrétariat. C'était une manière technique de caractériser ce travail de coopération. La Conférence générale permettait à tous les États membres de donner des orientations reprises ensuite par l'Agence sous la responsabilité du Secrétaire général. Le lexique fonctionnel montrait cette volonté de mettre en évidence l'aspect technocratique de la structure alors que l'évolution de cette agence s'est faite en reprenant ces fonctions avec une séparation entre un organe exécutif et un organe législatif.

> « Dans le dispositif institutionnel senghorien, l'ACCT ne doit assurer aucune fonction de nature politique. Ce dispositif prévoit une Communauté organique composée d'un Secrétariat général de la Francophonie assurant les fonctions politiques et d'une

[42] http://www.francophonie.org/IMG/pdf/acct-textes-fondamentaux-1970-convention-et-charte-3.pdf (Site consulté pour la dernière fois le 6 juillet 2018).

« Fondation internationale pour les échanges culturels », incarnée par l'ACCT, au niveau opérationnel » (Phan, Guillou, 2010 : 197).

En réalité, la structure existait avec un paravent technique, elle a pu être par la suite utilisée et mise en valeur par les acteurs politiques soucieux de renforcer la teneur des projets de coopération francophone. Par la suite, les sommets ont repris les dispositions de la Conférence générale, le Secrétaire général a été davantage officialisé au milieu des années 1990, le Comité des programmes a été capté par les Conférences des ministres de l'éducation. La Conférence générale est l'organe décisionnel de l'agence qui réunissait tous les membres, il correspond au rôle de l'assemblée générale au niveau des associations. L'article 7 des annexes de la Convention précisait :

> « La Conférence générale est l'organe suprême de l'Agence. Ses principales fonctions consistent à : 1- orienter l'activité de l'agence. 2- approuver le programme de travail. 3- contrôler la politique financière, examiner et approuver le budget et le règlement financier de l'Agence. 4- se prononcer sur l'admission des nouveaux membres [...]. 5- décider de l'admission des observateurs et des consultants et déterminer la nature de leurs droits et obligations [...]. 6- fixer le barème des contributions. 7- créer tout organe subsidiaire nécessaire au bon fonctionnement de l'Agence. 8- Nommer le Secrétaire général et les Secrétaires généraux adjoints, les membres des Comités des programmes, dont elle fixe le nombre, ainsi que les membres désignés du Conseil consultatif [...]. 9- décider de la composition des autres organes subsidiaires de l'Agence. 10- amender la présente Charte. 11- nommer éventuellement les liquidateurs de l'Agence. 12- déplacer le siège de l'Agence. 13- Prendre toutes les mesures propres à la réalisation des buts de l'agence »[43].

Senghor a souvent rendu hommage au rôle de l'ACCT qu'il percevait comme une agence intégrant de plus en plus de pays comme ce fut le cas lorsqu'il évoquait le sommet de la Francophonie au Québec en 1987.

[43] http://www.francophonie.org/IMG/pdf/acct-textes-fondamentaux-1970-convention-et-charte-3.pdf (Site consulté pour la dernière fois le 6 juillet 2018).

> « L´Agence de Coopération culturelle et technique de la Francophonie réunit, aujourd´hui, 39 États, et l´Association internationale des Parlementaires de Langue française, 40 délégations. Sans oublier qu´à l´Assemblée générale de l´Organisation des Nations-Unies, 33 délégations soit plus de 20% s´expriment en français » (Senghor, 1989 : 166).

Il est clair pour Senghor que les institutions francophones doivent imposer un rapport de force au niveau des Nations-Unies afin que des alliances géopolitiques puissent être nouées. La Francophonie politique s´appuie ainsi sur un vecteur culturel constitué par l´ACCT. Senghor avait d´ailleurs milité activement pour qu´il y ait un sommet en 1975, mais cette idée a été abandonnée en raison de divergences entre le Québec et le Canada sur les modalités de participation à ce sommet (Colin, 1997 : 142). De ce point de vue l´ACCT a permis de maintenir une plateforme minimale de coopération en attendant que des volontés politiques plus fortes se manifestent.

Le fonctionnement de l´ACCT

L´Agence fonctionne comme un opérateur intergouvernemental avec les instructions et orientations décidées collectivement par tous les membres. La majorité des neuf dixièmes est requise, ce qui dénote la volonté consensuelle dans l´élaboration des orientations de l´Agence. La conflictualité politique est d´emblée neutralisée par ces statuts qui protègent les possibilités de coopération de l´Agence. Les tensions sont écartées, l´Agence ne pouvant par définition agir hors du mandat donné par les États francophones. Une organisation de coopération, dans la mesure où elle n´a pas de force de contrainte, reste centrée sur des moyens techniques mis à disposition des États francophones (mobilité de personnel et de compétences). L´article 4 des annexes à la convention sur la création de l´agence définit déjà trois catégories qui seront reprises par la suite avec les États associés et les États observateurs. Les termes utilisés sont « observateurs, associés et consultants », certains gouvernements provinciaux pouvant être autorisés à participer aux travaux avec l´accord du régime fédéral dont ils dépendent. Une clause de cet article 4 permet à une organisation internationale d´avoir un rôle de consultant au sein de l´Agence lorsqu´elle en accepte les principes. Cette clause a été utilisée à de nombreuses reprises car l´Organisation Internationale de la Francophonie compte aujourd´hui des liens avec plus de 67 organisations internationales de la société civile[44]. Dès les premières conférences de Niamey, en plus des États, une dizaine d´organisations non gouvernementales a participé aux travaux préparatoires de la Francophonie institutionnelle. En outre, l´OIF convoque tous les deux ans une Conférence francophone des organisations internationales non gouvernementales (OING)[45]. Ces conférences permettent de transmettre des observations et des rapports discutés lors des sommets, elles mettent en évidence des problématiques de la société civile (participation, égalité hommes/femmes).

L´ACCT est restée assez fragile à ses débuts, entre la prudence de la France, la question québécoise et les méfiances d´autres acteurs africains soupçonnant une tentative d´ingérence dans les affaires africaines comme ce fut le cas avec Sékou Touré lorsqu´il évoquait une trahison « des intérêts africains » (Rosoux, 1997 : 71). On voit bien que la solidarité linguistique et culturelle est ce qui demeure lorsque la forme politique n´est pas encore trouvée. Il s´agit bel et bien d´élaborer une institution post-coloniale, une institution dont le profil n´est pas figé. Le Canada s´est servi de la Francophonie comme une sorte de paravent pour faire évoluer la question québécoise et obtenir une intégration progressive des populations francophones. Dans les années 1960, la France et le Canada avaient conclu des accords bilatéraux en matière culturelle permettant aux provinces comme le Québec de négocier des ententes directes avec la France (de Goumois, 1974 : 356). Au-delà des aspects classiques de la coopération linguistique, culturelle et scientifique entre les deux pays, il faut mentionner l´action concertée que la France et le Canada mènent en Afrique francophone puisqu´un nouvel espace géopolitique s´ouvre. Le Canada ouvre sept ambassades dans les années 1960

[44] http://www.francophonie.org/67-OING-accreditees-aupres-des.html (Site consulté pour la dernière fois le 6 juillet 2018).

[45] http://www.francophonie.org/L-Organisation-internationale-de-42707.html (Site consulté pour la dernière fois le 6 juillet 2018).

dans les pays d´Afrique francophone (de Goumois, 1974 : 360). L´exposition itinérante « Visages du Canada » circule en Afrique au début de l´année 1970 peu avant la signature du Traité de Niamey. Par la suite, le cinéma canadien est mis à l´honneur au moyen de l´accord entre l´Office national du film du Canada et la Radio-télédiffusion tunisienne (de Goumois, 1974 : 361). C´est dans ce contexte que le Canada milite pour l´accroissement des moyens financiers de l´ACCT, la Francophonie constitue ainsi un vecteur d´influence puissant pour ce pays. L´ACCT ménage les projets où le Canada est visible à l´instar des IVe Journées cinématographiques de Carthage, le Festival international du film d´expression française de Dinard et le IVe Festival d´Ouagadougou (de Goumois, 1974 : 362). Le Canada promeut et soutient activement tous les organes de la Francophonie en s´immisçant de manière stratégique dans les discussions sur l´éducation, la culture et les sciences. En outre, le Canada a soutenu de nombreux organismes privés qui promeuvent la francophonie à l´instar de l´Association des universités entièrement ou partiellement de langue française (AUPELF) créée en 1961 où les universitaires canadiens étaient très présents. Le gouvernement fédéral a donné des subventions généreuses à l´AUPELF et au FICU (Fonds international de coopération universitaire) au début des années 1970 (de Goumois, 1974 : 365). Le Québec a créé des associations francophones comme le Conseil international de la langue française (CILF) fondé en 1967. Il constitue aujourd´hui une force importante de promotion de la francophonie universitaire à l´instar de l´Association Internationale des Études Québécoises (AIEQ) qui s´est constituée en 1997 et qui traverse actuellement une période de difficultés en raison d´un retrait des pouvoirs publics.

De son côté, la France a suivi attentivement les travaux des deux conférences de Niamey et s´est réjouie de la création de cette agence qui est uniquement centrée sur les questions de langue et de culture. De Gaulle avait une conception souverainiste de l´organisation des relations entre les États. Son refus de participer à des alliances de la guerre froide et sa méfiance à l´égard d´entités supranationales étaient profondément ancrés. Le terme « francophone » ne faisait pas partie de son répertoire.

> « L'épouvantable mot « francophone » et ses dérivés ont, depuis quelques années, conquis droit de cité. Mais ils sont lourds d'ambiguïtés qu'il faut d'entrée de jeu dissiper. [...] On peut même dire, paradoxalement, que malgré l'agitation entretenue par quelques isolés, la France officielle a longtemps traîné des pieds devant la constitution de cet ensemble qui s'est très vite dénommé « francophone » d'un terme que les collaborateurs du Premier Ministre et du Président de la République, aux alentours de 1967, n'étaient guère encouragés à utiliser. » (Bruguière, 1978 : 93–95).

Même sur le plan des relations européennes, De Gaulle a toujours organisé des relations diplomatiques bilatérales comme ce fut le cas avec le traité de l´Élysée de 1963, un traité d´amitié entre la France et l´Allemagne de l´Ouest. Au fond, dans une conception présidentielle du pouvoir, le primat des relations bilatérales était manifeste. Le point de vue de la coopération entre États indépendants était privilégié. L´examen des articles du traité de Niamey montre en réalité que cette agence est bel et bien une organisation internationale avec une feuille de route qui sera par la suite renommée et réutilisée. La Conférence générale doit se réunir tous les deux ans comme par la suite au niveau des sommets. La repolitisation progressive de la Francophonie a lieu à partir d´un processus de renomination bureaucratique des différents organes. Cette organisation internationale fait bien la distinction entre l´instance décisionnelle, les États membres, l´instance exécutive (le Secrétaire) et les instances consultatives. La repolitisation se caractérise avant tout par un surinvestissement symbolique pour affirmer l´existence de cette organisation de coopération qui n´a ni rôle régional ni force réellement contraignante. La notion de repolitisation ne signifie pas que l´organisation était dépourvue de caractère politique, mais le lexique utilisé s´apparentait davantage à l´organisation d´une administration technique.

La repolitisation est marquée avant tout par un usage des symboles, avec des chartes, des sommets et des principes qui s´affinent même s´ils sont issus de cette convention de 1970 (Laulan, Oillo, 2008 : 69). On passe d´un répertoire administratif vers un « répertoire d´actions » (Tilly, 1984), c´est-à-dire d´un point de vue gestionnaire vers un point de vue de l´animation. La Francophonie s´affirme comme un acteur pleinement conscient au sein du jeu international et non plus comme un simple exécutant d´un accord. Charles Tilly avait utilisé cette notion pour qualifier l´émergence et le champ d´actions de certains mouvements sociaux, elle permet de rendre compte de cette évolution syntaxique et pragmatique de la Francophonie à travers une dimension pragmatique.

> « Dans son acception la plus forte, l'idée de répertoire établit l'hypothèse d'un choix délibéré chez ceux qui revendiquent, entre des modes d'action bien définis, les possibilités de choix et les choix eux-mêmes changeant essentiellement en fonction des conséquences des choix précédents. Dans son acception moyenne, l'idée de répertoire présente un modèle où l'expérience accumulée d'acteurs s'entrecroise avec les stratégies d'autorités » (Tilly, 1984 : 99).

La perspective interactionniste est ici centrale car l´agence technique laisse peu à peu la place à une interaction plus forte entre les gouvernements et les chefs d´État de cette coopération. Cela se traduit par des élargissements successifs et une ambition politique plus forte que la simple coopération culturelle. Dans le même temps, s´il y a une inflexion dans la volonté des États membres, la continuité reste très forte avec le traité initial. Le point de vue interactionniste est corrigé ici par une perspective institutionnaliste où les acteurs multiples et changeants de cette organisation sont contraints de suivre la trame initiale (Mahoney, Thelen, 2010).

Le choix des secrétaires généraux de l´ACCT

Six secrétaires généraux de l´ACCT se sont succédé depuis la création jusqu´à la transformation de l´Agence en Agence Intergouvernementale de la Francophonie avant qu´elle ne fusionne avec l´Organisation Internationale de la Francophonie. Le tableau 2 fait état de la liste des Secrétaires généraux de l´ACCT qui ont à chaque fois donné une impulsion à la coopération intergouvernementale francophone. Les deux aires francophones surreprésentées sont l´Afrique subsaharienne et le Canada.

Tableau 2 : Liste des secrétaires généraux de l´ACCT.

Dates du mandat	Nom du Secrétaire général	Nationalité	Événements marquants
1970–1973	Jean-Marc Léger	Canadienne	21 pays signataires du traité de Niamey
1974–1981	Dankoulodo Dan Dicko	Nigérienne	1978 : l´ACCT obtient le statut d´observateur permanent aux Nations unies. 26 États signataires en 1975 et 38 États en 1981
1982–1985	François Owono-Nguéma	Gabonaise	1983 : Conférence des ministres francophones de la Recherche scientifique et de l´Enseignement supérieur à Yamoussoukro
1986–1989	Paul Okumba d´Okwatségué	Gabonaise	Création de l´Institut de l´énergie à Québec après la conférence de Québec de 1987
1990–1997	Jean-Louis Roy	Canadienne	Conférences ministérielles sectorielles : Culture (Liège, 1990), Environnement (Tunis, 1991), Enfance (Dakar, 1993), Justice (Le Caire, 1995), Inforoutes (Montréal, 1997)

Source : synthèse personnelle à l´aide des divers documents trouvés sur le site www.francophonie.org

Jean-Marc Léger est certainement l´une des personnes qui a contribué à croiser les différents réseaux diplomatiques, universitaires, journalistiques et politiques pour apporter sa pierre décisive à l´édifice francophone. Il a été impliqué dans l´aventure de l´Association internationale des journalistes de langue française entre 1960 et 1962 et a accompagné la création de l´AUPELF.

L´AUPELF a « pour mission d´impulser et de soutenir la dynamique interuniversitaire des Universités de langue française dans le monde. Cet organisme propose des programmes d´échange et de coopération interuniversitaire, assistance technique, organisation de stages de formation et de colloques, information publications » (Boissy, Lerat, 1989 : 47). L´AUPELF s´occupait également de terminologie en publiant régulièrement des dictionnaires et des lexiques. Jean-Marc Léger (1927–2011) a poursuivi deux carrières parallèles, le journalisme et les fonctions universitaires avec une lucidité sur le pari que constitue la Francophonie (Léger, 1987). L´AUPELF est devenue par la suite l´Agence Universitaire de la Francophonie (AUF), Jean-Marc Léger a dirigé le secrétariat de cette dernière de 1961 à 1978. Si pour lui la Francophonie constituait une aventure permettant de faire dialoguer des territoires de nature très diverse, il a surtout cumulé des fonctions prestigieuses lui donnant une légitimité incontestable pour se lancer dans le projet de l´ACCT. Claude Morin, ancien universitaire et homme politique québécois insiste sur la relation entre le combat de Léger sur l´autonomie québécoise et l´appartenance à la Francophonie. Claude Morin avait un rôle diplomatique au sein du gouvernement de René Lévesque où il a été ministre des affaires intergouvernementales. Il s´est notamment occupé de l´épineuse question constitutionnelle canadienne avec en ligne de mire la situation québécoise. Il dévoile le jeu diplomatique exercé par le Canada dans les années 1970 pour éviter que le Québec ne renforce son autonomie par le biais de la Francophonie.

> « Il faut dire qu´à l´époque du gouvernement Trudeau, la priorité politique d´Ottawa en la matière consistait essentiellement à trouver le moyen infaillible d´empêcher l´accession du Québec, comme tel, au forum francophone. On a, à cet égard, assisté à une tentative constante de récupération fédérale de la francophonie et à une succession étonnante de coups fourrés de part et d´autre. Ottawa en vint à soutenir la concrétisation de la francophone avec d´autant plus de vigueur qu´on comptait bien en exclure le Québec comme entité. Ce qui explique qu´à Québec comme à Ottawa on s´est assez peu penché sur l´objet lui-même de la francophonie. Trudeau et ses libéraux partis, on a finalement réglé de façon globalement satisfaisante, en novembre 1985, le problème de la participation

du Québec au Sommet francophone, aboutissement le plus spectaculaire de toute l'entreprise » (Morin, 1988 : 474).

Pour Jean-Marc Léger, la Francophonie constituait une plateforme essentielle pour donner forme à cette communauté de locuteurs très diverse. Son engagement dans le projet francophone est indissociable de son militantisme pour un Québec autonome[46]. L'itinéraire de Jean-Marc Léger est assez représentatif de la manière dont les promoteurs de la Francophonie ont investi à la fois les domaines universitaire (souvent littéraire), politique et diplomatique pour mettre en avant une conception assez francocentrée de la « Civilisation de l'Universel » senghorienne (Provenzano, 2012 : 140). Il existe comme une connivence des élites qui sont avant tout des fonctionnaires internationaux, des responsables politiques et diplomatiques au service d'un projet intergouvernemental dont les retombées politiques sont intéressantes. Jean-Marc Léger est un souverainiste accroché aux souvenirs de la visite du Général de Gaulle en 1967 qui, défiant le gouvernement central canadien, avait ouvert la porte à ce rapprochement entre le Québec et la France.

Le Secrétaire général suivant, Dan Koulodo Dan Dicko (1934–1998)[47], était un scientifique reconnu ayant poursuivi des études secondaires à Maradi puis au lycée colonial Vollenhoven de Dakar. Docteur de chimie organique, il a exercé entre autres dans les universités de Montpellier et d'Abidjan avant d'enseigner à la nouvelle université de Niamey créée dans les années 1970. Il a travaillé au sein du cabinet du ministre de l'éducation du Niger de 1972 à 1974 avant d'être nommé Secrétaire général de l'ACCT après le coup d'État de 1974 au Niger (Idrissa, Decalo, 2012 : 166). On retient du passage de Dan Koulodo Dan Dicko une volonté d'entretenir des relations plus fortes avec le *Commonwealth* puisque les nouvelles nations africaines majoritairement issues des

[46] Les archives nationales du Québec disposent d'un fonds Jean-Marc Léger pour la période 1947–2000 avec des documents portant sur les affaires internationales, la politique québécoise et la francophonie (O'Farrell, 2001 : 338).

[47] On trouve dans la littérature scientifique la référence aux deux orthographes, Dankoulodo et Dan Koulodo.

colonisations française et anglaise cherchaient à pénétrer des instances multilatérales pour pouvoir peser au sein de l´ONU. Dans ces relations entre le *Commonwealth* et la Francophonie dans les années 1970, il y avait également l´ambition de ménager une influence géopolitique et de compter les pays membres de chacune des organisations (Torrent, 2012 : 257). Les relations entre les deux organisations n´empêchaient pas une forme de concurrence même si la Francophonie a en partie imité les institutions et les rites du *Commonwealth*.

François Owono-Nguéma a été élu Secrétaire général de l´ACCT en décembre 1981 lors de la huitième conférence de Libreville. Dan Koulodo Dan Dicko, qui avait permis un élargissement considérable du nombre de pays-membres de l´ACCT, avait dû renoncer à briguer un nouveau mandat suite aux instructions communiquées par le gouvernement du Niger[48]. François Owono-Nguéma est un universitaire et un homme politique, fonction qui est caractéristique des secrétaires généraux de l´ACCT. Proche du président gabonais Bongo, l´Élysée avait appuyé cette candidature pour cette manifestation qui se déroulait dans la capitale du Gabon. Outre cette cooptation, il s´agissait également par la Francophonie d´accompagner le développement culturel du Gabon (Meyo-Me-Nkoghe, 2011 : 180). La nomination de Paul Okumba d´Okwatségué comme Secrétaire général de l´ACCT à la conférence de Dakar en 1985 renforce la place du Gabon au sein de la Francophonie. Dans le même temps, l´africanisation de l´ACCT ne rima pas avec une influence prépondérante des pays du Sud en raison des soupçons de népotisme qui entachèrent l´organisation. La proximité avec le Président gabonais Omar Bongo, l´un des symboles de la Françafrique, fit que la Francophonie risquait de devenir une organisation bureaucratique au service de la promotion des clans au pouvoir (Yannic, 2016 : 99). Jean-Louis Roy, diplomate et journaliste canadien, succéda à Paul Okumba d´Okwatségué pour se réapproprier cet outil indispensable de

---

[48] https://www.lemonde.fr/archives/article/1981/12/11/a-la-conference-de-libreville-m-owono-nguema-a-ete-elu-secretaire-general-de-l-agence-de-cooperation-culturelle-et-technique_3043109_1819218.html (Site consulté pour la dernière fois le 6 juillet 2018).

la Francophonie qui était essentiel à l´affirmation de l´identité québécoise. Jean-Louis Roy est un géopoliticien capable d´évaluer les défis posés par la concurrence entre les langues internationales et les empires politiques créés (Roy, 2008 : 130).

L´ACCT illustrait finalement assez bien la manière dont la Francophonie évoluait entre les influences africaine et québécoise. L´ACCT pouvait avoir à sa tête des journalistes et des diplomates qui, en fin de carrière, mettaient à contribution leurs réseaux pour pouvoir renforcer le poids de la Francophonie. La question du genre ne se posait encore pas, ce qui fait qu´il y a, à l´image des gouvernements et des pays francophones, une hégémonie masculine très forte. Dans la lignée des Pères Fondateurs, la Francophonie ne s´est intéressée que très tardivement à la question du genre et l´élection de Michaëlle Jean en 2014 a permis de renforcer les forums, les débats et les initiatives portant sur l´influence des femmes francophones. L´ACCT traduit en son sein les luttes d´influence entre les diplomates québécois et africains francophones qui espèrent pouvoir obtenir davantage de visibilité pour leurs pays et provinces sur la scène internationale.

L´extinction progressive de l´ACCT

L´AIF se substitue petit à petit à l'ACCT qui avait signé le 25 juin 1997 un accord d'association avec l'ONU[49] prévoyant des coopérations multilatérales. L'article VII prévoyait des possibilités d'action d'intérêt commun et donnait mandat au Secrétaire général de l'ONU et au Secrétaire général de l'ACCT de pouvoir agir au nom de cet Accord (article VIII). Les deux organisations peuvent assister aux réunions, des actions d'intérêt commun sont possibles. En décembre 1998[50], la résolution de l'ONU consacre sa coopération avec la Francophonie. L'ACCT avait conclu, au nom de son Secrétaire général Jean-Louis Roy, un accord avec le Programme des Nations Unies pour le Développement (PNUD) en 1995 et le Secrétaire général politique de la Francophonie an-

---

[49] http://www.francophonie.org/IMG/pdf/ONU.pdf (Site consulté pour la dernière fois le 6 juillet 2018).

[50] Décision 53/453 de l'ONU.

nonce la substitution de l'ACCT par l'AIF dans la signature des accords avec les organes et les comités des Nations Unies[51]. Avec Boutros Boutros-Ghali qui n'a pas de mal à lier en profondeur les deux organisations internationales puisqu'il a été Secrétaire général de l'ONU, la Francophonie se charge d'un vocabulaire technocratique propre à ce type d'organisation internationale soucieuse de mettre en évidence une volonté diplomatique. La structure actuelle de la prise de décision s'appuie sur l'instance suprême que constituent les sommets, mais surtout sur un Conseil Permanent de la Francophonie (CPF) et les conférences ministérielles (CMF). Boutros Boutros-Ghali avait pour sa part créé un Conseil de coopération qui était devenu un Conseil exécutif de la Francophonie (Boutros-Ghali, 2002 : 33). La Francophonie est devenue une sorte de mini-ONU francophone, reproduisant à la fois les agences de l'ONU (accords-cadres, résolutions communes amendées, profil entre l'UNESCO et le PNUD) et son mode d'organisation. Boutros Boutros-Ghali a finalement lié dans l'espace et le temps l'ONU et la Francophonie, la Francophonie devenant un observatoire indirect du multilinguisme au sein de cet autre cénacle multilatéral. En rendant hommage à l'ACCT à Niamey le 20 mars 2000, Boutros Boutros-Ghali a définitivement enterré la dimension politique de l'ACCT.

> « La première Conférence intergouvernementale, qui a tenu ses Assises à Niamey, en février 1969, réunissait alors 21 États et gouvernements. C'est au cours de ces assises qu'a pris forme le projet de création d'une Agence internationale de coopération qui a vu le jour, le 20 mars 1970, sous le nom de l'Agence de coopération culturelle et technique. C'est là, aussi, que se sont dégagés les idéaux, les principes et les objectifs qui ont présidé à la construction d'une Francophonie multilatérale qui a trouvé sa pleine dimension politique à Hanoi, en 1997, avec la création de l'Organisation Internationale de la Francophonie » (Boutros-Ghali, 2002 : 40).

---

[51] http://www.francophonie.org/IMG/pdf/ONU.pdf (Site consulté pour la dernière fois le 6 juillet 2018). L'accord avait été signé par le Secrétaire général de l'ACCT, Jean-Louis Roy et l'administrateur du PNUD, James Gustave Speth.

Les discours officiels ont besoin de rappeler cette perspective pour dépasser le conflit possible entre l'ACCT et la Francophonie et le clivage entre ceux qui ne souhaitent qu'une coopération culturelle et linguistique et ceux qui privilégient des instruments d'action plus larges. Nous avons bel et bien deux orientations différentes même si l'ACCT avait depuis 1986 un mandat politique renouvelé à chaque sommet. L´ACCT a néanmoins fait preuve d´une souplesse administrative et pouvait passer des accords avec des gouvernements mais aussi avec des régions et des communes si l´État fédéral autorisait cette possibilité. En 1994, l´ACCT et la Région wallonne signaient un accord de coopération avec la participation financière de la Région wallonne aux activités de l´ACCT (Massart-Piérard, 1997 : 23).

La repolitisation progressive de la Francophonie

La repolitisation de la Francophonie signifie que la Francophonie s´est constituée peu à peu comme organisation internationale avec des événements réguliers, un agenda intergouvernemental renforcé et des rituels symboliques précisés tout au long des grandes rencontres. En outre, la transformation de l´Agence en une organisation bureaucratisée se précisait. Dans ce sens, la repolitisation signifie le dépassement de la dimension technique de l´agence.

La bureaucratisation d´une institution ne signifie pas simplement l´embauche de fonctionnaires internationaux travaillant dans des bureaux, mais plutôt une coupure entre dirigeants et exécutants au sens où l'entend Cornelius Castoriadis (Castoriadis, 1979 : 127–128). La séparation de la direction et de l´exécution désigne la caractéristique d´un système bureaucratique selon Cornelius Castoriadis. Les dirigeants ne sont pas en communication avec les exécutants, ils représentent les différents gouvernements qui donnent un mandat à l´Organisation pour mener des politiques publiques en faveur de la langue et de la culture. Le risque, avec une multiplicité d'acteurs politiques changeants, est d'arriver à des orientations très générales et une absence d'initiatives et de transparence. Comme l'écrivait Cornelius Castoriadis à propos de la bureaucratisation d´un système, l´absence d´initiative est flagrante, « car le système, par sa logique et par son fonctionnement réel, la dénie aux exécutants et veut la transférer aux dirigeants. Mais comme tout le monde est graduellement transformé en exécutant d´un niveau ou d´un autre, ce transfert signifie que l´initiative disparaît entre les mains de la bureaucratie au fur et à mesure qu´elle

---

Comment citer ce chapitre:
Premat, C. 2018, « La repolitisation progressive de la Francophonie », *Pour une généalogie critique de la Francophonie*. Stockholm Studies in Romance Languages. Stockholm: Stockholm University Press. 2018, pp. 123–182. DOI: https://doi.org/10.16993/bau.e.

s´y concentre » (Castoriadis, 1979 : 135). Au moment où l'Organisation reconquiert une dimension politique, l'étendue des thèmes dont elle se saisit fait qu'elle demeure générale avec une revitalisation des discours et des déclarations de principe. L´Organisation Internationale de la Francophonie est dirigée par les chefs d´États francophones et notamment les chefs de gouvernement des membres fondateurs, l´Organisation étant chargée d´appliquer les orientations décidées lors des sommets politiques. Les instructions sont donc transmises par les chefs d´État réunis lors des sommets avec des textes d´orientation élaborés en commun par les différents cabinets gouvernementaux et les fonctionnaires de l´Organisation. Ce mode de fonctionnement est inspiré à la fois de l´ONU avec le poste de Secrétaire général et des institutions européennes avec les Sommets réguliers fonctionnant comme des Conseils européens réguliers chargés d´élaborer des orientations et des priorités. L´Assemblée parlementaire de la Francophonie a simplement un rôle consultatif et n´élabore pas de textes législatifs puisque cette Organisation n´a pas de pouvoir prescriptif en matière législative. Sa portée reste symbolique dans les déclarations et les textes communs et les politiques publiques administrées en direction de la promotion du français. La bureaucratie intergouvernementale est ainsi consolidée de par cette coupure entre une direction floue et secrète et une exécution qui a été personnalisée depuis la décision de nommer un Secrétaire général. En reprenant les catégories développées par Guglielmi dans l´analyse du discours bureaucratique, il existe trois dimensions propres à la consécration institutionnelle, la première est rituelle, la seconde magique et la troisième poétique. Le rituel est pris en charge par un auteur reconnu et qualifié (Guglielmi, 1989 : 4) dans les enceintes francophones, il s´agit de consacrer ce qui est perçu comme des textes fondateurs pour susciter l´adhésion envers les objectifs de l´organisation. La fonction magique du discours bureaucratique repose davantage sur la prise en charge des énoncés performatifs pour insister sur la fonction des locuteurs tandis que la fonction poétique est davantage focalisée sur le rythme des discours, les rimes et les homophonies qui renforcent les effets de réception (Guglielmi, 1989 : 16). Jean-Marc Léger fut l´un des acteurs de la Francophonie qui a entrevu les risques d´un embourbement du projet francophone dans une vision purement institutionnelle. La multiplication des rituels et des organes officiels risque d´altérer la vision d´une communauté de valeurs et de cultures (Domingues de Almeida, 2008).

Le risque est que cette organisation francophone s'auto-entretienne et se batte pour le maintien de ses fonctionnaires internationaux dans leur carrière. La Francophonie devient alors une organisation internationale réalisant la promotion des élites politiques et administratives ayant eu un lien et un rôle liés à la promotion de la langue et de la culture française par le passé. Dans cette optique, les rôles politiques (Secrétaire général) fonctionnent comme des récompenses symboliques attribuées à des responsables politiques de premier plan. En réalité, la Francophonie est une organisation internationale, c'est-à-dire un « être juridique » mandaté par des « personnes morales » que sont les États membres (Bourricaud, 2017). Le sommet de 1986 a ainsi été la naissance véritablement politique de cette organisation internationale multilatérale qui, par le nombre de ses adhérents, ne s'est pas dotée d'une structure facile à réformer.

Le positionnement vis-à-vis des autres organisations géoculturelles

> « Tout en nous inspirant parmi d´autres communautés, des structures et du fonctionnement du Commonwealth, nous entendions faire œuvre neuve, à la française. Il s´agissait, il s´agit toujours, en ce dernier quart du XXe siècle, de préparer, pour notre ensemble francophone, voire latinophone, nous allons le voir, une communauté solide pour la réalisation de la Civilisation de l´Universel, qui sera celle du troisième millénaire » (Senghor, 1993 : 266).

Cette vision senghorienne se trouve confirmée par le positionnement politique de la Francophonie au début des années 2000 avec le désir en même temps de construire une organisation autour d´une langue internationale comme les autres organisations existantes. Certaines d´entre elles ont un caractère originel politique plus prononcé telles que la Ligue arabe, d´autres sont davantage portées vers le dialogue des cultures au sein de la mondialisation. De ce point de vue, pour comprendre le positionnement des langues internationales, on peut effectuer une distinction entre la mondialisation vue comme la croissance de la mobilité et de l´échange au niveau mondial grâce aux progrès technologiques, l´internationalisation centrée sur les biens communs de l´humanité au-delà des nations et la globalisation fondée sur la loi du marché (Phan, Guillou, 2011 : 26–27). Comme l´écrit Gilles Verbunt,

> « l´habitude s´instaure de parler de globalisation quand la mondialisation s´appuie sur des médias qui rendent le reste du monde virtuellement présent en temps réel. Le terme *globalisation* exprime donc le fait que la mondialité des événements fait aujourd´hui partie de la représentation que les gens se font de la réalité : tout ce qui se passe quelque part dans le monde est susceptible de nous affecter » (Verbunt, 2011 : 45).

Les langues internationales ont ceci de particulier qu´elles permettent à des populations différentes d´avoir une langue commune de communication. Elles accentuent en quelque sorte la perception d´une mondialisation forte des échanges. Le tableau 3 permet de comparer les aires linguistiques des langues mondiales, c´est-à-dire des langues ayant une dispersion territoriale.

Tableau 3 : Aires linguistiques des langues mondiales.

	Anglais	Arabe	Espagnol	Français	Portugais
Nombre de locuteurs	Entre 328 millions et un milliard	Entre 221 et 372 millions	Entre 329 et 450 millions	Environ 274 millions	Entre 178 et 240 millions
Nombre de pays l´ayant pour langue officielle	56	23	20	29	8
Nombre d´apprenants	2 milliards	Aucune information	14 millions	116 millions	155.000

Source : http://www.francophonie.org/IMG/pdf/espaces_linguistiques.pdf (plus le site www.ethnologue.org). Sites consultés pour la dernière fois le 6 juillet 2018

Tableau 4 : Profil des organisations géoculturelles

Nom de l´organisation	Date de création	Langue	Nombre de locuteurs	Nombre d'États-membres	Objectifs assignés
OIF	2005 (avec des organisations existant depuis le 20 mars 1970)	Français	274 millions en 2016	80	Coopération multilatérale autour de la démocratie, des droits de l'homme, coopération culturelle, multilinguisme
Commonwealth	1949	Anglais	362 millions	53	Egalite des droits, éthique, développement économique
Ligue Arabe	23 mars 1945	Arabe	276 millions	22	Diplomatie multilatérale
Union latine	Créée le 15 mai 1954 et abolie en 2012	Langues romanes	-	36	Favoriser la coopération intellectuelle et spirituelle entre les peuples. Connaissance réciproque des institutions des pays latins
Organisation des États ibérico-américains pour l'Education, la Science et la Culture (OEI)	1949	Espagnol	469 millions	22	Coopération culturelle, éducative et scientifique
Communauté des pays de langue lusophone (CPLP)	1996	Portugais	222 millions	7	Intégration économique et démocratique

Source : synthèse personnelle (les chiffres du nombre de locuteurs correspondent aux estimations de l'OIF)

Ces chiffres demeurent très approximatifs dans la mesure où l´estimation dépend de la compilation de statistiques d´organismes officiels (voir tableau 4). Selon l´indice de dispersion de ces langues, il est parfois difficile de pouvoir évaluer le nombre de personnes utilisant cette langue au quotidien. Ces cinq langues mondiales sont également promues dans cinq organisations à vocation politique et/ou géoculturelle.

L´émergence de ces organisations géoculturelles est liée à la multiplication des organisations internationales après la Seconde Guerre mondiale. La Francophonie trouve dans ces organisations géoculturelles un modèle similaire et une valeur commune, celle de la résistance à l'uniformisation des langues et des modes de vie. Comme le rappelait le premier Secrétaire général politique de la Francophonie, « c'est aussi une incitation pour que, partout dans le monde, d'autres communautés – je pense notamment au monde hispanique, au monde lusophone, au monde arabe- puissent, elles aussi, affirmer leur spécificité sur la scène internationale » (Boutros-Ghali, 2002 : 11). Le positionnement des organisations géoculturelles au sein de la mondialisation devient ainsi essentiel pour que la diversité des grandes langues internationales soit affirmée. Le message de la Francophonie est devenu à la fin des années 1990 une volonté de promouvoir une multipolarité politique et culturelle. Ces organisations sont pour la plupart différentes puisque l'on peut identifier les organisations multilatérales comme la Ligue arabe et l'OIF depuis la fin des années 1990 et les organisations postcoloniales comme le Commonwealth, la Communauté des pays de langue lusophone et dans une certaine mesure l'Organisation des États ibéro-américains. Le cas de la défense de la langue arabe est intéressant car la Ligue arabe réunit les nations arabes indépendantes et a un rôle régional affirmé. Elle défend la langue arabe au sein des institutions internationales. Ainsi, en 1973, une résolution de l´ONU a permis d´introduire l´arabe comme langue de travail pour l´Assemblée générale de cette organisation[52]. Le 26 octobre 1999, le premier Secrétaire général

[52] http://www.un.org/ga/search/view_doc.asp?symbol=A/RES/3190%28XXVIII%29&referer=http://www.unesco.org/new/index.php?id=70595&Lang=F (Site consulté pour la dernière fois le 6 juillet 2018).

de la Francophonie, Boutros Boutros-Ghali, rendait hommage à la Ligue arabe en y expliquant son attachement historique dès la fin des années 1940 : « je garde de ces années, le souvenir d´un enthousiasme fervent, d´une foi ardente, d´une conviction profonde. La conviction que l´affirmation du monde arabe, comme troisième force d´équilibre dans un monde bipolaire, passait par sa nécessaire unité » (Boutros-Ghali, 2002 : 123–124). Boutros Boutros-Ghali avait farouchement défendu cette unité et aurait même pu dans le passer être l´un de ses représentants éminents. Son engagement dans la Francophonie est aussi une manière de contribuer à l´affirmation d´espaces politiques, linguistiques et culturels pluriels. Que ce soit avec le projet senghorien de réaliser une unité africaine francophone ou ce projet d´unité arabe, il existe des volontés d´affirmer de nouvelles identités géopolitiques dans le monde. Il nous semblerait intéressant de pouvoir travailler davantage sur la comparaison de ces espaces linguistiques et politiques pour analyser le comportement de ces organisations géoculturelles (Wolton, 2008 : 134).

La Communauté des pays de langue portugaise (CPLP) est née officiellement le 17 juillet 1996 sur le même modèle que le *Commonwealth* des années 1930 et dix années après le premier sommet de la Francophonie. Tout comme ces organisations géoculturelles, l'idée est de favoriser la coopération économique et culturelle entre les pays lusophones, la CPLP a été le fruit d'un compromis entre les chefs d'État de l'Angola, du Brésil, du Cap-Vert, de Guinée-Bissau, du Mozambique, du Portugal et de Sao Tomé et Principe. (Torgal, 2005 : 65). Avant la CPLP, il y avait eu un véritable essai d'organiser une « Université des sept » au début des années 1990 (Torgal, 2005 : 67). Cette Communauté est restée néanmoins relativement discrète et observe la même évolution que la Francophonie des années 1960, sur un segment essentiellement postcolonial.

Parmi les organisations géoculturelles, l´Union latine fut une tentative intéressante de rapprocher des nations de culture similaire avec des racines linguistiques semblables, son profil n'était pas celui d'une organisation multilatérale ni celui d'une organisation postcoloniale. Ce projet a échoué faute de soutien et de moyens financiers pour pouvoir se développer. La Convention pour la création de l´Union de Madrid adoptée le 15 mai 1954 énonçait l´objectif suivant dans son article 2 : « mettre les valeurs morales et spirituelles de la latinité au service des relations internationales, afin d'arriver à une compréhension et à une coopération plus grande entre les Nations et d'accroître la prospérité des peuples »[53]. Il y avait un réel objectif d'intercompréhension au sein d'une organisation centrée autour de six langues, le catalan, l'espagnol, le français, l'italien, le portugais et le roumain. Lorsqu'on analyse les acteurs à l'origine de cette organisation, on trouve des militants de la cause francophone comme Philippe Rossillon (Rossillon, 1995). Philippe Rossillon a été haut fonctionnaire et diplomate, il a été en 1966 premier rapporteur général du Haut comité de la langue française et a occupé différents postes au sein de la Coopération et du Ministère des Affaires étrangères. Ce Haut comité avait été créé en réaction à l'invasion du « franglais », le sinologue René Étiemble ayant manifesté publiquement la désapprobation quant à l'usage de ces termes. Il a notamment établi des liens dans les années 1960 avec les minorités francophones du Canada au point d'avoir été au centre d'un scandale politique sur son influence au Québec[54]. Il a fortement inspiré le discours du général de Gaulle à Montréal de 1968. Son positionnement sur l'Union latine (Rossillon, 1983) a montré une volonté de contrer l'influence anglophone en promouvant un multilatéralisme fort. Cette Union latine reprenait en filigrane une tentative de coopération monétaire au XIXe siècle (Thiveaud, 1989 : 20) et marque cette volonté de contrer la globalisation actuelle centrée autour d'une seule langue de communication.

Sur le plan chronologique, le *Commonwealth* reste le prototype imité dans sa structure, son fonctionnement et ses objectifs. Organisation postcoloniale *stricto sensu* créée en 1949 au moment de la déclaration de Londres, elle a su intégrer des éléments de diplomatie multilatérale. Avant 1949, le *Commonwealth* existait comme structure impériale avec une zone économique commune et des droits accordés aux différentes colonies. En 1995, le Mozambique qui fait partie de l'espace lusophone et francophone,

---

[53] http://www.unilat.org/Library/Handlers/File.ashx?id=515ee8a3-0eca-46f5-8c27-83f03e618658 (Site consulté pour la dernière fois le 6 juillet 2018).

[54] *The Globe and Mail,* « Frenchman helped make de Gaulle's visit explosive », 7 septembre 1979.

a rejoint le *Commonwealth* tout comme le Rwanda en 2009[55], montrant *de facto* l'évolution de cette organisation vers une organisation multilatérale. L'OIF a repris son mode de fonctionnement puisque les pays du *Commonwealth* se réunissent tous les deux ans, cette réunion se tenait avant 1971 à Londres avant qu'une présidence tournante ne soit instituée, ce qui est le cas de l'OIF où le pays hôte du sommet est celui de la Présidence (Moore, 1988).

Les sommets et la portée déclarative

La tenue de sommets a marqué un tournant dans l´évolution de la Francophonie. Depuis 1986 et le sommet de Versailles, l´Organisation a ainsi acquis un nouveau statut. Les sommets rappellent par mimétisme la tenue des sommets d´organisations régionales et des organisations internationales. Ils ont confirmé le caractère essentiellement intergouvernemental de la Francophonie. Le fait que ce premier sommet se soit tenu à Versailles en 1986 est symboliquement lourd, du point de vue imaginaire il signifie une recentralisation des politiques francophones. L´organisation des sommets fait partie du répertoire intergouvernemental, puisqu´il s´agit pour la plupart de ces pays de décider en commun des orientations politiques. Le passage d´une agence de coopération à une institution régulée par des sommets politiques réguliers marque une rupture dans le fonctionnement. Les sommets sont marqués par des déclarations illustrant les orientations et les sujets de la Francophonie. En 1986, 42 pays ont participé au premier sommet de la Francophonie centré autour de quatre priorités, le développement, les industries de la culture et de la communication, les industries de la langue, l´information scientifique, la recherche et le développement technologique. Christian Valantin, acteur central de la Francophonie après une carrière politique brillante au Sénégal auprès de Léopold Sédar Senghor et d´Abdou Diouf, a décrit son expérience de l´histoire de la Francophonie (Valantin, 2010). Il a été lui-même directeur du Haut-Conseil de la Francophonie de 2003 à 2007. La préparation

[55] Pierre Boisselet « Le Rwanda intégré au sein du Commonwealth ? », *Jeune Afrique,* 27 novembre 2009. Pierre Boisselet, « Le Rwanda intégré au sein du Commonwealth ? », *Jeune Afrique*,27 novembre 2009.

du premier sommet de la Francophonie marque bien une volonté de programmer des actions dans le temps pour dépasser le cadre existant de la coopération.

> « Lorsque la décision politique fut prise de convoquer le premier Sommet de la Francophonie, un comité s´attacha à le préparer. Tout était à inventer, en particulier le dossier intellectuel. En l´absence de toute référence, les membres du Comité international préparatoire prirent le parti du pragmatisme. Si la démarche avait l´avantage de la souplesse, elle n´était pas sans inconvénients : les projets, sans liens entre eux, devenaient trop nombreux et sans financements réels » (Valantin, 2004 : 189).

Les acteurs politiques de cette organisation étaient pleinement conscients de ses limites et du risque d´avoir à relier des projets hétérogènes autour de la langue française.

Le premier sommet de 1986 fut institué avec cette volonté de redorer le blason de la Francophonie et de lui redonner un second souffle quitte à le recentrer autour de la France. Le Président Mitterrand, lui aussi écrivain et homme de culture, avait à cœur de redynamiser cette coopération francophone. Son lyrisme est là aussi très proche de celui du Président Senghor avec une vision proprement substantielle de la langue. Grand acteur de la Francophonie, Stélio Farandjis rappelle les formules du Président Mitterrand lors d´un colloque de 1997 consacré aux chefs d´États francophones écrivains : « «je suis de ceux qui croient qu´un langage est et reste la structure fondamentale de la société» [...]. «Notre langue doit être la préoccupation de tous ceux qui ne veulent pas, en perdant leurs mots, perdre la part essentielle d´eux-mêmes» » (Farandjis, 1997[56]). Cela étant, l´organisation du premier sommet de la Francophonie date de 1986 car les années 1970 sont marquées par le différend entre le Canada et le Québec. Les autorités canadiennes sont même méfiantes à l'égard de la France qui avait affiché une ingérence

[56] Pour plus de détails sur la relation entre François Mitterrand et la Francophonie, lire l´artice de Michèle Gendreau-Massaloux, « Mitterrand et la francophonie: naissance d´une institution » publié le 2 septembre 2004, http://www.mitterrand.org/Mitterrand-et-la-francophonie.html (Site consulté pour la dernière fois le 6 juillet 2018).

dans ses affaires depuis les déclarations du général de Gaulle. Le Canada a ainsi surveillé de très près les relations entre le Québec et la France au cours des années 1970 (Bosher, 1999 : 134). Le projet de la Francophonie lui était suspect car il y avait aux yeux des autorités canadiennes une tentative gaullienne de restaurer un empire concurrençant directement le *Commonwealth*. Le Président Hamani Diori avait en effet rencontré le général de Gaulle en 1967 quelques mois avant sa visite historique au Québec et les autorités canadiennes pensaient que ce projet était lancé secrètement par la France pour renforcer son influence (Bosher, 1999 : 166).

Le Président Senghor souhaitait organiser un sommet de la Francophonie au début des années 1980, il dut se limiter aux conférences générales (Farandjis, 2004 : 51). Les pays francophones se sont tournés vers la France pour qu´elle s´engage plus dans le projet francophone. Le changement politique au Canada avec Bryan Mulroney et François Mitterrand a permis de remédier à cette situation. Le Président Mitterrand créa en 1984 le Haut Conseil de la Francophonie[57] qui est jusqu´en 2004 rattaché directement au Président avant de dépendre du Secrétaire général de la Francophonie. De nos jours, ce Haut Conseil est composé de trente-huit personnalités provenant du monde politique, économique et culturel. Ce Haut Conseil est chargé d´effectuer un suivi des politiques linguistiques dans les États francophones et dans les organisations territoriales, il s´est scindé en 2007 en un Observatoire de la Langue Française et une cellule d´analyse stratégique[58]. Le premier sommet de Versailles marque un nouvel âge de la Francophonie qui, après la création des conférences ministérielles des ministres de l´éducation (CONFEMEN), la conférence des ministres du sport (CONFEJES) en 1969 et l´Association internationale des maires francophones, a retrouvé un souffle dans la coopération interétatique. La Francophonie est d´abord partie d´un projet associatif dans les années 1950 avant de donner naissance à une agence technique

---

[57] La décision date du Conseil des Ministres du 24 août 1983, http://discours.vie-publique.fr/notices/836002315.html (Site consulté pour la dernière fois le 6 juillet 2018).

[58] http://www.francophonie.org/Haut-conseil-de-la-Francophonie.html (Site consulté pour la dernière fois le 6 juillet 2018).

qui fonctionnait comme un organe de coopération linguistique et culturelle sans être dépourvu toutefois de dimension politique.

Léopold Sédar Senghor, qui était nommé vice-président en 1983 de ce Haut Conseil, a ainsi pu appuyer sa vision de la Francophonie tout comme son successeur à la tête du Sénégal, Abdou Diouf. L´opportunité politique était réelle d´autant plus que le septennat de Valéry Giscard d´Estaing n´avait pas été marqué par une vision de la Francophonie (Yannic, 2016 : 127), mais davantage par des relations bilatérales entre la France et les pays d´Afrique. De ce point de vue, le multilatéralisme avait même régressé dans les années 1970. Le premier sommet marque une politisation nouvelle puisque le discours politique s´est déplacé d´une vision de la coopération vers une vision réelle des rapports Nord-Sud à partir de la mise en question du modèle économique. François Mitterrand a laissé transpirer une vision plus à gauche des liens entre les pays francophones pour condamner la mondialisation par le marché.

> « On connaît la loi d´airain de l´économie moderne. Elle concentre des moyens de production, pour réaliser des économies qui, de plus en plus, sont mondialisées ou du moins aspirées, absorbées, emportées par des marchés mondiaux. C´est un grand jeu planétaire, où les originalités s´estompent, où les hiérarchies s´accusent. Les pays qui ne sont pas sur leurs gardes perdent leur substance. Ils étaient créateurs, acteurs, ils assistent, ils contemplent, ils reçoivent. Ils décidaient. Trop souvent les voici condamnés au rôle de sous-traitants, de traducteurs ou d´interprètes. C´est là un des aspects, un des éléments du contexte de cette rencontre. Face à ces phénomènes, que je viens très rapidement de décrire, quel est le meilleur rempart ? C´est l´identité culturelle »[59].

Le Président Mitterrand a repris le discours sur la langue-culture de Léopold Sédar Senghor avec lequel il a rapporté ses échanges personnels en faisant référence au « génie de la langue »[60] pour montrer que la langue participait essentiellement à l´élaboration d´une iden-

[59] Discours de François Mitterrand lors du sommet de Versailles (17–19 février 1986). Source : http://discours.vie-publique.fr/notices/867004300.html (Site consulté pour la dernière fois le 6 juillet 2018).

[60] http://discours.vie-publique.fr/notices/867004300.html (Site consulté pour la dernière fois le 6 juillet 2018).

tité culturelle. Du point de vue de l´évolution de la Francophonie, ce sommet n´entérine pas de nouvelles institutions, mais redéfinit le fonctionnement des institutions existantes[61]. L´ACCT, qui est devenue l´AIF (Agence Intergouvernementale de la Francophonie), est officiellement désigné comme l´opérateur qui exécute les décisions prises au cours des sommets. D´autres opérateurs comme TV5Monde et l´Association des Universités Partiellement ou Entièrement de Langue Française (AUPELF) ont vu la reconnaissance de leur statut d´opérateur direct. En d´autres termes, les États souhaitaient affirmer leur solidarité au cours de ce sommet tout en clarifiant le rôle des institutions. La relation entre les donneurs d´ordre et les exécutants est ainsi ici plus nette. Avec le multilatéralisme, la France retrouve davantage ce regard universel sur la langue française non sans ambiguïtés puisque le risque est d´affirmer une centralité de la langue française par rapport à la diversité des langues qui gravitent autour d´elle, ce discours frise toujours la francodoxie et la vision propre à la civilisation française.

Le fait que le second sommet de la Francophonie se soit tenu au Québec n´est pas anodin. La question québécoise n´est pas simplement la question d´une rivalité entre un gouvernement provincial attaché farouchement à son identité linguistique et un gouvernement fédéral anglophone, elle met en relief la concurrence de projets postcoloniaux entre le *Commonwealth* et le *Commonwealth* à la française. Cette forme concurrentielle d´organisations internationales est frontale car le *Commonwealth* se voit contesté en son sein. La diplomatie de Brian Mulroney a été un véritable succès car elle a permis de donner une visibilité internationale au Canada qui se trouvait *de facto* au centre de deux configurations géoculturelles d´envergure. Il est nécessaire de rappeler les différentes réformes du Canada en matière de bilinguisme pour comprendre la relation problématique à la question de la Francophonie. Le Canada avait édicté des normes sur le bilinguisme dans la fonction publique dès les années 1960. Le

[61] Le Président Mitterrand affrontait en France une cohabitation avec un Premier ministre de droite, Jacques Chirac, qui de son côté se démarquait par des rencontres bilatérales avec les chefs d'État africains. Ainsi, le 12 avril 1986, Jacques Chirac se rendait à Yamoussoukro pour rencontrer Félix Houphouët-Boigny, il est accompagné par le conseiller des affaires africaines, Jacques Foccart (Meyer-Stabley, 2015 : 85).

premier ministre canadien Pearson en 1966, dans un discours à la Chambre des communes, évoqua la nécessité d'une « politique du bilinguisme » (Robichaud, 1983 : 118). Plus tard, le livre III du rapport de la Commission royale d'enquête sur le bilinguisme et le biculturalisme de 1969 proposait des recommandations sur l'emploi de la langue française dans les administrations du Québec, du Nouveau-Brunswick et de l'Ontario (Robichaud, 1983 : 119). Suite aux déclarations du Premier ministre Trudeau en 1970, la direction du Conseil du trésor a institué les unités de langue française au sein de la fonction publique. Le français était ainsi reconnu comme langue de travail, le gouvernement mettant en place une grille de recrutement des fonctionnaires en incluant des critères linguistiques. La question de la répartition des postes suppose des équations budgétaires prévisionnelles précises et progressivement dans les années 1970, le Conseil du trésor allait bureaucratiser la question linguistique pour la transformer en représentation des fonctionnaires francophones au sein de l'administration canadienne[62]. Les nominations et les régions francophones furent intégrées dans les plans de gestion des ressources de fonctionnaires, la notion de langue de travail étant progressivement remplacée par celle de langue de service (Robichaud, 1983 : 127). Les modifications constitutionnelles de 1982 furent importantes en ce qu'elles affirmaient le droit au bilinguisme au sein d'une charte et réglaient le litige entre le gouvernement fédéral et les provinces. Les droits linguistiques étaient constitutionnalisés avec l'usage du français et de l'anglais dans les institutions fédérales canadiennes (articles 16-1 et 17-1) (d'Onorio, 1983 : 100). Brian Mulroney est revenu en 2008 sur cette époque dans des confidences et s'est félicité du rôle qu'a pu jouer le Canada. Plutôt que de s'entêter dans des tensions avec le Québec, il a compris que cette différence pouvait être un atout majeur en termes de positionnement géopolitique symbolique[63]. La question canadienne a sans aucun doute joué un rôle pivot dans les relations entre le *Commonwealth* et la Francophonie, elle a aussi mis

[62] Circulaire n° 1975–111 du Conseil du trésor aux sous-chefs de ministères et aux chefs d'organismes sur les unités travaillant en français, 25 septembre 1975.

[63] http://www.lapresse.ca/debats/votre-opinion/la-presse/200810/18/01-30599-de-versailles-a-quebec.php (Site consulté pour la dernière fois le 6 juillet 2018).

en évidence la superposition de certains espaces linguistiques. Avec le sommet de Québec de 1987, François Mitterrand a voulu marquer le renforcement de la France au sein de la Francophonie. Son discours s´est ouvert sur les propos suivants :

> « La France joue le rôle qui lui revient puisque la langue qui nous rassemble est partie de là et la culture aussi, bien que d´autres cultures - et heureusement - soient venues apporter leur lot et contribuer largement à donner à la francophonie son véritable sens : ce sont des cultures qui font la francophonie autour, naturellement, de la racine essentielle qu´est le français »[64].

Ces propos ont recentré la Francophonie autour de l´aire d´influence de la France qui projette cette dimension de la « langue-culture ». Le sommet de Québec est consacré à la question du développement et en particulier de l´Afrique francophone avec comme domaines de priorité l´agriculture, l´énergie, la culture et la communication, les informations technique et scientifique ainsi que l´industrie de la langue. Au cours de ce sommet, l´organisation bisannuelle de sommets est actée afin de renforcer les liens entre les États de la coopération francophone. De 1986 à 1997, les membres de la Francophonie institutionnelle sont passés de 40 à 50 membres États, membres de plein droit (Phan, Guillou, 2011 : 208). Le tableau 5 permet de récapituler tous les sommets qui ont eu lieu depuis le premier sommet de 1986.

Tableau 5 : Les sommets francophones depuis 1986

Sommets	Lieux
Premier sommet (17–19 février 1986)	Versailles (France)
Deuxième Sommet (2–4 septembre 1987)	Québec (Canada)
Troisième Sommet (24–26 mai 1989)	Dakar (Sénégal)
Quatrième Sommet (19–21 novembre 1991)	Chaillot (France)
Cinquième Sommet (16–18 octobre 1993)	Grand-Baie, Île Maurice
Sixième Sommet (2–4 décembre 1995)	Cotonou (Bénin)
Septième Sommet (14–16 décembre 1997)	Hanoi (Vietnam)

[64] http://discours.vie-publique.fr/notices/877018100.html (Site consulté pour la dernière fois le 6 juillet 2018).

Sommets	Lieux
Huitième Sommet (3–5 septembre 1999)	Moncton (Nouveau-Brunswick, Canada)
Neuvième Sommet (18–20 octobre 2002)	Beyrouth (Liban)
Dixième Sommet (26–27 novembre 2004)	Ouagadougou (Burkina Faso)
Onzième Sommet (28–29 septembre 2006)	Bucarest (Roumanie)
Douzième Sommet (17–19 octobre 2008)	Québec (Canada)
Treizième Sommet (23–24 octobre 2010)	Montreux (Suisse)
Quatorzième Sommet (13–14 octobre 2012)	Kinshasa (République Démocratique du Congo)
Quinzième Sommet (29–30 novembre 2014)	Dakar (Sénégal)
Seizième Sommet (26–27 novembre 2016)	Tananarive (Madagascar)

Source : synthèse personnelle

Ces sommets se sont tenus en moyenne tous les deux ans mis à part les deux premiers sommets et la transition entre le huitième et le neuvième sommet. La régularité est instituée permettant aux chefs d´État de donner des orientations que la bureaucratie intergouvernementale est chargée de mettre à exécution. Cette régularité inscrit le rituel symbolique de passation d´une présidence à l´autre et rapproche le profil de cette organisation internationale d´une organisation régionale avec présidence tournante. Le premier sommet de Dakar de 1989 a pour sa part renforcé le rôle et les fonctions de l´ACCT pour approfondir l´idée d´une Francophonie multilatérale centrée sur le développement et l´éducation[65]. Lors de ce sommet, la France s´est distinguée par l´annonce de l´effacement d´une partie de la créance des 35 pays les plus pauvres de la zone francophone[66]. Cette idée de solidarité Nord-Sud au sein de la Francophonie institutionnelle s´est accentuée après la fin de la guerre froide. La France prend conscience que l´aspiration des peuples à la démocratie s´est imposée et qu´il faut accentuer cette perspective mise en avant lors du sommet de Chaillot

[65] http://www.francophonie.org/IMG/pdf/Declaration_SOM_III_26051989.pdf (Site consulté pour la dernière fois le 6 juillet 2018).

[66] https://www.youtube.com/watch?v=RUOSFgsYGjo (images provenant de l´Institut National de l´Audiovisuel), 24 mai 1989 (Site consulté pour la dernière fois le 6 juillet 2018).

en 1991[67]. Le cinquième sommet organisé sur l´île Maurice en 1993 a évoqué la place de la Francophonie au sein de la mondialisation avec en particulier la nécessité de ne pas inclure les biens culturels dans les accords commerciaux internationaux. La Francophonie politique prend une dimension nouvelle avec d´une part la défense de l´exception culturelle au sein de la mondialisation et d´autre part la promotion de la diversité culturelle dans une approche multilatérale. Le Président Mitterrand a suivi la mise en place de ces sommets en réaffirmant l´augmentation des budgets pour l´aide publique au développement et l´effacement de la dette des pays africains.

> « Les créations de l´esprit ne peuvent être assimilées à de simples marchandises, cela a été répété, martelé sur bien des tribunes par les représentants qualifiés du gouvernement français, ils ont eu raison de le faire, il faudra qu´ils continuent. Les activités culturelles ne sont pas du simple commerce, cela dit sans le moindre dédain pour ces activités. Aussi la France a décidé de ne pas accepter la proposition qui vise à inclure les activités culturelles dans le champ d´application du GATT »[68].

Cette déclaration montre que la Francophonie se positionne de plus en plus selon un profil semblable à celui de l´UNESCO en œuvrant pour la protection des biens culturels. La Francophonie a adopté un profil de type UNESCO dans les années 1990 avec une promotion systématique de la multiplicité des biens culturels et de la nécessité de préserver la diversité culturelle. Cette tendance s´est renforcée avec la nomination du premier Secrétaire général politique de la Francophonie en 1997, Boutros Boutros-Ghali (Laulan, 2008 : 44–48). Dans le même temps, le discours politique a davantage investi ce champ de la défense et de la protection contre les excès de la mondialisation. L´effacement des cultures et la crainte d´une mondialisation uniforme traduisent une nouvelle posture francophone. La posture permet à la fois de créer une situation originale d´énonciation et de légitimer les institutions qui portent une attitude le plus souvent symbolique car dénuée d´influence profonde (Meizoz, 2002). La posture

---

67 http://www.francophonie.org/IMG/pdf/declaration_som_iv_21111991.pdf (Site consulté pour la dernière fois le 6 juillet 2018).

68 http://discours.vie-publique.fr/notices/937011300.html (Site consulté pour la dernière fois le 6 juillet 2018).

se réfère à une attitude, un *éthos* incarné lié à une forme de résistance. Le terme est galvaudé en politique car il n´est pas loin de celui d´imposture (Jacquemain, 2016 : 127) en insistant sur le fait de se démarquer dans le débat public par rapport à d´autres prises de position. La posture désigne la manière d'incarner un positionnement symbolique et idéaliste sur une scène politique. Dans la posture, il y a l'idée de créer un effet chez les auditeurs et de se donner en spectacle. La politisation de la Francophonie s' est traduite par le goût pour des discours officiels idéalisant les liens entre les pays francophones. Le discours exagère les liens d'amour et de fraternité au point d'évoquer un désir partagé, ce qui est difficilement vérifiable en pratique. Les Sommets ont tendance à exagérer la réalité des liens francophones pour projeter l'idée d'une communauté de destins dans le droit fil du rêve senghorien. Au-delà de cette idéalisation de liens qui viennent atténuer la mauvaise conscience du colon et des anciens pays colonisés, le discours officialise des liens politiques. Il n'est pas constitué uniquement de mots gelés au sens rabelaisien, il fonctionne comme la traduction d'une entente diplomatique. Nous avions évoqué la fibre lacanienne dans la description des niveaux réel, symbolique et imaginaire du désir francophone. Il y a en même temps un risque d'aliénation puisque l'ancienne puissance coloniale se comporte comme un maître qui entend montrer la manière dont pourrait fonctionner la Francophonie (Stitou, 2005 : 73).

Dans le cadre de la relation de la France à la Francophonie, cette posture doit être comparée aux réseaux d´amitié et d´influence parallèles que la France entretient avec les États africains. Au fond, le Président Mitterrand a souvent été accusé de double langage avec d´un côté la volonté affichée de soutenir des transitions politiques africaines vers le multipartisme et la liberté d´expression et de l´autre le soutien à la stabilité institutionnelle et aux pouvoirs politiques en place (Boisbouvier, 2015 : 59). Sur le plan des valeurs, la France entend retrouver un prestige en ralliant la Francophonie pour s´ouvrir de nouveaux horizons sur la scène internationale tandis que sur le plan des intérêts, elle ne remet pas en cause les réseaux néocoloniaux très puissants. Les scandales financiers du début des années 1990 marquent l´époque sombre de la Françafrique alors même que dans les discours elle avait été dénoncée (Boisbouvier, 2015 : 50–51).

La Francophonie est devenue un forum où la France peut diffuser un message de protection de la diversité culturelle face à la domination exclusive de la langue anglaise. Les années 1990 sont marquées par une série d´actes législatifs et constitutionnels en France témoignant de cette volonté de protéger la langue. L´article premier de la loi constitutionnelle n°92–554 du 25 juin 1992 a permis d´ajouter un alinéa à la Constitution française selon lequel « la langue de la République est le français »[69]. La défense de la langue est liée essentiellement à la peur de perdre une identité au moment où l´intégration européenne s´accélère en faisant émerger une réaction souverainiste. La langue est prise dans un jeu d´échelles au moment où en France il existe une poussée de la revendication de la place des langues régionales. Le 4 août 1994, la loi Toubon garantit l'emploi du français dans la vie sociale en créant les conditions d'un égal accès à l'information et aux savoirs. L'enjeu est d'éviter que la mutation technologique et les évolutions sociales ne se traduisent par un appauvrissement de la langue française et une dépendance par rapport à l'anglais perçu comme langue économique hégémonique. L'idéologie francodoxe devient un enjeu de défense civilisationnelle.

Le Président Mitterrand avait rappelé en 1993 l´importance de l´exception culturelle d´une part avec des initiatives qui vont dans ce sens comme la création de la fondation « Écrans du Sud » pour asseoir l´extension de la diffusion de TV5Monde en Afrique et en Asie. La politisation de l'espace francophone est allée de pair avec un renforcement des mesures de reconnaissance du statut de la langue française en France. Par un mouvement parallèle, la Francophonie a contribué à réveiller une forme de politique de la langue en France. En mars 1966 avait été créé un premier organisme chargé de la langue française, le Haut comité pour la défense et l'expansion de la langue française[70]. Ce comité répond aux critiques qui avaient dénoncé la « servilité linguistique » de la France

[69] http://www.conseil-constitutionnel.fr/conseil-constitutionnel/francais/la-constitution/les-revisions-constitutionnelles/loi-constitutionnelle-n-92-554-du-25-juin-1992.138025.html#76-527 (Site consulté pour la dernière fois le 6 juillet 2018).

[70] Voir l'archive visuelle évoquant la première réunion à Matignon, http://www.ina.fr/video/CAF97059555 (Site consulté pour la dernière fois le 6 juillet 2018).

(Sauvy, 1963). Le 7 janvier 1972, le décret n°72–19 sur l'enrichissement de la langue française est promulgué en vue « d'établir pour un secteur déterminé un inventaire des lacunes du vocabulaire français »[71]. L'objectif est de maîtriser les néologismes et la création de termes techniques, des commissions sont constituées dans chaque ministère pour publier séparément leur terminologie au *Journal officiel*. La Francophonie relance paradoxalement un réflexe francodoxe en France avec l'intervention de l'État pour légitimer une politique de la langue. Cette réappropriation politique met en évidence une crainte pour la France de perdre son statut international au moment où elle perd son Empire colonial et recherche des alliances dans un non-alignement gaullien (Dubois, 2003).

La loi du 31 décembre 1975 dite loi Bas-Lauriol a pour sa part prohibé le recours à tout terme ou expression étrangers lorsqu'il existe une expression ou un terme approuvés dans les conditions prévues par le décret sur l'enrichissement de la langue française. En 1975, cette loi est plutôt sous-tendue par le principe inverse de simplification de la langue pour les consommateurs dans une optique libérale et moins dirigiste (Chansou, 1997 : 30). Le 3 juin 1989, le décret n°89–403 crée la Délégation générale à la langue française (DGLF) et le Conseil supérieur de la langue française (commission consultative qui fut supprimée en 2006) qui remplace les organismes précédents. L'État organise progressivement une politique de défense et de contrôle de la langue avec le rattachement au ministère de la Culture de la DGLF en 1993 avant de devenir la Délégation générale à la langue française et aux langues de France (DGLFLF) en 2001 pour reconnaître la diversité linguistique de la France. Au fond, la Francophonie et la diversité des espaces linguistiques autour d'une langue et la France avec la montée de la reconnaissance des langues régionales se trouvent dans une situation similaire. Ce processus de protection de la langue française n´est pas propre à la France puisque le Québec a connu une série de lois en ce sens. La langue française a constitué un élément fondamental de l´identité québécoise. En 1963, une

[71] https://www.legifrance.gouv.fr/affichTexte.do?cidTexte=JORFTEXT000000879206 (Site consulté pour la dernière fois le 6 juillet 2018).

Commission royale sur le bilinguisme a été mise en place pour protéger la minorité linguistique francophone. Cette Commission créée par le premier ministre canadien Lester B. Pearson et nommée Commission Laurendeau-Dunton, était une réponse à la revendication politique des communautés francophones du Canada (Castonguay, 1997 : 470). À la fin des années soixante, un comité de la langue française a été créé avant de fusionner avec le Mouvement pour l´unilinguisme français au Québec (Comité de la langue française, 1968 : 500). La Révolution tranquille au Québec a posé la question du statut de la langue française et a eu pour conséquences une série de lois protégeant cette langue. Plusieurs lois ont été adoptées avec une première loi en 1969 pour promouvoir la langue officielle (« loi 63 »), une autre loi sur la langue officielle en 1974 (dite « loi 22 », la Charte de la langue française de 1977 dite « loi 101 » qui a subi des modifications en 1983 (Maurais, 1986 : 101). La « loi 63 » a été adoptée sous la pression des manifestations au Québec et a ouvert le chemin à la série de lois portant sur la protection de la langue française. L´Office de la langue française a obtenu le mandat pour conseiller le gouvernement sur les mesures législatives à prendre concernant l´usage de la langue française (Maurais, 1986 : 103). L´idée était de consacrer le statut du français comme langue de travail dans l´administration et dans la vie économique. La loi de 1974 limitait l´accès des enfants à l´école anglaise s´ils n´avaient pas montré une maîtrise suffisante du français. L´étiquetage des produits de consommation doit être fait dans les deux langues. La Charte de la langue française dite « loi 101 » constitue certainement l´exemple le plus fort de cette francisation de la vie économique au Québec. Toutes les entreprises employant plus de 50 personnes sont dans l´obligation de vérifier l´usage de la langue française en lien avec l´Office de la langue française (Maurais, 1986 : 104). Cette charte a eu des conséquences sur la revitalisation du français (Paillé, 2016 : 65) même si l´évaluation de ces dispositifs législatifs doit être étudiée avec précision dans l´enseignement et dans le monde du travail.

Le rapprochement politique de la France avec la Francophonie s´est renforcé avec l´annonce du Président Jacques Chirac lors du sommet de Cotonou au Bénin. Ce dernier avait annoncé un projet de révision constitutionnelle pour permettre d´inscrire le fait que la France appartienne à la Francophonie[72]. Cette promesse a été par la suite honorée par le Président Sarkozy lors de la révision constitutionnelle du 21 juillet 2008. La Constitution française est ainsi dotée d´un titre XIV intitulé « De la Francophonie et des accords d´association » avec deux articles, l´article 87 stipulant « La République participe au développement de la solidarité et de la coopération entre les États et les peuples ayant le français en partage » (Najjar, 2010 : 134)[73]. L´article 88 reprenait par la suite une idée encore plus forte autour du partage civilisationnel : « La République peut conclure des accords avec des États qui désirent s´associer à elle pour développer leurs civilisations »[74]. Le concept de civilisation renvoie ici à ce qui perdure au sein d'une société, à savoir les valeurs, les normes, les savoirs et les techniques[75]. Le Président Sarkozy a également conservé un attachement à la Francophonie, cet attachement est un passage obligé dans l'adoubement présidentiel et l'image internationale de la France. Il avait lui-même nommé en 2009 un représentant personnel de la Francophonie chargé de surveiller l'usage de la langue française dans les différentes enceintes internationales[76]. Le Président Hollande a nommé à son arrivée en 2012 une ministre déléguée de la Francophonie, Yamina Benguigui. Il avait dénoncé les réseaux Françafrique et s'était démarqué des positions de son prédécesseur vis-à-vis de l'Afrique. Néanmoins, son intérêt pour l'Afrique est resté assez distant avant que les événements ne le mènent à condu-

[72] « Chirac : constitutionnaliser la francophonie », *Midi Libre*, 5 décembre 1995.

[73] http://www.conseil-constitutionnel.fr/conseil-constitutionnel/francais/la-constitution/la-constitution-du-4-octobre-1958/texte-integral-de-la-constitution-du-4-octobre-1958-en-vigueur.5074.html#titre14 (Site consulté pour la dernière fois le 6 juillet 2018).

[74] *Ibid.*

[75] Voir la définition d'Edgar Morin, « La politique de civilisation ne doit pas être hypnotisée par la croissance », *Le Monde*, 3 janvier 2008, http://www.lemonde.fr/politique/chat/2008/01/02/edgar-morin-la-politique-de-civilisation-ne-doit-pas-etre-hypnotisee-par-la-croissance_995373_823448.html (Site consulté pour la dernière fois le 6 juillet 2018).

[76] http://www.gouvernement.fr/jean-pierre-raffarin (Site consulté pour la dernière fois le 6 juillet 2018).

ire une guerre au Mali. Parallèlement, avec l'OIF, il développe des relations fortes, ses préférences pour le successeur d'Abdou Diouf allaient en 2014 pour Blaise Compaoré avant qu'il ne soutienne la candidature de Michaëlle Jean (Boisbouvier, 2015 : 280) lorsqu'il était compliqué de soutenir Compaoré qui souhaitait changer la Constitution du Burkina Faso.

Quant au Président Emmanuel Macron, sa campagne des élections présidentielles 2018 a été marquée par la volonté de dénoncer les crimes de la colonisation et d´engager la France dans une voie résolument post-coloniale. Si son positionnement sur l´Afrique se veut novateur grâce au décalage générationnel, ses 33 propositions sur la francophonie présentées le 20 mars 2018 renouent avec une défense classique des intérêts de la Francophonie dans le monde[77]. Si le Président Macron revient à une position assez classique d´enseignement des fondamentaux de la langue française avec l´étude également du latin et des langues anciennes, c´est parce qu´il veut miser sur une autre image de la francophonie à l´étranger avec en particulier la valorisation des écrivains translingues ayant fait le choix de cette langue pour s´exprimer. Outre les intentions présentées de renforcer le réseau de l´Agence pour l´enseignement français à l´étranger (AEFE) et de doubler le nombre d´étudiants étrangers en France, le Président est attendu sur les investissements pour mettre en œuvre cette ambition politique[78]. L´AEFE est l´un des relais puissants de l´éducation à la française avec un réseau de plus de 492 établissements scolaires implantés dans 137 pays. Parmi les élèves scolarisés, selon les chiffres officiels de l´AEFE, 60% sont étrangers et 40% sont français[79]. L´AEFE a été créée par le décret du 6 juillet 1990 et est sous la tutelle du ministère des Affaires étrangères et du Développement

[77] https://www.lemonde.fr/politique/article/2018/03/20/emmanuel-macron-la-francophonie-est-une-sphere-dont-la-france-n-est-qu-une-partie_5273810_823448.html (Site consulté pour la dernière fois le 6 juillet 2018).

[78] https://www.la-croix.com/France/Politique/Francophonie-cinq-points-cles-discours-dEmmanuel-Macron-2018-03-20-1200922433 (Site consulté pour la dernière fois le 6 juillet 2018).

[79] http://www.aefe.fr/reseau-scolaire-mondial/les-etablissements-denseignement-francais (Site consulté pour la dernière fois le 6 juillet 2018).

international (MAEDI)[80]. Elle vise à la fois à scolariser des publics français à l'étranger, mais surtout à fabriquer une élite francophile susceptible de jouer un rôle dans les relations avec la France. Il y a bien une volonté de faire rayonner les principes de l'éducation à la française, les autres organismes éducatifs comme la Mission Laïque Française étant aussi liés à cette vocation (Martine, 2013 : 175). Tous les Présidents ont affiché leur soutien à ce réseau qui permet également à de nombreux professeurs d'effectuer une mobilité à l'étranger. Les Présidents souhaitent combiner les dispositifs bilatéraux et multilatéraux de coopération francophone et faire en sorte qu'il y ait une harmonisation entre les moyens affichés par la France et les relais promus par la Francophonie (Adrien, 2001 : 998).

Les Présidents français restent malgré tout tiraillés par cet héritage des relations franco-africaines et le devenir de la Francophonie. *De facto,* ces dernières années, l'OIF a été associée étroitement à la reconstruction du Mali après l'intervention française ainsi qu'aux discussions multilatérales. Son implication diplomatique est particulièrement importante sur le continent africain. Sur le plan de la défense de la langue française, il existe une lamentation récurrente, un discours de déclin sur les menaces d'effacement ou d'atteinte à cette langue. En décembre 2013, la secrétaire perpétuelle de l'Académie française, Hélène Carrère d'Encausse, a prononcé un discours sur la reconquête de la langue française en proposant que 2014 soit l'année de la langue française. Ce discours s'inscrivait en porte à faux vis-à-vis de la loi Fioraso qui autorisait dans les universités la création de cours en langue anglaise pour renforcer leur attractivité internationale (Brown, 2015 : 476). En la matière, la jurisprudence du Conseil Constitutionnel est extrêmement importante puisque tous les projets de loi et propositions de loi portant sur les langues régionales ou la ratification de la Charte européenne des langues minoritaires se trouvent ajournés par risque d'inconstitutionnalité, même si cette jurisprudence avait établi

---

[80] http://www.aefe.fr/vie-du-reseau/zoom-sur/25-ans-de-laefe/edition-2015/fac-simile-de-la-loi-de-1990-portant-creation-de-lagence-pour-lenseignement-francais-letranger (Site consulté pour la dernière fois le 6 juillet 2018).

une dérogation au début des années 1990 avec la reconnaissance du « peuple corse »[81].

Dans les discours et les déclarations, la Francophonie multilatérale s´est affirmée par la défense de valeurs universelles telles que les droits de l´homme. Comme le soulignait le Secrétaire général Boutros Boutros-Ghali dans un discours prononcé à Bordeaux le 3 octobre 1998,

> « L´Organisation internationale de la Francophonie est, à cet égard, l´une des organisations régionales qui a poussé le plus loin son attachement à l´État de droit, à l´aide constitutionnelle et à l´assistance électorale. Et elle persiste, toujours plus, dans cette direction, notamment à travers l´envoi de missions conjointes d´observation des élections en coopération avec d´autres organisations comme l´ONU, l´OUA ou le Commonwealth » (Boutros-Ghali, 2002 : 143).

L´OIF a ainsi largement investi le champ des valeurs depuis la charte d´Hanoi. L'idée est de positionner la Francophonie comme instrument de diplomatie multilatérale en répliquant les structures onusiennes. La Francophonie pourrait être de ce point de vue répertoriée parmi les « Diffuseurs de Règles Institutionnelles » (Rizopoulos, Kichou, 2001 : 142), c'est-à-dire des organisations normatives empruntant à d'autres organisations internationales leur mode de fonctionnement pour mieux en diffuser les normes. Prenant acte d'une mondialisation impossible autour d'une langue unique, la Francophonie a évolué en jouant la carte de la diplomatie multilatérale. Les attentes vis-à-vis de la Francophonie sont limitées puisque ses moyens et ses politiques publiques ont somme toute une portée assez faible. En revanche, sur le plan du message institutionnel, les promoteurs et les acteurs de la Francophonie attendent que l'organisation, sous la houlette des sommets, puisse faire entendre un message différent. Dans le même temps, les instruments de coopération multilatérale se multiplient avec la gestion du fonds multilatéral unique (FMU) mis en place au sommet de Dakar en 1989. Cet outil permet à la Francophonie de financer ses programmes de coopération. Le FMU est une synt-

---

[81] http://www.conseil-constitutionnel.fr/conseil-con..-dc/decision-n-91-290-dc-du-09-mai-1991.8758.html (Page consultée pour la dernière fois le 6 juillet 2018).

hèse des contributions statutaires obligatoires et des contributions volontaires (OIF, 2006 : 160–163). Les contributions statutaires des membres sont définies en fonction de la richesse nationale des pays. Les deux types de contributions alimentent les crédits spécifiques des opérateurs comme l'Agence Universitaire de la Francophonie (AUF), l'Université Senghor d'Alexandrie, l'Association Internationale des Maires Francophones (AIMF) et TV5Monde. Le Secrétaire général Abdou Diouf avait mis en évidence lors du sommet de Moncton les difficultés du croisement des financements dans la Francophonie.

> « La coopération multilatérale, c'est elle qui associe tous les partenaires, celle qui délie dans le FMU la majeure partie des allocations, celle qui responsabilise les instances politiques. Force est de constater qu'il reste beaucoup à faire pour en arriver là. La confrontation entre le bilatéral et le multilatéral subsiste toujours et la conversion de celui-ci vers celui-là a tendance à se renforcer » (Phan, Guillou, 2011 : 234).

L'évolution de la Francophonie est marquée par le tournant du sommet de Beyrouth de 2002 où les acteurs prennent conscience de la nécessité d'avoir un message mondialisé, c'est ce que certains ont appelé la « troisième francophonie » (Phan, Guillou, 2011 : 248). « Nous engageons l'Organisation Internationale de la Francophonie à s'impliquer davantage dans la préparation et le suivi des grandes Conférences internationales relatives à la paix, à la démocratie et aux droits de l'Homme tenues sous l'égide des Nations Unies »[82]. La notion de dialogue des cultures devient un aspect central de la compréhension du nouvel ordre international après les attentats du 11 septembre. Le sommet de Beyrouth prend conscience du déplacement opéré par la Francophonie qui traditionnellement s'était orientée sur un dialogue Nord/Sud et qui s'invite dans les relations entre Occident et Orient (El Tibi, 2002). En se plaçant sur le terrain de la diversité culturelle, la Francophonie se pense davantage en articulation qu'en alternative à la mondialisation. La fin des années 1990 est marquée

[82] Organisation Internationale de la Francophonie, *Déclaration de Beyrouth adoptée le 20 octobre 2002*, http://www.francophonie.org/IMG/pdf/decl-beyrouth-2002.pdf (Le texte de la déclaration figure en annexe). Site consulté pour la dernière fois le 6 juillet 2018.

par l'essor du mouvement antimondialiste puis altermondialiste et la Francophonie se positionne dans un non-alignement culturel. Étant donné que l'espace francophone est constitué de populations aux religions et aux valeurs diverses, la reconnaissance de cette diversité est devenue le centre de gravité de la Francophonie. De par cette conception, la Francophonie s'est invitée dans le concert des critiques d'une mondialisation uniforme. La mondialisation marchande avait atteint un niveau sans précédent avec notamment le cycle d'Uruguay au sein du GATT (1986–1994). Au cours de ce cycle, les grandes puissances commerçantes ont imposé leurs normes juridiques en matière de commerce international avec une assistance technique pour que les pays en voie de développement adoptent un processus de développement similaire (Feuer, 1994 : 773). En France, les responsables politiques et une partie de l'opinion publique ont développé une méfiance à l'égard de ces *round* du GATT qui visaient à accroître le volume des échanges commerciaux entre les pays signataires avec des clauses de solidarité (Messerlin, 1993 : 262). Les *round* visent à multiplier les concessions douanières pour faciliter les exportations dans un esprit de libre concurrence. À partir de 2005, au moment de la charte d'Antananarive, l'OIF participe à l'élaboration de la convention de l'UNESCO portant sur la diversité culturelle. Cette convention sur la protection et la promotion de la diversité des expressions culturelles avait été adoptée par l'UNESCO le 20 octobre 2005 et constituait un instrument juridique international pour pouvoir éviter de considérer les biens culturels comme étant de simples échanges économiques. Cette Convention contenait deux principes, d'une part la reconnaissance du droit par les États de soutenir la création culturelle et d'autre part la solidarité entre les pays riches et pays pauvres concernant le soutien de cette création culturelle. Elle venait directement entériner les actions de la Francophonie qui dans un dialogue Nord / Sud assumé a surtout œuvré pour une meilleure aide au développement. C'est certainement sur ce combat que peut s'apprécier le bilan de la Francophonie qui tente d'affronter le rapport de force avec l'anglophonie à partir de la défense de la diversité culturelle qui échappe à la marchandisation. L'OIF travaille donc sur un lobbying actif pour que la reconnaissance de cette diversité culturelle contre l'hégémonie anglaise et le simple modèle du marché sur lequel repose la mondialisation.

Lorsqu'on analyse la genèse de cette convention, on remarque qu'elle s'enracine dans la Déclaration universelle de l'UNESCO sur la diversité culturelle de 2001. Cette Déclaration fut l'aboutissement d'un souhait émis à la fin des années 1980 par le Secrétaire général de l'ONU d'alors, Javier Perez de Cuellar qui voulait faire des années 1990 la « Décennie mondiale du développement culturel » (Laulan, 2004 : 45). La fin de la guerre froide et le contexte de la critique croissante à l'égard de la mondialisation libérale identifiée à l'hégémonie anglo-américaine ont permis à la Francophonie d'œuvrer pour une alternative centrée sur la valeur culturelle (Wolton, 2003). Le fait d'avoir calqué son fonctionnement sur les institutions internationales témoigne de la réussite de ce lobbying actif pour une mondialisation alternative. Le combat de la diversité culturelle est ainsi une manière de réagir à la commercialisation des biens culturels et à la standardisation produite par la mondialisation libérale. La Francophonie sent bien que l'hégémonie française est bien dépassée, elle retrouve paradoxalement une capacité à faire pression pour que les identités culturelles des peuples soient respectées. L'article 1 de cette Déclaration stipule que « la culture prend des formes diverses à travers le temps et l'espace. Cette diversité s'incarne dans l'originalité et la pluralité des identités qui caractérisent les groupes et les sociétés composant l'humanité »[83]. Le premier Secrétaire général de l'OIF, Boutros Boutros Ghali a été choisi pour pouvoir porter ce combat et le second Secrétaire général, Abdou Diouf, a mené une diplomatie acharnée pour que la grande majorité des États membres de l'OIF adopte la Convention de 2005[84]. L'OIF reflète sa capacité à mobiliser des États pour faire de cette convention internationale l'un des textes les plus ratifiés. Le Québec, la Belgique et la France se sont mobilisés pour l'adoption et le suivi de cette convention dans la mesure où des mécanismes précis ont été définis à l'instar de la Conférence des parties qui permet de faire des points d'étape tous les deux ans. Les États signataires de cette convention s'engagent à élaborer des politiques culturelles tandis que la solidarité et la coo-

[83] Déclaration universelle de l'UNESCO, http://unesdoc.unesco.org/images/0012/001271/127162f.pdf (Site consulté pour la dernière fois le 6 juillet 2018).

[84] http://www.assemblee-nationale.fr/14/rap-info/i2894.asp (Site consulté pour la dernière fois le 6 juillet 2018).

pération culturelle sont reconnues comme essentielles pour la protection des biens culturels (Anghel, 2008 : 66). Si la Francophonie s'adosse à la défense de la diversité culturelle et du multilinguisme, c'est pour tenter de retrouver un second souffle à travers un lobbying symbolique au sein des institutions internationales.

Le fonctionnement concret de la Francophonie

La Charte d'Hanoi en 1997 avait précisé le cadre du fonctionnement des institutions francophones en consacrant le rôle du Sommet comme étant l'instance politique exécutive. Le Sommet périodique permet aux chefs d'État des membres de l'OIF de définir les priorités à suivre et de choisir le Secrétaire général susceptible de veiller à l'exécution de ces priorités. Le graphique 1 permet de rendre compte de la structure institutionnelle de la Francophonie.

Graphique 1 : Le fonctionnement des institutions francophones au regard des décisions et de l'exécution selon la Charte d'Hanoi de 1997

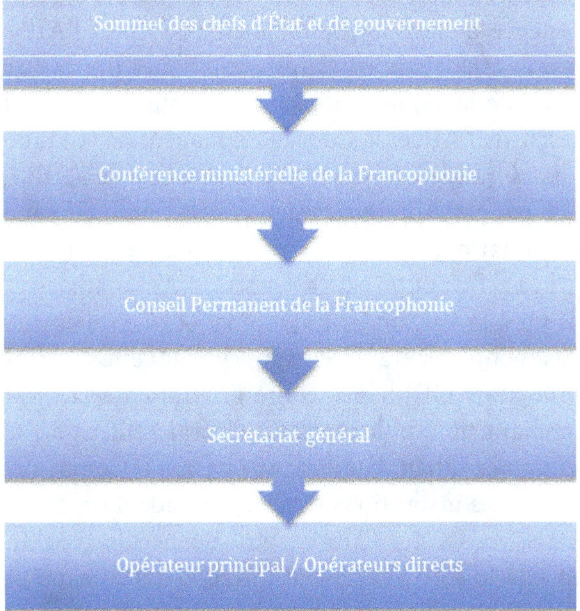

Source : adaptation du schéma proposé par (Phan, Guillou, 2011 : 221).

L'opérateur principal en 1997 est l'Agence intergouvernementale de la Francophonie (AIF), les opérateurs directs sont l'Agence Universitaire de la Francophonie (AUF) qui a remplacé l'AUPELF en 1998, TV5Monde, l'Université Senghor d'Alexandrie et l'Association Internationale des Maires francophones. L'Assemblée Parlementaire de la Francophonie qui a remplacé l'Association internationale des parlementaires de langue française (AIPLF) n'est pas un organe législatif, mais conseille les autres institutions sur les orientations politiques à préparer. La structure bureaucratique adoptée est incohérente car l'AIF est représentée par le Secrétaire général qui nomme un administrateur général chargé d'exécuter ce qui a été décidé. La Charte d'Hanoï devait permettre d'instituer le Secrétaire général comme étant l'instance responsable de la Francophonie et dans le même temps, ce Secrétaire dépendait de l'Administrateur qu'il nommait d'où la difficulté à concilier la garantie des décisions politiques prises pendant les Sommets et le fonctionnement organique de l'Agence (Phan, Guillou, 2011 : 220). Les années 1997 et 1998 marquent un tournant avec la recherche d'une formule institutionnelle adaptée. L'ACCT était devenue l'Agence de la Francophonie en 1997 puis l'AIF en 1998. La confusion tenait aux rôles respectifs joués par la Conférence ministérielle de la Francophonie (CMF) qui organisait l'Assemblée générale de l'AIF et le Conseil Permanent de la Francophonie (CPF) qui assurait le Conseil d'Administration de l'AIF. L'Agence est dirigée par un Administrateur général nommé sur proposition du Secrétaire général pour un mandat de quatre ans (Phan, Guillou, 2011 : 222). C'est la Charte d'Antananarive de 2005 qui a mis fin à la tension entre Sommet et Agence en clarifiant le rôle du Secrétaire général et en supprimant cette dyarchie. L'AIF est devenue alors OIF, le Secrétaire général en a la responsabilité en nommant un administrateur général veillant à l'exécution des programmes (Phan, Guillou, 2011 : 225). Comment juger de l'influence de ces institutions dans la myriade d'organisations internationales existantes (Ambrosetti, Buchet de Neuilly, 2009)? L'OIF est à la fois un instrument intergouvernemental au service des intérêts de certains États, mais en même temps cette organisation peut apporter un soutien à des politiques publiques précises. Le Secrétaire général Abdou Diouf a rappelé dans son bilan qu'il avait contribué à la création de la personnalité juridique internationale de l´OIF[85]. Avoir la personnalité juridique internationale signifie être reconnu comme entité susceptible de signer des traités et d´ester en justice (Distefano, 2007 : 117). La Francophonie est titulaire de droits, elle est pleinement responsable comme organisation internationale, l´ancien Secrétaire général Diouf affirmait que la Francophonie différait substantiellement de la volonté politique française et que cette organisation était appelée à avoir davantage de latitude et de compétences en matière de sécurité par exemple[86]. L´ONU, lors d´une résolution adoptée à la fin de l´année 2012, a pris acte de la nouvelle configuration créée par la Charte d´Antananarive de 2005. L´ONU

> « *prend note avec satisfaction* de la poursuite du renforcement de la coopération entre l´Organisation des Nations Unies et l´Organisation internationale de la Francophonie dans le domaine des droits de l´homme et de la promotion de l´égalité hommes-femmes, et salue les initiatives prises par l´Organisation internationale de la Francophonie dans les domaines de la prévention des crises et conflits, la promotion de la paix et le soutien à la démocratie et à l´État de droit, conformément aux engagements consignés dans sa Déclaration de Bamako du 3 novembre 2000 sur les pratiques de la démocratie, des droits et des libertés dans l´espace francophone, et réaffirmés par la Conférence sur la prévention des conflits et la sécurité humaine, réunie les 13 et 14 mai 2006 à Saint-Boniface (Canada) »[87].

Pour Abdou Diouf, la Francophonie est appelée à renforcer son caractère diplomatique et autonome dans la gestion des conflits notamment en Afrique (Wolf, 2008).

---

[85] https://www.africa24tv.com/fr/face-nous-abdou-diouf-secretaire-general-de-la-francophonie-part-2, Émission « Face à nous » avec Abdou Diouf avant le sommet de Dakar les 29 et 30 novembre 2014. Site consulté pour la dernière fois le 6 juillet 2018.

[86] https://www.africa24tv.com/fr/face-nous-abdou-diouf-secretaire-general-de-la-francophonie-part-2, Émission « Face à nous » avec Abdou Diouf avant le sommet de Dakar les 29 et 30 novembre 2014. Site consulté pour la dernière fois le 6 juillet 2018.

[87] Résolution de l´ONU du 18 décembre 2012, https://www.francophonie.org/L-ONU-consacre-le-renforcement-de.html, http://www.un.org/ga/search/view_doc.asp?symbol=A/67/L.30/Rev.2&Lang=F Sites consultés pour la dernière fois le 6 juillet 2018.

Les Secrétaires généraux

Le poste de Secrétaire général a été créé en 1995 et donne à l´Agence francophone un profil résolument international pour porter une voix francophone dans les grands débats du monde. Ce n´est pas un hasard si le premier Secrétaire général de la Francophonie est un ancien Secrétaire général de l´ONU, c´est-à-dire une figure connue de l´élitisme international. De cette manière, la Francophonie transforme fondamentalement son ambition en se mettant dans les pas d´une organisation telle que l´ONU. Le Secrétaire général, de par son action et son impulsion, a contribué à faire adhérer un certain nombre de pays à cette institution. La Francophonie se pare des vêtements du multilatéralisme politique d´un point de vue symbolique en ayant une portée somme toute limitée. Le *Commonwealth* dispose également d´un Secrétaire général chargé de mettre en œuvre les orientations de cette organisation. Nul doute que le fonctionnement mimétique entre ces deux institutions s´affirme avec un effet de concurrence symbolique sur des objectifs mondiaux partagés. Le *Commonwealth* à la française souhaité par Léopold Sédar Senghor s´est affirmé à partir de cette renaissance politique de l´organisation.

Le choix du Secrétaire général est une décision très politique car il est chargé de veiller à l´application des orientations des sommets. Peu à peu, le profil politique de cette institution s´affirme avec l´institutionnalisation d´une triade entre les sommets, le Secrétaire général et l´organisation. « Le Secrétaire général donne à l´édifice institutionnel sa dimension politique. Élu pour quatre ans par le Sommet avec un mandat renouvelable, il est le porte-parole politique et le représentant officiel de la Francophonie au niveau international » (Phan, Guillou, 2010 : 227). Michaëlle Jean a succédé lors du sommet de Dakar de 2014 à Abdou Diouf qui avait obtenu ce poste en 2002. Boutros Boutros-Ghali a été élu en 1997 a contribué à donner à cette institution une stature internationale même si paradoxalement il a renforcé le caractère élitiste d´une telle organisation. Ancien Secrétaire général de l´ONU entre 1992 et 1996, sa nomination vient couronner symboliquement une organisation dont l´objectif est de faire entendre sa voix dans les grandes questions internationales. Ce passage de l´ONU à la

Francophonie est symptomatique de l'influence symbolique que tente de gagner cette institution. De plus en plus, l'idée est de personnaliser une institution officielle qui a augmenté le nombre d'États-membres depuis le début des années 1990. Ce passage symbolique caractérise dans le même temps une forme d'héritage comme si la Francophonie adoptait une position de sagesse vis-à-vis des questions et des conflits internationaux. Cet héritage a été confirmé par le sacre d'Abdou Diouf, ancien chef d'État du Sénégal, fils spirituel et politique de Léopold Sédar Senghor. Boutros-Boutros Ghali a effectué un mandat de cinq ans car les événements de 2001 ont reporté d'une année l'élection de son successeur.

Boutros Boutros-Ghali a défini clairement la raison pour laquelle la Francophonie s'est dotée d'un Secrétaire général politique. « Ce message, c'est d'abord celui de la diversité. Car la Francophonie est, par elle-même, une réponse à la mondialisation à laquelle nous sommes confrontés. La Francophonie est, pour nous tous, une manière de dire que l'universalité n'est pas l'uniformité. Et que la globalisation n'est pas la banalisation. C'est un moyen d'exprimer et de célébrer la diversité des peuples et la diversité des cultures »[88] (Boutros Boutros-Ghali, 2002 : 11). Le raisonnement est quasi tautologique avec une transitivité : la Francophonie est diversité, la mondialisation est uniformisation donc la résistance à la mondialisation passe par la Francophonie. Dans son discours, Boutros Boutros-Ghali rend hommage à la pluralité des opérateurs francophones et notamment à l'Agence en insistant sur la manière dont la Francophonie doit politiser davantage les enjeux. Ici, la politisation s'entend en termes internationaux puisqu'il s'agit en réalité de diplomatie internationale. Boutros Boutros-Ghali, en tant que diplomate international, est à même d'investir cette dimension politique ultra-élitiste puisqu'elle demeure confinée au domaine des organisations internationales.

> « De nombreuses institutions francophones, - je pense notamment à l'Agence- mènent, depuis longtemps, des actions exemplaires. Mais nos structures doivent nous permettre de donner une nouvelle

---

[88] Discours prononcé par Boutros Boutros-Ghali lors du sommet d'Hanoï le 16 novembre 1997.

> impulsion à cette action. Faire en sorte que le dialogue entre Francophones du Sud et Francophones du Nord soit plus fécond. Faire en sorte que, entre pays francophones, le développement soit mieux partagé » (Boutros-Ghali, 2002 : 12).

L'infinitif est le mode de l'inactuel, c'est-à-dire qu'il a une valeur programmatique puisqu'il ne se réfère à aucune action réalisée. Nous sentons combien le projet francophone, en s'élargissant et en se dotant d'une pluralité d'actions, peut perdre en lisibilité. L'avènement de la Francophonie multilatérale nécessite d'avoir un poste de Secrétaire général au service de ces différents objectifs et de ces orientations précisées au moment des sommets. Le Sommet de Hanoï est un tournant de la politisation de la Francophonie avec la création de l'Organisation internationale de la Francophonie (OIF). Ainsi, l'OIF est le cerveau de la Francophonie et l'AIF devient un des opérateurs aux côtés de l'Université Léopold Sédar Senghor et de TV5Monde. C'est à partir de ce moment que l'Agence est devenue un opérateur technique avec une dimension politique moindre puisque l'OIF a concentré la volonté diplomatique des États francophones. Lors d'un discours prononcé à Bourglinster le 28 octobre 1998, le Secrétaire général Boutros Boutros-Ghali a retracé l'histoire du projet francophone en reliant la Francophonie et les diverses dimensions de la francophonie. Cela pourrait ressembler à une théorie des cercles convergents pour justifier la nécessité d'avancer sur ce projet de Francophonie multilatérale. Il évoque la francophonie associative et caritative, la francophonie académique et la francophonie nationale, terme nouveau qui n'a jamais publiquement été prononcé auparavant.

> « Il y a, tout d'abord, la francophonie nationale qui s'incarne, dans chaque pays francophone, par une multitude d'organismes ou d'institutions publiques ou semi-publiques. Cette francophonie nationale a, bien entendu, des activités extérieures, tournées essentiellement vers ses nationaux à l'étranger, ou destinées à faire mieux connaître la culture nationale » (Boutros-Ghali, 2002 : 13).

Le Secrétaire général se réfère implicitement à la dimension de la diplomatie culturelle française, forte de ses réseaux historiques avec les Instituts français et les Alliances françaises et également aux communautés expatriées qui sont naturellement tournées vers la francophonie dans le cadre du rayonnement de la France. Les Français de l'étranger sont de plus en plus nombreux et constituent un levier pour la francophonie nationale et indirectement pour la Francophonie. Les acteurs de la Francophonie sont ainsi des médias, des responsables politiques, des maires et des universitaires. Cette convergence de réseaux élitistes structure le moteur principal de cette Francophonie animée par un désir de coopération multilatérale. Les missions diplomatiques se multiplient d'ailleurs à partir du sommet de Hanoï, puisque l'expression politique de la Francophonie ne se résume plus aux discours des chefs de gouvernement lors des sommets, mais également par la parole de ces secrétaires généraux. La question de la francophonie économique est également évoquée avec la mise en place du Forum francophone des Affaires pour créer un réseau d'entreprises et de savoir-faire (Boutros-Ghali, 2002 : 27).

Le discours francophone officiel se fonde sur une idéologie du dénombrement qui a conduit par la suite en 2007 à instituer un Observatoire de la Langue Française produisant des rapports remis au Secrétaire général avant chaque sommet pour faire un état des lieux de l'usage de la langue française dans le monde, que le français soit langue officielle, langue administrative ou simple langue d'enseignement. Dans de nombreux discours des secrétaires généraux, on trouve ce besoin de légitimation par le recours au dénombrement des locuteurs francophones. Boutros Boutros-Ghali effectuait même la différence entre les francophones réels et les francophones occasionnels, ce qui montre la difficulté à estimer le nombre de locuteurs, l'Organisation n'ayant pas intérêt à montrer une diminution de l'intérêt pour la langue française. Il estimait qu'entre 1990 et 1998, le nombre de francophones réels avait augmenté de 7,7% et le nombre de francophones occasionnels de 11,8% (Boutros-Ghali, 2002 : 32). Il a rappelé que l'Organisation Internationale de la Francophonie a été reconnue dans sa dimension politique par l'Assemblée générale des Nations Unies le 18 décembre 1998. Tous les grands défis du XXIe siècle sont relayés dans les discours de Boutros Boutros-Ghali, que ce soit les nouvelles technologies (Boutros-Ghali, 2002 : 236), les migrations (Boutros-Ghali, 2002 : 211), les jeunes entrepreneurs (Boutros-Ghali, 2002 :

195), la démocratie et le développement africain. Pour Boutros Boutros-Ghali, la francophonie devait avant tout marquer un esprit de non alignement culturel (Saint-Robert, 1986 : 138).

Le Sommet de Beyrouth a marqué un nouvel âge de la Francophonie politique avec la prise en compte du nouvel ordre international et la mise en place d´une réflexion autour des questions liées à la sécurité et au terrorisme. À son arrivée en fonction, Abdou Diouf était confronté à une double filiation de la Francophonie officielle avec d´une part l´Organisation Internationale de la Francophonie et l´Agence Intergouvernementale de la Francophonie. Ce *Janus* francophone était essentiellement dû à l´affirmation de la Francophonie par le biais des sommets (dimension politique) depuis 1986 et la place de l´Agence depuis le traité de Niamey. Il a réussi à fondre ces deux institutions pour créer une seule Organisation Internationale de la Francophonie. Il n´existait plus un secrétaire technique de la Francophonie et un secrétaire politique, mais un seul secrétaire capable de porter une voix politique et d´engager le travail de coopération. Le rôle de Secrétaire général est en fin de compte un poste diplomatique pour une personne qui s´est imposée par son parcours, sa trajectoire dans un pays francophone. La reconnaissance de son engagement francophone est essentielle pour qu´il soit adoubé au sein du cénacle des Présidents francophones. Peu avant la passation de témoin, le Secrétaire général Abdou Diouf est revenu sur les conditions d´élection de cette fonction. Cet entretien a été réalisé par TV5Monde et RFI le 16 novembre 2014 avant le sommet de Dakar[89]. Il a indiqué que les élections se déroulaient par consensus et qu´un vote par scrutin pouvait être envisagé. Lors du sommet de Beyrouth en 2002, à la veille du Sommet, des urnes avaient été préparées la veille en cas de différend sur le choix du nouveau Secrétaire. Ces secrétaires généraux ont pu installer un *éthos* grâce à des discours prononcés à des moments-clés de la Francophonie. L´implication d´Abdou Diouf révèle l´installation d´un discours idéologique invitant la Francophonie à ne pas s´aligner sur l´hégémonie culturelle portée

[89] https://www.youtube.com/watch?v=6D3itSCSXow (Site consulté la dernière fois le 6 juillet 2018).

au sein de la mondialisation des échanges. Tout se passe comme si à un niveau international, le discours officiel reprenait sur le plan culturel la charge idéologique issue des mouvements anti et altermondialistes en misant sur la place des grandes langues internationales. Abdou Diouf, au cours de cet entretien mené avec Philippe Dessaint de TV5Monde, affirme avoir développé le caractère politique de la Francophonie, ce qui correspondait selon lui au mandat qui lui avait été confié[90]. Dans cet entretien télévisé apparaît un échange intéressant où le journaliste qualifie volontairement Abdou Diouf de « Président » de la Francophonie au lieu de se référer à l'appellation « Secrétaire général ». Abdou Diouf montre le rôle diplomatique de la Francophonie dans certains conflits mondiaux. De par sa personnalité, son parcours et son expérience, il se présente comme un médiateur. Quand on évoque la dimension politique de la Francophonie, il s'agit bien de mettre en évidence le rôle diplomatique que peut jouer cette organisation au niveau international.

L'élection de Michaëlle Jean lors du sommet de Dakar a été beaucoup plus difficile car elle symbolisait la transition vers un Secrétaire général ne provenant pas du continent africain. Il y avait de la concurrence en termes de candidatures et Michaëlle Jean fut ainsi la première femme de la Francophonie. Si elle a occupé des fonctions politiques et diplomatiques importantes au Canada, le symbole est fort au regard de sa trajectoire. Première femme noire élue au Canada, ses racines haïtiennes montrent que son parcours épouse l'histoire de la Francophonie. La Francophonie renouvelle son image par un déplacement symbolique vers le Nord.

Les oublis francophones

Cette repolitisation de la Francophonie a accru la dimension officielle de cette organisation au point de la bureaucratiser à l'extrême. Le rituel symbolique, les sommets et les actes en rythment les séquences et montrent un mimétisme à l'extrême des organisations internationales. Le choix du Secrétaire général s'effectue en coulisses

90 https://www.youtube.com/watch?v=6D3itSCSXow (Site consulté la dernière fois le 6 juillet 2018).

avec un goût pour la dramaturgie semblable au conclave catholique. Lors du dernier sommet de Dakar en décembre 2014, il a fallu attendre un peu pour voir l´annonce du choix de Michaëlle Jean comme troisième Secrétaire générale de la Francophonie. Ce surinvestissement dans l´officiel traduit à la fois la politisation de la Francophonie comme un objet intergouvernemental dans les mains de cabinets présidentiels et comme le résultat d´un volontarisme en décalage avec les limites certaines de l´expansion du français. Autant la vision de la coopération technique permettait au monde francophone de soutenir des projets imaginatifs autant la vision politique de la Francophonie se bute à la réalité d´une diversité de gouvernements n´ayant pas les mêmes intérêts et se retrouvant dans le plus petit dénominateur commun d´un héritage postcolonial à gérer.

Les déchirements font pourtant partie des lieux de mémoire francophones. L´Algérie ne fait pas partie de l´OIF et ce malgré les encouragements des différents secrétaires généraux qui se sont succédé. La guerre d´Algérie reste une blessure et rappelle le fait que les dissensions du passé sont soigneusement évitées au sein de la famille politique francophone (Majumdar, 2007). L'Algérie avait fait le choix d'une arabisation massive de l'administration pour tourner la page de la colonisation. Dès les premières années d'indépendance, au moment où des tentatives réelles de collectivisation des terres avaient lieu, le français fut parfois une barrière pour certaines parties de la population. Les « pieds rouges » qui étaient des Européens progressistes ayant émigré en Algérie après l'indépendance et qui voulaient accompagner ces expériences d'autogestion socialiste, se sont rendu compte du caractère parfois discriminant de la langue française. Catherine Lévy nous livre un témoignage de ces années 1963–1965 au moment des Congrès de la paysannerie autogérée.

> « Le second congrès, celui de la paysannerie intitulé ‹ les travailleurs et la terre ›, regroupait non seulement les travailleurs du secteur autogéré mais aussi les saisonniers et les paysans pauvres. Ces derniers ne purent faire entendre leur voix. En effet, ils ne formaient pas un mouvement organisé et ne se regroupaient que dans les structures traditionnelles : village, marché. Il m'a été

donné d'assister à ce congrès et donc de faire plusieurs constats : en premier lieu, il a eu lieu en français ce qui excluait la participation des paysans qui ne parlaient, dans une grande majorité, que l'arabe dialectal, et de plus les propositions d'amendement devaient être, elles aussi, rédigées en français. Pourtant, en assistant à plusieurs sessions, je m'étais rendue compte qu'ils s'étaient organisés, chacun selon ses capacités, à parler et à écrire » (Lévy, 2016 : 34).

Ces structures devaient accompagner une redéfinition du pouvoir économique et politique en Algérie. Il y avait eu un plan destiné à refonder en profondeur la vie rurale en Algérie dès 1962. Mohammed Harbi a rappelé ensuite la marginalisation de ces mouvements par une bureaucratie qui s'est enracinée dans la gestion du passé colonial (Bourdieu, 1977). « Le pouvoir absolu de la bureaucratie étatique sur la société civile, la difficulté de construire un parti et l'émergence d'une nouvelle société de classes caractérisent la période 1962–1979 » (Harbi, 1980 : 177). L'Algérie des années 1960 et 1970 s'évertuait à réévaluer son héritage historique avec la crainte permanente de basculer dans une forme de néocolonialisme, il y avait l'ambition de développer des actions pour faire d'Alger et d'Algérie un lieu cosmopolite de circulation.

> « Là, en Algérie, l'internationale socialiste, le panafricanisme, le panarabisme, les artisans de Mai 68 avaient des choses à se dire. Les grands mouvements internationaux se sont emparés de ce nouvel espace de liberté et en ont fait un laboratoire sociologique et intellectuel exemplaire. Mais curieusement, les écrivains n'ont rendu compte de cette période fort intéressante que de manière allusive ou allégorique, comme Mohammed Dib, ou fragmentaire, comme Mouloud Mammeri et Assia Djebar, sans doute parce qu'ils ont ressenti ce phénomène comme transitoire avant la reprise en main des années 1980 qui allait faire du cosmopolitisme l'ennemi à abattre parce que 'source de désordre' » (Chikhi, 2016 : 45).

Du coup, la vision cosmopolite proposée par le projet francophone entrait en contradiction avec les intérêts et l'évolution de l'État algérien. L'Algérie est l'un des pays francophones les plus importants, mais se refuse à entrer dans le giron de l'OIF malgré les efforts des secrétaires généraux comme Abdou Diouf. Les blessures de la guerre (Stora, 1992 : 14) et de la colonisation font que l'OIF est perçue comme un instrument néocolonial au service de l'influence de la France. Lors du dernier sommet de Madagascar en novembre 2016, l'Algérie a été invitée et depuis quelques années le gouvernement algérien envoie des signaux de possible adhésion ou de rapprochement vis-à-vis de la Francophonie institutionnelle. Les blessures mémorielles pourraient être dépassées pour adopter un point de vue critique intégré aux institutions. La critique du néocolonialisme francophone a été effectuée par Fidèle Nze-Nguema qui percevait les institutions francophones et l´ACCT comme des relais des élites françaises et africaines (Nze-Nguema, 1982 : 31). En vendant l´idée d´une langue de communication, les élites françaises s´assuraient de la loyauté des élites africaines pour appuyer et faire circuler un discours francophone promouvant solidarité et développement. La Francophonie joue ainsi les intérêts de la classe dominante qui méconnaît l´étendue et les contacts des différentes langues (Nze-Nguema, 1982 : 29).

> « La francophonie en tant qu´idéologie, contient : la construction d´une image de la société, et la délimitation du sens global de la vie collective des peuples qui parlent français. Elle se donne pour mission d´assurer les fonctions de légitimation, de moralisation et de systématisation des représentations collectives, de ces entités socio-anthropologiques, par-delà leurs diversités collectives » (Nze-Nguema, 1982 : 29–30).

Les oublis francophones nous rappellent que cette Francophonie est surtout une vue de l´esprit, une construction intellectuelle et élitiste. Léopold Sédar Senghor avait lui-même une tendance à puiser des concepts et des réflexions issus de penseurs européens pour comprendre l´évolution de l´Afrique et y adosser sa vision d´une communauté idéalisée qui n´existe pas et qui n´est pas assez enracinée dans le quotidien des peuples. Fidèle Nze-Nguema estimait que la qualification de « francophone » pouvait parfois être excessive compte tenu du fait que les populations concernées parlaient majoritairement d´autres langues locales beaucoup plus importantes dans la communication quotidienne (Nze-Nguema, 1982 : 28). Il est ainsi plus efficace d´effectuer une anthropologie des acteurs socio-culturels promouvant la Francophonie et décidant de certaines politiques publiques à destination des populations francophones.

Une politique publique de la jeunesse

La Francophonie s´est peu à peu rabattue sur une idéologie « politico-linguistiquement correcte » (Calvet, 2013 : 133) qui utilise la conjonction entre un discours UNESCO de la diversité linguistique et l´idée d´une solidarité de ces langues autour d´une langue plus centrale. Le discours sur la diversité linguistique est lui-même hanté par une vision millénariste de la disparition des langues. La mondialisation contribuerait à faire disparaître toutes ces langues à partir de l´usage d´une seule langue de communication. La Francophonie s´est appropriée depuis des années ce discours en y apposant une défense de la diversité culturelle et linguistique indexée sur la langue de partage qu´est la langue française. Il serait plus intéressant d´évoquer la notion de densité linguistique (Calvet, 2013 : 155) pour savoir avec quelles langues le français coexiste car malgré tout, les contacts linguistiques dépendent des aléas de l´histoire et des mouvements migratoires. De ce point de vue, il serait plus intéressant et plus pertinent de travailler sur les situations de la francophonie.

> « La typologie proposée par Chaudenson en 1988 (plusieurs fois reformulée jusqu'en 1993) vise à combler ce manque en se fondant résolument sur cette notion de contact, qu'elle appréhende de deux points de vue complémentaires, celui du ‹statut› du français (F) par rapport aux autres langues en présence (statut ‹officiel›, ‹institutionnel›, ‹scolaire›, ‹médiatique›…) et celui de son ‹corpus›, également référé aux autres langues. Ce qu'il faut entendre par ‹corpus› se fonde sur des notions comme ‹appropriation› (acquisition comme langue première *vs* apprentissage comme langue seconde ou étrangère), le couple 'vernacularisation' / 'véhicularisation', 'compétence', 'consommation' / 'production langagière'… » (Gueunier, 1995 : 15).

Autrement dit, les situations francophones sont très diverses avec des locuteurs souvent jeunes mélangeant des langues vernaculaires avec le français. La langue française devient dans ces cas une langue véhiculaire interethnique et des nouvelles manières de parler apparaissent comme c'est le cas avec le nouchi, l'argot de Côte d'Ivoire (Lafage, 1991 : 97). La Côte d'Ivoire est un pays connaissant une forte hétérogénéité linguistique avec plus d'une soixantaine de langues provenant des familles du Congo-Niger (Lafage, 1991 : 95). La Côte d'Ivoire était devenue une colonie française en 1893 après un siècle de présence française et une progression des écoles et notamment des écoles professionnelles destinées à former une main d'œuvre coloniale (Kouadio N'Guessan, 2008 : 180). Le français a été utilisé comme langue utile de communication pour justifier l'expansionnisme colonial avant de devenir langue officielle à l'indépendance en 1960. La population ivoirienne a crû très rapidement notamment auprès des grands centres urbains. Le français se diffusait mais avec une perte de standardisation, le brassage des populations a fait naître de nouvelles variétés de parler dont l'argot des jeunes populations déscolarisées, le nouchi. Cet argot serait né vers 1977 et viendrait peut-être du douala *nún* (nez) et *míí* (poil) pour signifier le parler poil au nez (Lafage, 1991 : 97). Le nouchi s'est développé dans des milieux sociaux urbains marginalisés et est utilisé par une jeunesse en rupture (Kouadio, 2005), on le voit apparaître dans les chansons. Il est intéressant de voir surgir ces variétés en dehors de tout soutien institutionnel puisque la Francophonie vise davantage à améliorer le taux de scolarisation de ces pays en passant par l'usage de la langue française (Boutin, 2003). Ainsi, entre le français populaire ivoirien (FPI) et le français des scolarisés (FCI ou le français de Côte d'Ivoire), il est difficile d'encourager une standardisation sans encourager une forme d'insécurité linguistique (Kube, 2005).

Le français a pu jouer le rôle de langue véhiculaire même si dans une moindre mesure le *dioula tagbussi* a également incarné cette fonction (Dumestre, Retord, 1974) notamment grâce à une diffusion sur les marchés. Selon Lafage,

> « le français (…) assume la fonction de véhiculaire interethnique à l'échelle de la nation : - soit, pour les scolarisés, sous une forme peu régionalisée de la langue commune, presqu'entièrement acquise en milieu scolaire et d'autant mieux maîtrisée que les études ont atteint un niveau plus élevé (fin du secondaire ou supérieur), -soit pour

> une quantité non négligeable des masses peu ou non alphabétisées, sous la forme d'un continuum précréole, le français populaire ivoirien (FPI), fort approximatif, d'acquisition non guidée et peu intelligible à un francophone venu d'ailleurs » (Lafage, 1991 : 96).

La Francophonie encourage dans ces pays l'usage du français comme langue scolaire pour renforcer son rôle de langue de communication entre des populations linguistiques hétérogènes. Même la population française présente en Côte d'Ivoire avant les événements de guerre civile au début des années 2000 montrait une adaptation linguistique locale très spécifique (Simard, 1994 : 25). À chaque sommet, le Secrétaire général remet un rapport sur l´état de la langue française dans le monde. Les locuteurs et les politiques publiques en faveur du français sont détaillés pour chaque pays. Ce qui ressort de ces sommets et de ces rapports, c´est l´élaboration de prévisions sur le nombre futur de locuteurs. Ce pari est lié à une compréhension démographique du nombre de locuteurs. Cette vision démographique semblable à celle des cartographes de la fin du XIXe siècle met en évidence une politique publique de la jeunesse. Le site officiel de la Francophonie prétend donner grâce à l´Observatoire de la Langue Française une estimation assez fiable du nombre de locuteurs (*La langue française dans le monde*, 2014 : 13). Le problème est que l´on tend à additionner les populations des États-membres de la Francophonie d´où soi-disant le fait qu´un milliard de personnes serait concerné par les objectifs de la Francophonie[91]. Même si les rapports successifs de l´Observatoire de la langue française publiés tous les quatre ans donnent une idée du nombre de locuteurs, les données sont à affiner et à interpréter avec une certaine distance critique.

La Francophonie investit pour les jeunes générations de locuteurs, ce pari se caractérise par des politiques publiques centrées essentiellement sur l´éducation et l´apprentissage de la langue. En dehors de ces politiques, il existe l'organisation de forums

91 https://www.youtube.com/watch?v=oEP6go43AIM (Site consulté pour la dernière fois le 6 juillet 2018). Il s´agit d´une présentation officielle du nombre de locuteurs francophones fondée sur les enquêtes recueillies par l´AUF, l´organisme de la Commission européenne Eurostat et d´autres institutions.

mondiaux pour la jeunesse afin de mettre en réseaux de jeunes acteurs francophones dans les domaines politique, humanitaire et économique. Du 25 au 27 mars 2004 s´est tenu le forum des jeunes francophones sur le volontariat à Niger (Agora, 2003 : 151–152). Depuis 2007, plus de 300 jeunes francophones sont partis réaliser des missions humanitaires dans plusieurs pays pour illustrer les valeurs de solidarité propres à la Francophonie. Il s'agit du volontariat international francophone (VIF) qui a permis à ces jeunes francophones de contribuer à des programmes humanitaires[92]. La Francophonie institutionnelle, sur le modèle du *Commonwealth,* a investi une diplomatie sportive, ludique et culturelle en célébrant les jeux de la Francophonie sur le modèle de mini-jeux olympiques en y intégrant des épreuves non sportives (Balmette, Tournier : 1997). Ainsi, en mêlant sport et culture, la Francophonie institue un rite régulier permettant d'affirmer un profil original en jouant sur tous les aspects du répertoire de l'internationalisation entre les valeurs olympiques et les valeurs partagées par les grandes organisations internationales comme l'ONU. C'est également une manière originale de promouvoir la jeunesse en montrant qu'elle est capable de détecter régulièrement les jeunes talents internationaux de demain.

Lors du dernier sommet de Madagascar, un rapport a été remis au Secrétaire général sur les jeunes francophones car l'OIF anticipe de manière certaine qu'à l'horizon 2060, environ 80% de francophones vivront en Afrique avec une population jeune[93]. On retrouve toujours ce souci d'anticiper les transitions démographiques et culturelles propres à cette organisation. En réalité, au-delà de ces jeunes, l´objectif de la Francophonie est de protéger le rôle véhiculaire de la langue française, d´où ce recours accru à la standardisation et à la normalisation (Gadet, Ludwig, 2014). Pouvoir s´adresser aux jeunes, c´est être capable de conserver une réserve non négligeable de locuteurs francophones à l´avenir.

[92] http://www.jeunesse.francophonie.org/volontariat (Site consulté pour la dernière fois le 6 juillet 2018).

[93] https://www.francophonie.org/Langue-Francaise-2014/projet/Rapport-OIF-2014.pdf (Site consulté pour la dernière fois le 6 juillet 2018).

Le vœu pieu de la Francophonie économique

La Francophonie est davantage perçue comme une construction politique autour de la langue et de la culture même si au fil des années cette organisation internationale s´est intéressée à de nombreux domaines comme le développement durable, la sécurité, les droits de l´homme et les innovations numériques. Cependant, même si les aspects économiques ont été évoqués dès les débuts de la Francophonie institutionnelle (Masson, 1970 : 27) avec l´idée d´avoir un marché commun africain, la Francophonie économique n´a jamais démarré en raison de l´hétérogénéité des États-membres et leur dispersion géographique. C´est depuis le sommet de Kinshasa de 2012 que l´on s´intéresse véritablement à ce sujet au point de créer une direction des affaires économiques à l´OIF pour penser la stratégie économique énoncée dans le point 14 de la déclaration de ce sommet (Ramel, 2016). Pourtant, cette stratégie économique avait déjà été pensée lors du sommet de Québec de 1987, mais n´a jamais eu de concrétisation véritable en dehors d´initiatives telles que le forum des affaires francophones. La deuxième rencontre internationale de la Francophonie économique s´est tenue lors du sommet de Kinshasa avec la participation de 250 acteurs économiques[94]. Au-delà des bonnes intentions, la difficulté consiste à créer les conditions d´un juste échange entre les États-membres de la Francophonie en dépassant le simple cadre de l´aide au développement. Pour certains auteurs, la Francophonie économique est une illusion en raison des faiblesses structurelles de certains pays (Colavecchio, Premat, Sule, 2012), pour d´autres elle est une promesse qui peine à trouver des relais dans le secteur privé. Selon Sene Mongaba,

> « Cela veut dire qu´en croyant servir la francophonie en développant ou en soutenant la pauvreté en Afrique, on soutient une kyrielle de partenaires faibles. Et avec des partenaires faibles on ne peut pas faire face à un groupe de partenaires forts. C´est la réalité. Donc en face de la France, nous avons les États-Unis, en face du Canada, nous avons la Grande-Bretagne, en face de la Suisse nous

[94] « 2e rencontre internationale de la Francophonie économique », https://www.francophonie.org/2e-Rencontre-internationale-de-la.html (Site consulté pour la dernière fois le 6 juillet 2018).

> avons l'Australie, en face de la Belgique nous avons la Nouvelle-Zélande. Et en ajoutant le Nigéria, vous ajoutez la Zambie, toute la force anglaise » (Colavecchio, Premat, Sule, 2012).

Sene Mongaba voit dans les rapports de force économiques une insuffisance de la Francophonie. En réalité, l'impuissance économique de la Francophonie reflète les limites de cette construction intergouvernementale, politique, élitiste alors que la vie économique suppose un enracinement dans les besoins et la vie concrète des gens. La Francophonie est devenue une arène recyclant des anciens responsables politiques et diplomatiques reproduisant un discours prophétique et idéaliste sans que des échanges économiques réels soient possibles. Le Président Macron, dans la présentation de sa stratégie pour la langue française a évoqué la question de la Francophonie économique dans le prolongement du rapport qui avait été rédigé par Jacques Attali en 2014.

> « Il y a donc bien une Francophonie économique qu'il nous faut ré-embrasser, dont il faut retrouver la vigueur, celle-là même que le rapport de Jacques Attali en 2014 proposait de promouvoir avec plusieurs dispositions, qui d'ailleurs demeurent toutes d'actualité. Aussi la solution n'est jamais d'imposer une langue ni de jouer la rivalité des langues. La solution est de permettre la pluralité des langues notamment dans les échanges commerciaux. C'est pourquoi je souhaite qu'en Europe, soient enseignées deux langues en plus de la langue maternelle parce que l'anglais n'a pas vocation à être la seule langue étrangère parlée par les Européens. De même, je souhaite que nos écoles de commerce attirent plus d'étudiants étrangers et contribuent à un nouvel élan du français comme langue des affaires. Les entreprises doivent prendre leurs responsabilités »[95].

Au-delà de l'affirmation du plurilinguisme, le Président Macron ne fait que répéter des lieux communs sur l'apprentissage des langues puisque la stratégie de Bologne en Europe prévoyait cet apprentissage de deux langues étrangères en plus de la langue maternelle. Dans le même temps, le Président rappelait qu'il s'adressait d'abord

---

[95] Emmanuel Macron, 20 mars 2018, « Stratégie sur la langue française » http://www.elysee.fr/declarations/article/transcription-du-discours-du-president-de-la-republique-a-l-institut-de-france-pour-la-strategie-sur-la-langue-francaise/ (Site consulté pour la dernière fois le 6 juillet 2018).

en anglais dans les institutions économiques internationales pour ensuite reprendre le français comme vecteur de plurilinguisme. Ainsi, en voulant revaloriser le français comme langue des affaires, il assumait le fait que ce soit l´anglais qui soit le standard en la matière. Le discours normatif et généraliste sur l´usage des langues et leur relation à l´économie n´a aucune portée significative et concrète tant qu´on n´a pas effectué une analyse sérieuse des espaces géopolitiques susceptibles de porter ces échanges commerciaux. La Francophonie économique manque cruellement d´exemples et de références susceptibles de créer une forme d´attractivité.

L´autre difficulté tient au fait que la Francophonie s´est illustrée depuis 2005 dans un combat contre la mondialisation injuste stigmatisant les conséquences néfastes d´un uniformisme linguistique et économique sans pour autant dessiner un autre cadre garantissant des échanges entre les pays francophones (Premat, 2014). Pourtant, l´intérêt que suscite l´Afrique émergente fait que cette Francophonie économique est d´actualité. Entre 2000 et 2012, l´Afrique a connu un taux de croissance moyen de 5,1% (Dagoma, Fort, 2014 : 53), suscitant ainsi les convoitises de nombreux pays soucieux de soigner les échanges commerciaux avec l´Afrique. Dans les pays francophones de la zone subsaharienne, le français reste une langue centrale, une langue d´affaires avec des normes juridiques (Raffestin, 1978 : 286)[96]. Dans le même temps, les échanges n´ont pas été stimulés au point de créer une zone francophone économique. Cela tient au fait que les tentatives d´union douanière qui ont existé ne sont pas traduites par une stimulation des échanges susceptible de donner confiance aux investisseurs privés. Alors que le *Commonwealth* s´est historiquement appuyé sur des zones économiques fortes en réaffirmant lors du sommet de Malte de 2005 l´idée d´un commerce privilégié entre ses membres, la réflexion économique n´a jamais réellement dépassé le stade de la prophétie pour la Francophonie. Pourtant, les unions douanières sont essentielles dans la stimulation d´échanges commerciaux privilégiés (Dauphin, 1971 : 163). Nous avons vu qu´il y avait eu plusieurs tentatives d´intégration économique des

[96] Yohaei Oyama, entretien avec Vicky Sommet (septembre 2012), « Quand le français devient langue d´affaire », *Francophonie,* n. 15 : 18.

pays africains francophones avec l´Union douanière de l´Afrique de l´Ouest (UDAO) puis l´Union douanière des États d´Afrique de l´Ouest (UDEAO). La zone du franc CFA aurait pu être un préalable à une Francophonie économique, mais en fait, le marché africain francophone reste très fragmentaire. Le problème n´est pas tant linguistique que monétaire pour ces pays. Le franc CFA a été consacré comme monnaie commune entre les 14 pays de la zone franc depuis les accords de Bretton Woods de 1945[97]. À l´origine, le terme CFA signifiait « Franc des Colonies françaises d´Afrique » avant de devenir le franc de la « Communauté financière africaine » (Barthélémy, 1963 : 275), l´indexation du franc CFA sur l´euro avec l´obligation que les pays de cette zone déposent 50% de leurs réserves de change au Trésor français a suscité des critiques, certains responsables publics comme l´économiste togolais Kako Nubukpo y voyant une forme de vestige de l´époque coloniale au profit des intérêts économiques français[98]. Le fait que cet économiste, directeur de la Francophonie économique et numérique depuis 2016, se soit montré critique sur ce qu´il a nommé la « servitude volontaire » (Nubukpo, Ze Belinga, Tinel et al., 2016) des pays africains francophones, lui a valu une suspension de son poste à l´OIF[99] alors qu´il posait les éléments d´un débat sain. La Francophonie économique ne peut émerger dans la mesure où la France maintient des relations bilatérales économiques fortes avec ces pays en maintenant une forme de tutelle monétaire. Ces relations bilatérales économiques ont eu raison sur l´idée d´une Francophonie économique en dehors de l´emprise française. De surcroît, le fait que la France soit également contrainte par le droit européen ne facilite pas l´idée d´une zone économique francophone stimulée par la France. Les multiples intégrations régionales

[97] http://www.rfi.fr/afrique/20170830-comprendre-le-franc-cfa-quatre-questions (Site consulté pour la dernière fois le 6 juillet 2018).

[98] Stanislas Ndayishimiye, (28 août 2017) « Kako Nubukpo : le franc CFA 'c´est la servitude volontaire' », http://www.rfi.fr/emission/20170828-kako-nubukpo-dit-kemi-seba-le-franc-cfa-devrait-etre-entendu (Site consulté pour la dernière fois le 6 juillet 2018).

[99] « Francophonie : Kako Nubukpo et le Franc CFA, la goutte de trop ? », Jeune Afrique, 8 décembre 2017, http://www.jeuneafrique.com/500760/politique/francophonie-kako-nubukpo-et-le-franc-cfa-la-goutte-de-trop/

existantes en Afrique ne légitiment pas cette idée illusoire d´une zone économique francophone.

La question des infrastructures de transport est posée pour ces pays qui auraient besoin d´abaisser le coût du transport pour pouvoir stimuler les échanges commerciaux. L´Union africaine a récemment lancé le chantier du Marché unique du transport aérien africain (MUTAA) lors de sa trentième session ordinaire de la Conférence des Chefs d´État et de Gouvernement de l´UA le 30 janvier 2018[100], preuve que l´abaissement des coûts de transport est l´une des conditions préalables pour libérer les échanges commerciaux (Buzelay, 1991 : 192).

Les limites budgétaires de la Francophonie

Le budget malgré tout très modeste de cette Organisation la limite dans ses prétentions et ses projets. En effet, l'OIF a un budget annuel moyen de 85 millions d'euros résultant de l'engagement des pays membres au sein d'un fonds multilatéral unique et de partenariats privés et publics variés[101]. En comparaison, c'est presque dix fois moins que le seul financement de la diplomatie culturelle française pour l'année 2018 puisque celle-ci s'élève à 717 millions d'euros[102]. Les crédits alloués à la mission « Action extérieure de l'État » dans le projet de loi de finances 2018 s'élèvent à plus de 3 milliards d'euros, ce qui donne *a fortiori* une idée de la modestie des moyens[103]. Le Québec a prévu 9 millions de dollars canadiens pour le seul financement de l'Office Québec-Monde pour la Jeunesse pour l'année 2018–2019[104]. Le risque pour le budget multilatéral

[100] https://www.uneca.org/fr/stories/le-march%C3%A9-unique-africain-du-transport-%C3%A9rien-est-lanc%C3%A9 (Site consulté pour la dernière fois le 6 juillet 2018).

[101] https://www.francophonie.org/Le-budget.html (Site consulté pour la dernière fois le 6 juillet 2018).

[102] http://www.senat.fr/rap/l17-108-31/l17-108-311.html (Site consulté pour la dernière fois le 6 juillet 2018).

[103] https://www.performance-publique.budget.gouv.fr/sites/performance_publique/files/farandole/ressources/2018/pap/pdf/DBGPGMPGM185.pdf (Site consulté pour la dernière fois le 6 juillet 2018).

[104] https://www.tresor.gouv.qc.ca/fileadmin/PDF/budget_depenses/18-19/fr/5-Budget_org_autres_que_budgetaires.pdf (Site consulté pour la dernière fois le 6 juillet 2018).

est de devenir dépendant des autres sources de financement possibles comme la diplomatie culturelle française qui couvre les besoins en personnel et en infrastructures des institutions culturelles françaises à l'étranger. L'Institut français et les services culturels des Ambassades disposent de moyens pour renforcer la promotion de la francophonie tout en la liant au rayonnement de l'État français. Cela peut se traduire par le fait que les agents recrutés dans ces structures puissent être tentés de se recaser dans certaines fonctions au sein de la Francophonie (Premat, 2013). Néanmoins, ce budget n'est pas si modeste au regard de ce qu'effectue le *Commonwealth* qui, pour l'année 2012–2013, disposait d'un budget de 16.14 millions de livres sterling pour le secrétariat général, 29.73 millions de livres sterling pour le fonds multilatéral de coopération technique et 3.48 millions de livres sterling pour les programmes pour la jeunesse[105]. En tenant compte des conversions de monnaie, nous aurions au total un budget d'environ 55 millions d'euros pour le *Commonwealth* qui laisse libres les membres de contribuer au financement du fonds multilatéral de coopération technique. Il serait ainsi erroné de penser que le renforcement de la Francophonie passe nécessairement par l'augmentation de son budget, ce qui pourrait paradoxalement accroître la bureaucratisation de cette organisation. Le *Commonwealth* est beaucoup plus orienté sur la gestion souple de politiques publiques portant sur la gouvernance, l'économie et la démocratie. Le budget reflète davantage la conception de l'organisation, puisque la Francophonie demeure une organisation relativement opaque et centralisée alors que le *Commonwealth* coordonne un peu plus des initiatives venant des pays membres.

Cela étant, il s'agit bien de comprendre le rôle de cette organisation internationale qui est de relayer une forme de lobbying des pays francophones et non pas de fédérer des moyens alloués par les États. Ainsi, les pays membres de la Francophonie ne font pas seulement que contribuer au financement de cette institutions, ils peuvent également s'investir dans des opérations internationales, notamment les opérations de maintien de la paix (Massie, Morin, 2011 : 323). L'OIF est davantage une force d'appui et de

[105] http://www.commonwealthofnations.org/commonwealth/commonwealth-secretariat/ Site consulté pour la dernière fois le 6 juillet 2018.

médiation pour des opérations menées dans un cadre multilatéral. L'approche budgétaire ne doit pas s'apprécier uniquement au regard des moyens de cette organisation, elle doit englober les contributions financières bilatérales des pays membres à certaines opérations internationales.

Conclusion

> « Il n´y a plus de races, toutes les familles humaines s´étant entremêlées à l´infini depuis la fondation du monde. Mais il y a des milieux et il y a des langues. Un ensemble de conditions physiques, sols, climats, vents, pluies, soleil, mariage de la terre et de la mer ou divorce entre l´une et l´autre, a fait d´un confus brassement de 'races' des peuples parfaitement distincts » (Reclus, 1917 : 114).

Onésime Reclus justifiait son entreprise de cartographie du monde à partir d´une compréhension des langues du point de vue de la géographie physique. Pour lui, les langues étaient finalement ce qui distinguait les peuples les uns des autres. Le déplacement vers des critères linguistiques montrait que les langues avaient en quelque sorte modelé les peuples. « C´est dans ce sens qu´on a dit : la langue fait le peuple (lingua gentem facit) » (Reclus, 1917 : 116). Dans le cas de la francophonie, si à la fin du XIXe siècle et au début du XXe siècle, l´expansion coloniale a favorisé l´émergence d´une cartographie des langues dominantes, la Francophonie s´est plutôt construite comme un projet de séparation entre le pays d´origine et les régions influencées par la langue française. Elle a concrétisé dans les années soixante la convergence de plusieurs réseaux associatifs, journalistiques et universitaires pour constituer une plateforme politique commune. En outre, elle s´enracine dans une vision spirituelle post-coloniale essentiellement africaine pour structurer une coopération entre des nations nouvellement indépendantes. La Francophonie est une structure en gestation avec une volonté de quelques acteurs pour pouvoir transformer un héritage culturel et linguistique commun. Comme l'écrivaient les premiers promoteurs d'un espace francophone mondial,

> « Un 'fait français' enveloppe et déborde la langue (...). L'apparition des nouveaux États francophones lui rend sa place internationale au moment où on la croyait condamnée (...). Que naîtra-t-il de

> tout cela ? L'avenir détient seul les réponses et il ne nous appartient pas de décider à la place de ceux qui ont désormais en mains les commandes de notre destin. Notre intention était simplement de prendre la mesure de la francophonie, sans l'enfermer dans une visée nationale, sans en faire quelque habile revanche d'un impérialisme frustré, mais au contraire en la situant d'emblée dans son contexte mondial » (Bourniquel, Domenach, 1962 : 562).

On sent bien la volonté culturelle d'influencer un projet intergouvernemental entre des pays qui ont en héritage la langue française. Dans le même temps, la Francophonie prend acte d´une mondialisation manquée, d´un désir de faire monde qui a échoué. Elle demeure un résidu institutionnel censé promouvoir une diversité culturelle autour d´une seule langue, contredisant les convictions d´Onésime Reclus. C´est en ce sens que nous pourrions évoquer l´idée d´une « hégémonie brisée » (Schürmann, 1996), d´une tentative de mondialisation culturelle avortée. L´idée d´un monde commun ne correspond pas à la réalité des pays francophones, il manque le sens d´une orientation au sens où l´entend Jean-Luc Nancy (Nancy, 1993). La Francophonie est devenue une mondialisation fictive sans monde. Le bien commun reste l´héritage d´une langue qui perd de l'influence puisque la vision fraternelle initiale se trouve de moins en moins lisible. Au fond, la Francophonie est littéralement devenue un gadget institutionnel incapable d´élaborer un projet commun substantiel, que ce soit par des structures politiques fortes ou que ce soit par l´idée d´un marché ou d´une monnaie communs. Le recul de la langue française est une réalité datant du XVIIIe siècle au moment du traité de Paris de 1759 où la colonisation anglaise gagne des batailles décisives (Rey, 2007 : 206). C´est pour cela que l´approche postcoloniale reste la plus pertinente pour comprendre les logiques présidant à cette diffusion qui s´est manifestée parfois par une forme de créolisation. La dimension institutionnelle de la Francophonie révèle cette prise de conscience. Le rôle de Léopold Sédar Senghor est essentiel dans ce projet puisque c'est même lui qui utilise à plusieurs reprises ce concept pour évoquer une nouvelle logique civilisationnelle à l'œuvre. Il y a bien un rêve senghorien qui s'est traduit récemment par la constitution d'une organisation internationale capable d'affronter des questions globales. Ce rêve est cependant dépassé, preuve en est le discours quelque peu daté de Senghor qui a dans sa trajectoire assimilé une manière de penser à la française. Cette socialisation coloniale peut à bien des égards apparaître suspecte dans la formulation de cette vision. Le concept de civilisation est problématique quand on l'accole à la Francophonie car il donne l'illusion d'un mode de vie commun (Bruneau, 2010 : 315) au sein des populations francophones, ce qui n'est pas tout à fait le cas. C'est pour cette raison que le terme a été rapidement abandonné par les anthropologues au profit du mot culture (Godelier, 1977). De ce point de vue, l'évolution de la qualification des apprenants de langue française en publics francophones a été constatée dans les manuels de Français Langue Étrangère (Dumont, 2002) ; en revanche, de nombreux manuels scolaires abordent la question des civilisations francophones tandis que d'autres se concentrent davantage sur la littérature francophone (Itti, 2003). La Francophonie institutionnelle soutient les formulations de ce type de discours alors qu'une certaine prudence doit être observée pour éviter de tomber dans un discours idéaliste sur les sociétés francophones.

La Francophonie institutionnelle a été la construction d´une organisation politique synthétisant des réseaux divers pour retirer une certaine force dans l´instauration de politiques publiques en faveur de l´éducation et de la culture. Elle tente de structurer un désir avec l´institution d´une symbolique, une fête, des jeux et des manifestations culturelles. Y a-t-il pour autant une manière d´être francophone, une référence à un imaginaire francophone autour de certaines solidarités sociales et matérielles ? Comme l´écrivait Chebel,

> « l´Imaginaire est une sorte de parole sociale recomposée selon des lois subconscientes. Il est un tout indiscernable qui permet à l´individu de se sentir appartenir au monde matériel et social, sans pour autant quitter l´univers des idées. L´Imaginaire est avant tout une expérience de vie, au sens plein du terme. Il est l´emmagasinement de tous les virtuels, leur somme phénoménologique » (Chebel, 1993 : 372).

Il existe des traces du passé et une hybridation de la langue française qui s´est acclimatée à différentes régions, mais il est illusoire pour la France d'imaginer pouvoir entretenir une influence par le biais de la Francophonie. La France s'est rapprochée des institutions francophones à partir d'une politisation de l'organisation dans les années 1980. Elle s'est repositionnée plus discrètement au centre de la Francophonie, cette dernière fonctionnant comme un partenaire privilégié de l'action extérieure de l'État. Ainsi, par son réseau de diplomatie culturelle et éducative, la Francophonie est devenue un passage obligé pour orienter l'influence de la France dans le monde (Lane, 2011). Depuis une dizaine d'années, l'élargissement de cette organisation à de nombreux pays traduit paradoxalement un affaiblissement autour du primat de la langue et une tentative mimétique de ménager une influence symbolique au niveau international. L'OIF ressemble presque à un sous-groupe des Nations Unies avec un fonctionnement similaire, un Secrétaire général, une assemblée de chefs de gouvernements prenant des décisions et le pilotage d'opérateurs. La France soutient discrètement cette organisation en prenant garde de ne pas la structurer pour éviter d'être taxée de néocolonialisme. En même temps, elle participe à une coopération étroite avec l'OIF grâce à sa forte diplomatie culturelle. L'origine reclusienne de la francophonie avait été occultée au profit d'une renaissance africo-québécoise censée montrer sa vitalité en dehors de l'influence de la France (Lavodrama, 2007 : 180). Néanmoins, cette organisation fait évoluer le discours officiel francophone vers une autre dimension que la simple solidarité autour de la langue et de la culture (Majumdar, 2003 : 11).

La Francophonie, même si elle a évolué en tant qu'organisation internationale, reste essentiellement une institution post-coloniale conférant à la France une position symbolique de par la manière dont sa langue est pratiquée en dehors de l'Hexagone. Cette organisation mime dans son fonctionnement les grandes institutions internationales comme l'ONU pour conserver l'influence du français à l'international et construire un lobbying efficace au service d'une mondialisation alternative. L'élargissement de l'OIF tient uniquement à ce travail de pression politique et diplomatique au sein des institutions internationales. La stratégie de l'élargissement plutôt que celle de l'approfondissement obéit à cette logique, la Francophonie jouant le rôle d'une institution médiatrice susceptible d´accompagner des projets la dépassant (Ramel, 2016). Les appareils diplomatiques et officiels montrent qu´il reste de nombreuses années après le traité de Niamey un volontarisme politique qui n´arrive pas à faire face à l´affirmation des autres langues internationales. La politisation d´une stratégie francophone fait que cette Organisation s´est décentrée de la langue et de la culture pour conquérir de nouveaux domaines de coopération comme la défense et l´économie. La bureaucratisation de cette organisation due à ce volontarisme présidentiel initial la coupe des réalités de terrain et des efforts réels des pays membres à instaurer une politique du français sur le long terme. Plus la Francophonie s'occupe d'objectifs généraux, plus elle perd sa spécificité culturelle alors qu'elle avait pu contribué à la reconnaissance d'un ordre géopolitique pluriel et multipolaire.

Il existerait pourtant une possibilité d'échapper à la construction d'une bureaucratie internationale difficilement lisible parce que dépendant uniquement des décisions intergouvernementales. En effet, la Francophonie gagnerait à relier entre elles des aires linguistiques en dehors de l'influence des États et de leurs intérêts. L'idée serait de privilégier des relations aux niveaux local et régional pour que des projets concrets puissent voir le jour. Après tout, le concept d'État comme institutionnalisation d'un pouvoir politique demeure occidental et son extension n'est pas forcément souhaitable alors que dans le monde actuel, les régions et les métropoles deviennent des partenaires naturels. Dans l'entreprise de colonisation, les puissances européennes ont recréé une forme d'État colonial avec des administrations étendues sur l'ensemble des territoires colonisés. Cette structure élitiste a donc ses limites puisqu'elle dépend exclusivement de la socialisation des élites francophones et des relations entre les gouvernements francophones entre eux. L'OIF n'arrive pas à créer des positions communes aux pays francophones lorsqu'il s'agit de discuter des grandes questions internationales. Lorsque le gouvernement français s'est opposé à une intervention militaire sous l'égide de l'ONU en 2003, il n'y a pas eu de véritable consensus au sein des gouvernements francophones (Tréan, 2006 : 25). Une repolitisation de la Francophonie signifierait l'organisation d'une véritable diplomatie multilatérale au sein des grandes instances internationales avec des positions partagées. Pourquoi ne pas permettre à l'OIF d'anticiper les réunions du Conseil de Sécurité pour pouvoir avoir un débat préalable suivi d'une position commune ? Si elle veut jouer une carte multilatérale, alors il faut qu'elle puisse jouer le rôle véritable d'un acteur politique international. Depuis le début des années 2000, elle a investi l'ensemble des grandes questions politiques (développement durable, sécurité, solidarité) et elle pourrait s'affirmer dans cette optique. Dans le cas inverse, sa diversité est un frein au développement de politiques publiques territoriales fortes. Sur le plan du développement culturel, l'OIF a réussi son lobbying pour imposer l'idée d'une alternative à la mondialisation libérale, encore faut-il que les textes de la Convention sur la diversité culturelle puissent se traduire par davantage de coopération et de politiques publiques en faveur du développement culturel.

Il nous semble difficile d'entrer dans un débat binaire sur le profil et les intentions d'une telle organisation géoculturelle qui est le reflet de profondes évolutions historiques et sociales. Il existait bel et bien une intention post-coloniale parmi des acteurs gouvernementaux de la Francophonie soucieux d'avoir une influence plus forte sur la scène internationale. Nous avons des compréhensions et des interprétations différentes du fait francophone et de l'évolution de la Francophonie institutionnelle, mais cette organisation est condamnée à rester uniquement symbolique s'il n'y a pas une reterritorialisation de certaines politiques publiques. Cela signifierait un déclenchement de politiques communes au sein des pays francophones et notamment en Afrique. Nous pensons que la Francophonie doit continuer à se recentrer autour de l'espace post-colonial pour pouvoir faire émerger des politiques plus ambitieuses pour les populations locales. Les organisations géoculturelles peuvent être de ce point de vue des laboratoires de fabrication d'utopie transnationale si on les prend plus au sérieux. La repolitisation de la Francophonie supposerait des différends et parfois l'expression d'une mésentente susceptible d'animer des rapports de force pour qu'elle soit un enjeu. Tant que la Francophonie sera indexée sur les simples valeurs, elle ne pourra avoir de portée ni de reconnaissance forte. La repolitisation est un risque à prendre au moment où la mondialisation accentue la concentration des mouvements de capitaux. Elle pourrait se faire pour ou contre le regain de l'influence de la France qui a depuis 1986 systématiquement reconquis les lieux et la symbolique de la Francophonie en contribuant à sa réorganisation. À force de ne pas choisir, cette organisation mastodonte est condamnée à brasser des généralités et à concocter des politiques publiques de portée assez faible. La Francophonie peut être le simple reflet d'une fête perpétuelle autour de la langue française, elle peut être aussi un espace international d'influence certaine si elle élabore des outils politiques réels (Batho, 2001 : 171).

La difficulté demeure d'avoir un supplément d'existence dans un monde politique où la France a déjà un appareil public puissant de la Francophonie à travers l'action extérieure de l'État et où elle entretient des relations bilatérales régulières en Afrique depuis 1973. La Françafrique est la poursuite de la colonisation par d´autres moyens, la politique africaine de la France étant toujours une forme d´excroissance de sa politique intérieure. La Francophonie est parfois parasitée par l´évolution des relations bilatérales entre la France et l´Afrique. Autant dire que la Francophonie a un horizon limité car des moyens ambitieux supposeraient de créer une structure plus en phase avec les gouvernements. Elle pourrait être une organisation jetant un pont entre l'Unité Africaine et l'Union européenne et affirmerait dans ce sens un rôle médiateur. *In fine*, la Francophonie est bel et bien le lieu d'une diplomatie francophone qui prend acte d'une mondialisation impossible autour de la langue française. Si des zones économiques sont constituées et des échanges migratoires ont lieu au sein des pays francophones, alors l´existence de la Francophonie pourrait plus facilement être justifiée. La Francophonie pourrait à ce moment-là évoluer d'une Organisation internationale vers une Union des pays francophones. Ce destin utopique serait de nature à stimuler ses actions pour qu'elle se projette au-delà des simples relations entre États-membres au moment des sommets. La Francophonie ne peut pas être plus qu'un être juridique postcolonial et les objectifs que s'assigne l'OIF vont encore dans ce sens avec le dénombrement des locuteurs francophones (logique démographique) et la volonté d'étendre l'emprise du français (Pinhas, 2004 : 70). Le projet francophone est sans cesse ramené à son ambiguïté originelle d'oscillation entre un discours francodoxe colonial et un discours d'ouverture somme toute limitée à l'autre. Les prétentions de l'universalité de la langue française, héritées de la IIIe République française, pourraient même être un frein à l'évolution des institutions francophones. *In fine*, il reste à construire des lieux interculturels communs francophones pour faire vivre ces valeurs et les incarner dans un projet. Comme l'écrit le philosophe camerounais Fabien Eboussi Boulaga (Kavwahirehi, 2015 : 316), il importe d'inventer des topiques francophones, des espaces de solidarité qui font sens dans des sociétés habitées par le traumatisme historique du colonialisme. La Francophonie gagnerait en tant qu'institution à investir ce « lieu commun constitué par les événements, par ce qui se passe, par ce que les uns et les autres évaluent, prescrivent, louent ou blâment, proposent ou interdisent, dans le présent » (Eboussi Boulaga, Kisukidi, 2014 : 87). Elle est essentiellement post-coloniale, c'est-à-dire constituée d'anciens fragments coloniaux solides à des époques différentes comme la Nouvelle France et l'Afrique francophone. Elle a su être la recomposition de ces fragments pour proposer une organisation géoculturelle à vocation symbolique et ouverte. Dans le même temps, cette ouverture est un risque d'illusion et de dilution certaine renvoyant à une organisation plus « liquide » que « solide » au sens où l'entendait le sociologue Zygmunt Bauman (Bauman, 2009). La Francophonie s'est dotée d'un paravent pour justifier un projet méticuleux d'influence française, c'est le sens de la repolitisation de cette organisation assurée depuis 1986. Les Sommets marquent ainsi la tentative de recentraliser cette dynamique autour de la diplomatie culturelle française qui tente de gommer l'aspect post-colonial pour insister sur une soi-disant mondialisation heureuse (Provenzano, 2006). Il importait ainsi de restituer l'histoire de ce projet pour en comprendre les contradictions et les motivations. Nous sommes peut-être entrés dans l´ère de la « Post-Francophonie » (Milhaud, 2006) avec la nécessité de ne pas définir uniquement les nations par l´identité linguistique. L´approche postcoloniale permet de montrer que les ambiguïtés du récit francophone ont du mal à éclairer les caractéristiques de cette communauté de destin promise, la France tente plus ou moins subtilement de soutenir un récit et une histoire mythique selon lesquels les pays francophones auraient éprouvé le besoin de maintenir des liens forts alors que ce souhait était surtout formé par des élites politiques socialisées en France. Ainsi, la Francophonie est devenue une organisation internationale regroupant beaucoup d'États pour pouvoir peser sur des décisions multilatérales prises à l'ONU, mais son emprise demeure symbolique ; *de facto*, elle reflète une gloire passée, une mondialisation qui n'a pas réussi et qui maintient un semblant de rayonnement *via* la gestion de quelques opérateurs et un soutien pour le développement de la langue française. Le rêve senghorien d'un *Commonwealth* à la française s'est réalisé, mais les défis qui sont posés à l'OIF sont liés à sa nature politique. L'OIF doit-elle se donner des priorités fortes ou au contraire courir derrière tous les grands enjeux internationaux du réchauffement climatique à la sécurité et à la paix ? En outre, la promotion du multilinguisme autour d'une langue française peut être un leurre s'il n'y a pas de moyens substantiels destinés à revitaliser des langues vernaculaires ayant un contact avec le français. Plutôt qu'un élargissement, nous plaidons pour un approfondissement de l'OIF qui gagnerait à se recentrer sur la manière de soutenir un développement culturel possible dans les zones francophones.

Glossaire des sigles utilisés

ACCT : Agence de coopération culturelle et technique

AEF : Afrique-Équatoriale Française

AEFE : Agence pour l´enseignement français à l´étranger

AEFS : Association des professeurs de français de Suède

AOF : Afrique-Occidentale Française

AIEQ : Association Internationale des Études Québécoises

AIF : Agence Intergouvernementale de la Francophonie

AIMF : Association Internationale des Maires Francophones

AIPLF : Association internationale des parlementaires de langue française

AUF : Agence Universitaire de la Francophonie

AUPELF : Association des Universités Partiellement ou Entièrement en Langue Française

BEAC : Banque des États d´Afrique Centrale

CAE : Communauté de l´Afrique de l´Est

CÉDÉAO : Communauté économique des États de l´Afrique de l´Ouest

CEEAC : Communauté économique des États de l´Afrique centrale

CEMAC : Communauté Économique et Monétaire des États de l´Afrique Centrale

CEN-SAD : Communauté des États sahélo-sahariens

CFA : Communauté Financière d´Afrique

CIDEF : Conseil international des études françaises

CIEF : Centre international d´études francophones

CILF : Conseil international de la langue française

CMF : Conférence ministérielle de la Francophonie

CPF : Conseil Permanent de la Francophonie

CPLP : Communauté des pays de langue lusophone

COMESA : Marché Commun pour l´Afrique australe et orientale

CONFEJES : Conférence des ministres et de la jeunesse et des sports de la Francophonie

CONFEMEN : Conférence des Ministres de l´Éducation des États et gouvernements de la Francophonie

DGLFLF : Direction Générale à la Langue Française et aux Langues de France

ECOMOG : Economic Community of West African States Cease-fire Monitoring Group, brigade de surveillance du cessez-le-feu de la CÉDÉAO

ENFOM : École nationale de la France d´Outre-mer

FMU : Fonds Multilatéral Unique

FCI : Français de Côte d'Ivoire

FICU : Fonds international de coopération universitaire

FPI : Français Populaire Ivoirien

GATT : *General Agreement on Tarifs and Trade* (Accord sur les tarifs douaniers et le commerce)

IGAD : Autorité intergouvernementale pour le Développement

IOR : Association des États riverains de l'Océan Indien

MAEDI : Ministère des Affaires étrangères et du Développement international

MUTAA : Marché unique du transport aérien africain.

NOPADA/NEPAD : Nouveau partenariat pour le développement de l'Afrique

OCAM : Organisation commune africaine et malgache

OEI : Organisation des États ibérico-américains pour l'Education, la Science et la Culture

OIF : Organisation Internationale de la Francophonie

OMC : Organisation Mondiale du Commerce

ONG : Organisation non gouvernementale

ONU : Organisation des Nations Unies

PIB : Produit Intérieur Brut

RDA : Rassemblement Démocratique Africain

RFI : Radio France Internationale

SADC : Communauté de Développement d´Afrique Australe

STP : Secrétariat Technique Permanent (Organe de la CONFEMEN)

UDEAC : Union douanière et économique de l´Afrique Centrale

UDEAO : Union douanière des États d´Afrique de l´Ouest

UDAO : Union douanière de l´Afrique de l´Ouest

UEA : Union des États Africains

UEAC : Union des États de l´Afrique Centrale

UMOA : Union monétaire ouest-africaine

ZOI : Zone Océan Indien

Canada
Canada
Ontario
Canada
Québec
Canada
Nouveau-
Brunswick
5
Saint-Pierre-et-Miquelon (Fr.)
Mexique
Rép. dominicaine
Haïti
Guadeloupe (Fr.)
Dominique
Martinique (Fr.)
Sainte-Lucie
Costa Rica
Guyane (Fr.)
Wallis-et-Futuna (Fr.)
Polynésie française (Fr.)
Uruguay
Argentine

Estonie
Lettonie
Lituanie
1. Croatie
2. Bosnie-Herzégovine
3. Monténégro
4. Kosovo
5. Ex-république yougoslave de Macédoine
Pologne
Féd. Wallonie-Bruxelles
Belgique
Luxembourg
Rép. tchèque
Slovaquie
Ukraine
Autriche
Hongrie
Moldavie
Suisse
France
Slovénie
Roumanie
Serbie
Monaco
Bulgarie
Andorre
Albanie
Géorgie
Arménie
Grèce
Chypre
Liban
Maroc
Tunisie
Égypte
Qatar
Émirats arabes unis
Mauritanie
Mali
Niger
Tchad
Sénégal
Burkina Faso
Guinée
Bénin
Togo
Côte d'Ivoire
Ghana
Djibouti
Rép. centrafricaine
Cameroun
Guinée équatoriale
São Tomé-et-Príncipe
Gabon
Congo
Rép. dém. du Congo
Rwanda
Burundi
Seychelles
Comores
Mayotte (Fr.)
Mozambique
Madagascar
Maurice
Réunion (Fr.)

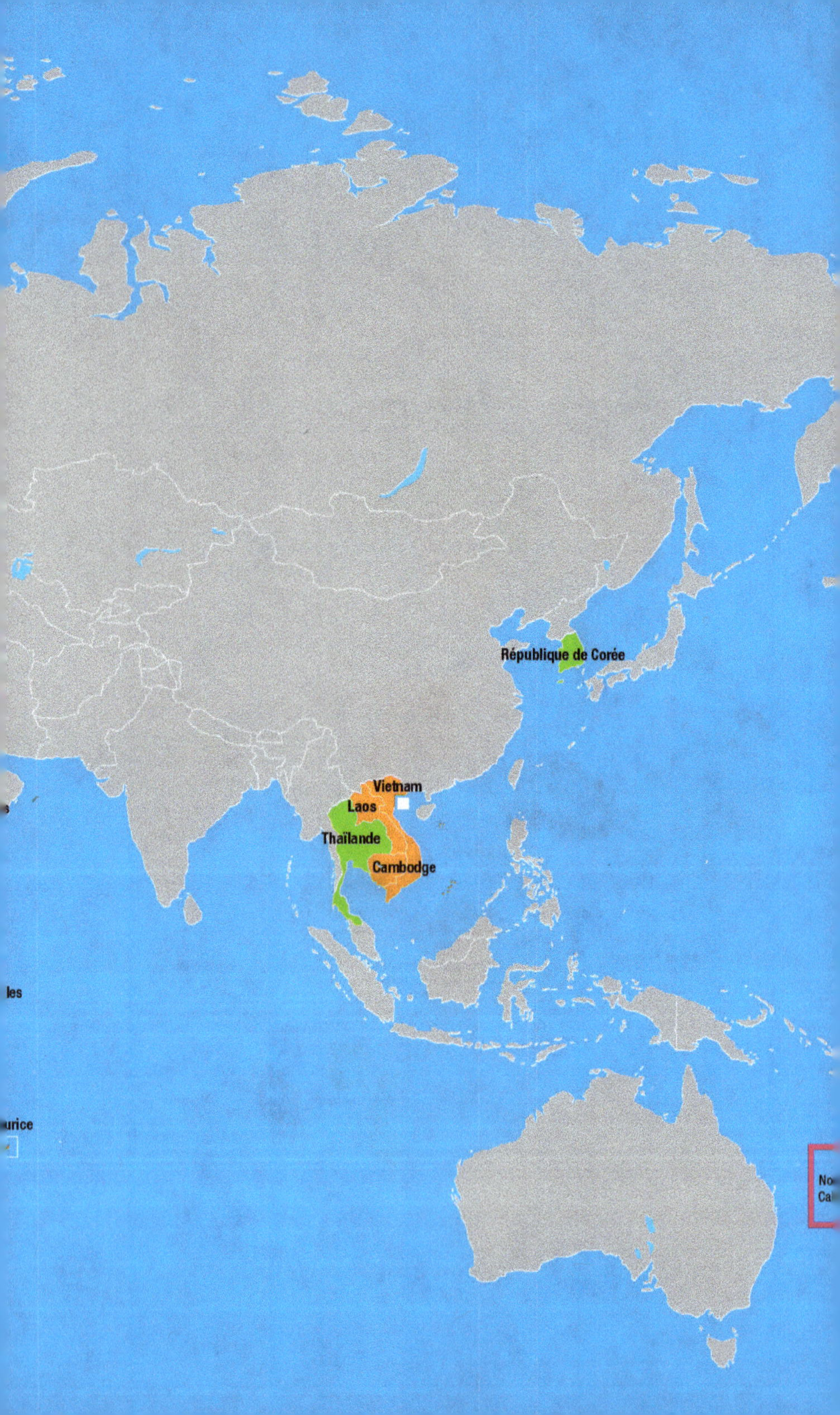
République de Corée
Vietnam
Laos
Thaïlande
Cambodge

Documents annexes

1) Carte des États-membres de la Francophonie en 2017 (p. 186–188)

(Source : Organisation Internationale de la Francophonie)

Organisation internationale de la Francophonie (siège, Paris)

- Représentations permanentes (Addis-Abeba, Bruxelles, Genève, New York)
- Bureaux régionaux (Antananarivo, Bucarest, Hanoï, Libreville, Lomé, Port-au-Prince)
- Institut de la Francophonie pour le développement durable (IFDD, Québec)
- Institut de la Francophonie pour l'éducation et la formation (IFEF, Dakar)

54 États et gouvernements membres de l'OIF
4 États et gouvernements membres associés
26 États et gouvernements observateurs

Assemblée parlementaire de la Francophonie (APF, Paris)

Agence universitaire de la Francophonie (AUF)

- Rectorat et siège (Montréal)
- Rectorat et services centraux (Paris)

TV5MONDE (Paris) TV5 Québec Canada (Montréal)

Université Senghor (Alexandrie)

Association internationale des maires francophones (AIMF, Paris)

Conférence des ministres de l'Éducation de la Francophonie (Confémen, Dakar)

Conférence des ministres de la Jeunesse et des Sports de la Francophonie (Conféjes, Dakar)

2) Discours inaugural du général de Gaulle à Brazzaville, 30 janvier 1944

Si l´on voulait juger des entreprises de notre temps suivant les errements anciens, on pourrait s´étonner que le Gouvernement français ait décidé de réunir cette Conférence africaine.

> « Attendez ! » nous conseillerait, sans doute, la fausse prudence d´autrefois. « La guerre n´est pas à son terme. Encore moins peut-on savoir ce que sera demain la paix. La France, d´ailleurs, n´a-t-elle pas, hélas ! Des soucis plus immédiats que l´avenir de ses territoires d´outre-mer ? »

Mais il a paru au gouvernement que rien ne serait, en réalité, moins justifié que cet effacement, ni plus imprudent que cette prudence. C´est qu´en effet, loin que la situation présente, pour cruelle et compliquée qu´elle soit, doive nous conseiller l´abstention, c´est, au contraire, l´esprit d´entreprise qu´elle nous commande. Cela est vrai dans tous les domaines, en particulier dans celui que va parcourir la Conférence de Brazzaville. Car, sans vouloir exagérer l´urgence des raisons qui nous pressent d´aborder l´étude d´ensemble des problèmes africains français, nous croyons que les immenses événements qui bouleversent le monde nous engagent à ne pas tarder ; que la terrible épreuve que constitue l´occupation provisoire de la Métropole par l´ennemi ne retire rien à la France en guerre de ses devoirs et de ses droits enfin, que le rassemblement, maintenant accompli, de toutes nos possessions d´Afrique nous offre une occasion excellente de réunir, à l´initiative et sous la direction de M. le Commissaire aux Colonies, pour travailler ensemble, confronter leurs idées et leur expérience, les hommes qui ont l´honneur et la charge de gouverner, au nom de la France, ses territoires africains. Où donc une telle réunion devait-elle se tenir, sinon à Brazzaville, qui, pendant de terribles années, fut le refuge de notre honneur et de notre indépendance et qui restera l´exemple du plus méritoire effort français ?

Depuis un demi-siècle, à l´appel d´une vocation civilisatrice vieille de beaucoup de centaines d´années, sous l´impulsion des gouvernements de la République et sous la conduite d´hommes tels que : Gallieni, Brazza, Dodds, Joffre, Binger, Marchand, Gentil, Foureau, Lamy, Borgnis-Desbordes, Archinard, Lyautey, Gouraud, Mangin, Largeau, les Français ont pénétré, pacifié, ouvert au monde, une grande partie de cette Afrique noire, que son étendue, les rigueurs du climat, la puissance des obstacles naturels, la misère et la diversité de ses populations avaient maintenue, depuis l´aurore de l´Histoire, douloureuse et imperméable.

Ce qui a été fait par nous pour le développement des richesses et pour le bien des hommes, à mesure de cette marche en avant, il n´est, pour le discerner, que de parcourir nos territoires et, pour le reconnaître, que d´avoir du cœur. Mais, de même qu´un rocher lancé sur la pente roule plus vite à chaque instant, ainsi l´œuvre que nous avons entreprise ici nous impose sans cesse de plus larges tâches. Au moment où commençait la présente guerre mondiale, apparaissait déjà la nécessité d´établir sur des bases nouvelles les conditions de la mise en valeur de notre Afrique, du progrès humain de ses habitants et de l´exercice de la souveraineté française.

Comme toujours, la guerre elle-même précipite l´évolution. D´abord, par le fait qu´elle fut, jusqu´à ce jour, pour une bonne part, une guerre africaine et que, du même coup, l´importance absolue et relative des ressources, des communications, des contingents d´Afrique, est apparue dans la lumière crue des théâtres d´opérations. Mais ensuite et surtout parce que cette guerre a pour enjeu ni plus ni moins que la condition de l´homme et que, sous l´action des forces psychiques qu´elle a partout déclenchées, chaque individu lève la tête, regarde au-delà du jour et s´interroge sur son destin.

S´il est une puissance impériale que les événements conduisent à s´inspirer de leurs leçons et à choisir noblement, libéralement, la route des temps nouveaux où elle entend diriger les soixante millions d´hommes qui se trouvent associés au sort de ses quarante-deux millions d´enfants, cette puissance c´est la France.

En premier lieu et tout simplement parce qu´elle est la France, c´est-à-dire la nation dont l´immortel génie est désigné pour les initiatives qui, par degrés, élèvent les hommes vers les sommets de dignité et de fraternité où, quelque jour, tous pourront s´unir. Ensuite parce que, dans l´extrémité où une défaite provisoire l´avait refoulée, c´est dans ses terres d´outre-mer, dont toutes les populations, dans toutes les parties du monde, n´ont pas, une seule minute, altéré leur fidélité, qu´elle a trouvé son recours et la base de départ pour sa libération et qu´il y a désormais, de ce fait, entre la Métropole et l´Empire, un lien définitif. Enfin, pour cette raison que, tirant à mesure du drame les conclusions qu´il comporte, la France est aujourd´hui animée, pour ce qui la concerne elle-même et pour ce qui concerne tous ceux qui dépendent d´elle, d´une volonté ardente et pratique de renouveau.

Est-ce à dire que la France veuille poursuivre sa tâche d´outremer en enfermant ses territoires dans des barrières qui les isoleraient du monde et, d´abord, de l´ensemble des contrées africaine ? Non, certes ! et, pour le prouver, il n´est que d´évoquer comment, dans cette guerre, l´Afrique Équatoriale et le Cameroun français n´ont cessé de collaborer de la façon la plus étroite avec les territoires voisins, Congo belge, Nigeria britannique, Soudan anglo-égyptien, et comment, à l´heure qu´il est, l´Empire français tout entier, à l´exception momentanée de l´Indochine, contribue dans d´importantes proportions, par ses positions stratégiques, ses voies de communications, sa production, ses bases aériennes, sans préjudice de ses effectifs militaires, à l´effort commun des Alliés.

Nous croyons que, pour ce qui concerne la vie du monde de demain, l´autarcie ne serait, pour personne, ni souhaitable, ni même possible. Nous croyons, en particulier, qu´au point de vue du développement des ressources et des grandes communications, le continent africain doit constituer, dans une large mesure, un tout. Mais, en Afrique française, comme dans tous les autres territoires où des hommes vivent sous notre drapeau, il n´y aurait aucun progrès qui soit un progrès, si les hommes, sur leur terre natale, n´en profitaient pas moralement et matériellement, s´ils ne pouvaient s´élever peu à peu jusqu´au niveau où ils seront capables de participer chez eux à la gestion de leurs propres affaires. C´est le devoir de la France de faire en sorte qu´il en soit ainsi.

Tel est le but vers lequel nous avons à nous diriger. Nous ne nous dissimulons pas la longueur des étapes. Vous avez, Messieurs les Gouverneurs généraux et Gouverneurs, les pieds assez bien enfoncés dans la terre d´Afrique pour ne jamais perdre le sens de ce qui y est réalisable et, par conséquent, pratique. Au demeurant, il appartient à la nation française et il n´appartient qu´à elle, de procéder, le moment venu, aux réformes impériales de structure qu´elle décidera dans sa souveraineté. Mais, en attendant, il faut vivre, et vivre chaque jour c´est entamer l´avenir.

Vous étudierez ici, pour les soumettre au gouvernement, quelles conditions morales, sociales, politiques, économiques et autres vous paraissent pouvoir être progressivement appliquées dans chacun de nos territoires, afin que, par leur développement même et le progrès de leur population, ils s´intègrent dans la communauté française avec leur personnalité, leurs intérêts, leurs aspirations, leur avenir.

Messieurs, la Conférence Africaine Française de Brazzaville est ouverte.

Source : http://mjp.univ-perp.fr/textes/degaulle30011944.htm

(Site consulté pour la dernière fois le 6 septembre 2018) ; Jean-Michel Champion, « Brazzaville Conférence de (1944) », *Encyclopædia Universalis [en ligne], URL :* http://www.universalis.fr/encyclopedie/conference-de-brazzaville, Site consulté pour la dernière fois le 6 septembre 2018.

3) « Le français, langue de culture » (*Esprit,* 1962)

(...) Malgré l´indépendance politique – ou l´autonomie- proclamée, depuis deux ans, dans tous les anciens 'territoires d´outre-mer', malgré la faveur dont jouit la Négritude dans les États francophones au sud du Sahara, le français n´y a rien perdu de son prestige. Il a été, partout, proclamé langue officielle de l´État et son rayonnement ne fait que s´étendre, même au Mali, même en Guinée. Il y a mieux : après le Ghana, qui, pourtant, n´est pas tendre pour la France, les États anglophones, l´un après l´autre, introduisent le français dans leur enseignement du second degré, allant, parfois, jusqu´à le rendre obligatoire.

Comment expliquer cette faveur, cette ferveur, singulièrement cette dissociation de la politique et de la culture françaises ? C´est l´objet de mon propos.

Je ferai une première remarque. Cette dissociation est plus apparente que réelle. La décolonisation, poursuivie avec constance par le Général de Gaulle, achevée avec éclat en Algérie, n´a pas été pour rien dans cette faveur. En Afrique, l´esprit ne succombe pas à la dichotomie. On n´y sépare pas, comme en Europe, la culture de la politique. Le conflit de Bizerte a failli chasser le français des écoles tunisiennes.

Donc, si on introduit ou maintient l´enseignement du français en Afrique, si on l´y renforce, c´est, d´abord, pour des raisons politiques. En Afrique anglophone plus qu´ailleurs. À la raison que voilà, s´ajoute celle que voici : la majorité des États africains sont francophones et, à l´ONU, le tiers des délégations s´exprime en français. En 1960, après l´entrée massive de nouveaux États africains dans l´Organisation Internationale, Habib Bourguiba en tira la conclusion logique : il faut renforcer l´enseignement du français en Tunisie. Dans les faits, Hassan II n´a pas appliqué une autre politique. Le Maroc, à lui seul, compte huit mille enseignants français : plus de la moitié de ceux qui servent à l´étranger.

Cependant, la principale raison de l´expansion du français hors de l´hexagone, de la naissance d´une Francophonie est d´ordre culturel. C´est le lieu de répondre à la question que m´a posée, personnellement, *Esprit* : 'Que représente, pour un écrivain noir, l´usage du français ?'. Bien sûr, je ne manquerai pas d´y répondre plus loin. On me permettra seulement d´élargir le débat : de répondre au nom de toutes les élites noires, des politiques comme des écrivains. Ce faisant, je suis convaincu qu´une partie de nos raisons vaudra, également, pour les Maghrébins – je songe, en particulier, au regretté Jean Amrouche – encore que ceux-ci soient mieux qualifiés que moi pour parler en leur nom propre.

Il y a, d´abord, une raison de fait. Beaucoup, parmi les élites, pensant en français, parlent mieux le français que leur langue maternelle, farcie, au demeurant, de francismes, du moins dans les villes. Pour choisir un exemple national, à Radio-Dakar, les émissions en français sont d´une langue plus pure que les émissions en langue vernaculaire. Il y a mieux : il n´est pas toujours facile, pour le non initié, d´y distinguer les voix des Sénégalais de celles des Français.

Deuxième raison : la richesse du vocabulaire français. On y trouve, avec la série des doublets – d´origine populaire ou savante -, la multiplicité des synonymes (...).

Troisième raison : la syntaxe. Parce que pourvu d´un vocabulaire abondant, grâce, en partie, aux réserves du latin et du grec, le français est une langue concise. Par le même fait, c´est une langue précise et nuancée, donc claire. Il est, partant, une langue discursive, qui place chaque fait, chaque argument à sa place, sans en oublier un. Langue d´analyse, le français n´est pas moins langue de synthèse. On n´analyse pas sans synthétiser, on ne dénombre pas sans rassembler, on ne fait pas éclater la contradiction sans la dépasser. Si, du latin, le français n´a pas conservé toute la rigueur technique, il a hérité toute une série de mots-pierre d´angle, de mots-ciment, de mots-gonds. Mots-outils, les conjonctions et locutions conjonctives lient une proposition à l´autre, une idée à l´autre, les subordonnant l´une à l´autre. Elles indiquent les étapes nécessaires de la pensée active : du raisonnement. À preuve que les intellectuels noirs ont dû emprunter ces outils au français pour vertébrer les langues vernaculaires. À la syntaxe de juxtaposition des langues négro-africaines, s´oppose la syntaxe de subordination du français ; à la syntaxe du concret vécu, celle de l´abstrait pensé : pour tout dire, la syntaxe de la raison à celle de l´émotion.

Quatrième raison : la stylistique française. Le style français pourrait être défini comme une symbiose de la subtilité grecque et de la rigueur latine, symbiose animée par la passion celtique. Il est, plus qu´ordonnance, ordination. Son génie est de puiser dans le vaste dictionnaire de l´univers pour, des matériaux ainsi rassemblés – faits, émotions, idées-, construire un monde nouveau : celui de l´Homme. Un monde idéal et réel en même temps, parce que de l´Homme, où toutes les choses, placées, chacune, à son rang, convergent vers le même but, qu´elles manifestent solidairement.

C´est ainsi que la prose française – et le poème jusqu´aux Surréalistes- nous a appris à nous appuyer sur des faits et des idées pour élucider l´univers ; mieux, pour exprimer le monde intérieur par déstructuration cohérente de l´univers.

Cinquième raison : l´humanisme français. C´est, précisément, dans cette élucidation, dans cette re-création, que consiste l´humanisme français. Car il a l´homme comme objet de son activité. Qu´il s´agisse du droit, de la littérature, de l´art, voire de la science, le sceau du génie français demeure ce souci de l´Homme. Il exprime toujours une morale. D´où son caractère d´universalité, qui corrige son goût de l´individualisme.

Je sais le reproche que l´on fait à cet humanisme de l´honnête homme : c´est un système fermé et statique, qui se fonde sur l´équilibre. Il y a quelques années j´ai donné une conférence intitulée L´Humanisme de l´Union française. Mon propos était de montrer comment, au contact des réalités 'coloniales', c´est-à-dire des civilisations ultramarines, l´humanisme français s´était enrichi, s´approfondissant en s´élargissant, pour intégrer les valeurs de ces civilisations. Comment il était passé de l´assimilation à la coopération : à la symbiose. De la morale statistique à la morale de mouvement, chère à Pierre Teilhard de Chardin. Comme le notait Jean Daniel, à propos de l´Algérie, dans L´Express du 28 juin 1962, colonisateurs et colonisés se sont, en réalité, colonisés réciproquement : 'Il (le pays de France) s´est imprégné si fort des civilisations qu´il a entendu dominer, que les colonisés lui font, aujourd´hui, un sort à part, voyant dans ce bourreau, une victime en puissance, dans cet aliénateur, un aliéné, dans cet ennemi, un complice'. Je ne veux retenir, ici, que l´apport positif de la colonisation, qui apparaît à l´aube de l´indépendance. L´ennemi d´hier est un complice, qui nous a enrichis en s´enrichissant à notre contact. Mais il me faut, avant de finir, répondre à la question qui m´a été, personnellement, posée. Car les raisons que voilà sont, tout aussi bien, celles des politiques, qui veulent mener de front le développement économique et le développement culturel de leurs peuples respectifs pour, au-delà du bien-être, leur assurer le plus-être.

Que représente pour moi, écrivain noir, l´usage du français ? La question mérite d´autant plus réponse qu´on s´adresse, ici, au Poète et que j´ai défini les langues négro-africaines 'des langues poétiques'. En répondant, je reprendrai l´argument de fait. Je pense en français ; je m´exprime mieux en français que dans ma langue maternelle. Il y a aussi le fait que n´importe quel enfant, placé assez jeune dans un pays étranger, en apprend aussi facilement la langue que les autochtones. C´est dire la plasticité de l´esprit humain et que chaque langue peut exprimer toute l´âme humaine. Elle met seulement l´accent sur tel ou tel aspect de cette âme en la traduisant, de surcroît, en sa manière.

Or il se trouve que le français est, contrairement à ce qu´on a dit, une langue éminemment poétique. Non par sa clarté, mais par sa richesse.

Source : Senghor, L. S. (1962). « Le Français, langue de culture », *Esprit, novembre* : 837–844. https://esprit.presse.fr/article/senghor-leopold-sedar/le-francais-langue-de-culture-32919 (Site consulté pour la dernière fois le 6 septembre 2018).

4) Extraits des statuts de l'Agence de Coopération Technique et Culturelle (ACCT) – 1970-

Les États parties présentes à la Convention

Convention relative à l'Agence de coopération culturelle et technique,

Conscients de la solidarité qui les lie par l'usage de la langue française,

Considérant que la coopération internationale est une aspiration profonde des peuples et qu'elle représente un facteur nécessaire de progrès,

Considérant que la promotion et le rayonnement des cultures nationales constituent une étape nécessaire à la connaissance mutuelle et à l'amitié des peuples du monde en vue de faciliter l'accès et la contribution de tous à la civilisation universelle,

Considérant qu'une coopération culturelle et technique est d'autant plus féconde qu'elle associe des peuples participants à des civilisations différentes,

Désireux de promouvoir et de diffuser sur un pied d'égalité les cultures respectives de chacun des États membres,

Soucieux de sauvegarder les compétences des organismes de coopération existant entre les parties contractantes,

Considérant que la résolution finale adoptée à la Conférence réunie à Niamey du 17 au 20 février 1969 proclamait que cette coopération devrait s'exercer dans le respect de la souveraineté des États, des langues nationales ou officielles, et avec le souci de promouvoir et de diffuser les cultures propres à chaque pays ou groupe de pays représenté au sein de l'Agence,

Considérant que la Résolution finale de Niamey recommandait aux gouvernements représentés la création d'une Agence de Coopération Culturelle et Technique,

Acceptant ces principes dans le but de coopérer entre eux et avec toutes les autres parties intéressées pour promouvoir et diffuser leurs cultures,

Sont convenus d'établir la Convention relative à l'Agence de Coopération Culturelle et Technique, ainsi que la Charte de ladite Agence.

Article premier – *Buts et principes*

Le but de l'Agence de Coopération Culturelle et Technique, ci-après dénommée 'l'Agence', est de promouvoir et de diffuser les cultures des Hautes Parties contractantes et d'intensifier la coopération technique et culturelle entre elles. L'Agence doit être l'expression d'une nouvelle solidarité et un facteur supplémentaire de rapprochement des peuples par le dialogue permanent des civilisations.

Les Hautes parties contractantes conviennent que cette coopération devra s'exercer dans le respect de la souveraineté des États et de leur originalité.

Art. 2. – *Fonctions*
L'Agence, pour atteindre son but, devra exercer les fonctions suivantes :

a) Aider les États membres à assurer la promotion et la diffusion de leurs cultures respectives ;
b) Susciter ou faciliter la mise en commun d'une partie des moyens financiers des pays adhérents pour la réalisation de programmes de développement culturel et technique utiles à l'ensemble des adhérents ou à plusieurs d'entre eux et faire appel aux États membres pour réunir les ressources humaines et techniques appropriées à cette fin ;
c) Organiser et faciliter la mise à disposition des États membres des moyens nécessaires notamment à la formation des enseignants et des spécialistes de la langue et de la culture françaises ;
d) Encourager la connaissance mutuelle des peuples intéressés par des méthodes adéquates d'information ;
e) Aider à la formation, parmi les peuples, d'une opinion publique éclairée sur les cultures des pays représentés au sein de l'Agence ;
f) Exercer toute autre fonction entrant dans les buts de l'Agence qui pourrait lui être confiée par la Conférence générale.

Art. 3. – *Devise*
L'Agence adopte comme devise : Égalité, complémentarité, solidarité.

Art. 4. – États membres et États associés
La Convention prévoit deux catégories d'États : Les États membres et les États associés.

Art. 5. – *Signature, Ratification et Adhésion.*

1. Tout État dont le français est la langue officielle ou l'une

des langues officielles, ou tout État qui fait usage habituel et courant de la langue française, peut devenir partie à la présente Convention par :

a) La signature sans réserve de ratification ou d'adhésion ;
b) La signature sous réserve de ratification ;
c) L'adhésion dans les trois années suivant l'entrée en vigueur de la présente Convention.

2. La ratification ou l'adhésion devient effective par le dépôt d'un instrument officiel à cet effet auprès du Gouvernement du pays qui a accueilli la Conférence constitutive ou du Gouvernement du pays où est fixé le siège de l'Agence. Ces gouvernements en communiquent copie à tous les membres.
3. Après l'expiration de délai fixé au paragraphe 1 du présent article, tout État admis en qualité de membre de l'Agence, conformément aux dispositions de l'article 3, paragraphe 2 de la Charte, deviendra partie à la présente Convention en notifiant son adhésion au Gouvernement du pays qui a accueilli la Conférence constitutive ou au Gouvernement du pays où est fixé le siège de l'Agence.

Art. 6. – *Entrée en vigueur*
La présente convention entrera en vigueur à la date à laquelle dix États y seront devenus parties, conformément aux dispositions de l'article 3 § 1.

(...)

Art. 8. – *Privilèges et immunités*

1. L'Agence possède la personnalité juridique. Elle a notamment le droit de contracter, d'acquérir et d'aliéner des biens mobiliers et immobiliers et d'ester en justice.
2. Le Secrétaire général prendra, au nom de l'Agence, et en accord avec les Gouvernements intéressés, toutes dispositions utiles pour que l'Agence se voie reconnaître les privilèges et immunités qui seraient nécessaires à son fonctionnement.

Art. 9. – *Dénonciation*

1. Tout État qui est partie à la présente Convention peut la dénoncer en avisant le Gouvernement du pays qui a accueilli la Conférence constitutive ou le Gouvernement du pays où est fixé le siège de l'Agence au moins six mois avant la date de la plus proche réunion de la Conférence générale de l'Agence.

La dénonciation prend effet six mois après la date de sa réception par l'un des Gouvernements susmentionnés.

Toutefois, l'État en cause reste juridiquement tenu envers l'Agence de s'acquitter des contributions financières qu'il s'est engagé à verser mais qu'il n'a pas encore versées.

2. La dénonciation de la présente Convention par l'un ou plusieurs des Gouvernements parties à ladite Convention n'affecte nullement sa validité à l'égard des autres parties ».

Source : https://www.francophonie.org/L-ACCT.html, https://www.francophonie.org/Convention-portant-creation-de-l.html (Sites consultés pour la dernière fois le 6 septembre 2018).

5) VIIe Conférence des chefs d'État et de gouvernement des pays ayant le français en partage

Déclaration de Hanoi

Nous, Chefs d'État, de gouvernement et de délégation des pays ayant le français en partage, réunis du 14 au 16 novembre 1997 à Hanoi, en République socialiste du Vietnam,

Face aux défis liés à une mondialisation accélérée et à la nécessité d´en tirer le meilleur parti afin d´écarter les risques d´uniformisation réductrice, de dépendance et de marginalisation, qui touchent particulièrement les plus démunis ;

Conscients de la nécessité de renforcer la dimension économique de la Francophonie pour que, de pair avec ses dimensions culturelle et politique, elle assure la pérennité de la Francophonie dans le monde d´aujourd´hui et de demain, et reconnaissant l´urgence de répondre au besoin de développement de nos peuples comme l´indique le thème du Sommet de Hanoï : « Renforcement de la coopération et de la solidarité francophones pour la paix et le développement économique et social » ;

Interpellés par la persistance des crises et des conflits de toutes formes, de l´occupation étrangère des territoires de certains pays membres, de la pauvreté et du sous- développement qui affectent plus particulièrement les femmes et les enfants ;

Conscients toutefois, que, riche du patrimoine de valeurs et d´expressions diverses respectueuses des identités de chaque partenaire, et considérant la culture comme fondement du développement, la Francophonie s´affirme ouverte, plurielle, lieu de dialogue et d´échanges ;

Œuvrant au dialogue pour faciliter le rapprochement des peuples et leur accès à la modernité grâce aux liens que crée l´usage commun de la langue française, dans le respect des cultures et des langues partenaires, et en coopération avec les autres espaces linguistiques ;

Réitérant notre foi dans les valeurs démocratiques fondées sur le respect des droits de l´Homme et des libertés fondamentales, et également sur le respect des droits des peuples et sur le respect des droits des minorités ;

Soulignant les liens indissociables entre paix, démocratie et développement, entre éducation et formation, entre croissance économique, progrès social et développement durable, qui sous-tendent notre coopération et nos efforts dans la poursuite de notre but ultime : le mieux-être de nos populations dans l´indépendance, la liberté et la solidarité ;

Considérant que la paix et le développement sont mieux servis par la mise en commun des ressources et des énergies, et que la Francophonie se définit comme un espace privilégié de concertation et d´action multilatérales ;

Considérant le rôle joué par l´Agence de la Francophonie dans l´ancrage sur la scène internationale d´une Francophonie intergouvernementale ;

Saluons la tenue, pour la première fois, d´un Sommet francophone en Asie, qui souligne ainsi la dimension universelle de la Francophonie et sa présence dans une région connue pour son dynamisme ;

Prenons l'engagement d'apporter une contribution active à la prévention et au règlement pacifique des conflits, le cas échéant, en liaison avec les organisations internationales et en utilisant pleinement les mécanismes régionaux compétents, dans un esprit de solidarité et de conciliation, et de contribuer au renforcement de la diplomatie préventive soutenue par l´ONU, tout particulièrement en Afrique et au Moyen-Orient ;

Œuvrons à l´intensification de nos activités de concertation, d´information et de formation pour dynamiser notre coopération et soutenir les efforts de nos pays pour un développement durable, en nous fondant sur l´exploitation et le partage des acquis scientifiques et techniques, et tout particulièrement, sur la mise en œuvre du Plan d´action de Montréal consacré aux nouvelles technologies de l´information et de la communication ;

Décidons de rehausser notre engagement en vue de promouvoir l´échange culturel en Francophonie sous toutes ses formes, de faciliter la circulation des créateurs et leur formation, d´assurer les échanges de leurs œuvres et l´accès aux aides et institutions artistiques et culturelles dans tous nos pays, en donnant notre aval au principe d´une convention gouvernementale sur la culture entre nos États et gouvernements. Nous demandons à la Conférence ministérielle de la Francophonie d´en approuver le contenu dans les meilleurs délais ;

Favorisons dans le traditionnel esprit de solidarité francophone, l´entraide et l´élargissement de la coopération entre les pays développés et les pays moins avancés, ainsi qu´entre les pays du Sud eux-mêmes ;

Appelons tous les pays, organisations et intervenants de la famille francophone, à exploiter le riche potentiel qu´offre notre coopération multilatérale dans le domaine des ressources humaines au service du développement, particulièrement par la priorité accordée au secteur de l´éducation-formation et à intégrer pleinement dans ce processus la société civile, notamment les jeunes et les femmes ;

Décidons d´apporter à la coopération multilatérale francophone, pour la mise en œuvre du Plan d´action que nous adoptons aujourd´hui, les moyens financiers, techniques et humains nécessaires ;

Exprimons notre reconnaissance au Secrétaire général de l´Agence de la Francophonie, pour le service éminent qu´il a rendu à la Francophonie au cours des huit dernières années ;

Faisons du Sommet de Hanoï une étape importante dans l´évolution des institutions de la Francophonie, par la mise en œuvre de la Charte révisée et l´élection du Secrétaire général de la Francophonie, qui renforcent la stature internationale de notre organisation ;

Nous félicitons de l´élection du premier Secrétaire général de la Francophonie, le Dr Boutros Boutros-Ghali, que nous assurons de tout notre soutien dans l´exercice de ses hautes fonctions ;

Nous engageons à promouvoir un espace francophone dans le domaine des nouvelles technologies de l'information et de la communication ;

Déclarons notre ferme volonté de faire rayonner la Francophonie dans le monde et d'œuvrer à la réalisation des légitimes aspirations de nos populations.

Source : https://www.francophonie.org/IMG/pdf/actes_som_vii_1997-3.pdf (Site consulté pour la dernière fois le 6 septembre 2018).

6) Discours de Bamako de Boutros Boutros-Ghali le 1er novembre 2000

> « Enfin, voici venu le jour attendu. Celui où la Francophonie est, ici, rassemblée autour de ce qui se constitue son impératif catégorique suprême : la démocratie. (…)

Nous allons, aujourd´hui, entamer nos travaux, mais je voudrais rappeler, tout ce qui a précédé ce Symposium. Je veux dire la formidable mobilisation qui s´est faite, depuis le sommet de Moncton, autour de cet événement.

Je veux dire le remarquable travail de réflexion qui a été élaboré au fil des séminaires préparatoires, des conférences périphériques et des réunions du Comité d´accompagnement.

Je veux dire le large consensus auquel nous sommes parvenus, à l´issue de tous ces travaux.

Et cette capacité de la Francophonie, à se mobiliser, cette capacité à mener une réflexion en prise directe avec les réalités, en faisant s´exprimer, aussi, les femmes et les hommes de terrain dans les champs les plus variés de la société, cette capacité à instaurer un dialogue franc et ouvert entre ses membres, mérite, aujourd'hui, d'être soulignée.

L'unité dans la diversité, a pris, peut-être, ici, son sens le plus fort, le plus actif, le plus constructif. Parce que tout cela – quoi qu'on en dise- n'allait pas de soi.

Pourtant, de Bamako à Sofia, de N'Djamena à Luxembourg, de Libreville à Paris, de Cotonou à Yaoundé, nous avons, partout, trouvé le même engagement, la même détermination, la même volonté de poser, courageusement, toutes les questions et d'envisager toutes les formes possibles de réponses, à cette problématique essentielle, mais difficile de la démocratie.

Nous voulions que ce Symposium soit un Symposium de toute la francophonie. Il en a été ainsi. Les 55 États et gouvernements de notre organisation se sont impliqués directement dans cette préparation.

Nous voulions que ce Symposium associe tous les acteurs de la démocratie. Il en a été ainsi. Experts, universitaires, représentants gouvernementaux, représentants des organisations non gouvernementales, représentants de la société civile, parlementaires de toute tendance politique, maires, se sont assis, à maintes reprises, autour d'une même table.

Nous voulions que ce Symposium soit à l'écoute des réflexions et des pratiques qui ont cours dans d'autres organisations qui poursuivent le même dessein que nous. Il en a été ainsi.

Je veux donc féliciter, comme ils le méritent, toutes celles et tous ceux, qui ont participé à ce long processus de préparation.

Je veux, également, remercier les représentants des Organisations internationales et régionales qui ont tenu à marquer de leur présence, aujourd'hui, l'intérêt qu'ils portent à notre démarche. Et remercier particulièrement l'ONU et l'Organisation de l'unité africaine.

Si j'insiste, autant, sur ce long travail de préparation, de concertation, de confrontation, c'est parce qu'il fait partie intégrante, à mes yeux, du Symposium que nous allons tenir, ici.

Nous savons tous que l'opinion publique nous attend au tournant de l'après-Bamako.

Mais pour faire bonne mesure, l'opinion publique se devait de savoir, aussi, ce qu'avait été l'avant-Bamako. Et je le dis clairement, le courage ne s'accommode que très rarement de déclarations fracassantes. Car il est toujours plus facile – et plus médiatique- de se contenter de dénoncer les manquements à la démocratie que de vouloir y remédier.

La Francophonie a choisi de faire les deux.

C´est pourquoi, il vous reviendra, durant ce Symposium, de vous prononcer, tout à la fois, sur une Déclaration et sur un Programme d´action. Cette Déclaration est destinée à réaffirmer l´attachement des pays francophones aux valeurs démocratiques et à garantir leur respect. Cette Déclaration a été, à maintes reprises, remise sur le métier. (...)

Quant au projet de Programme d´action qui accompagne cette Déclaration, il doit inciter les bailleurs de fonds et les opérateurs de la Francophonie à des politiques de coopération plus vigoureuses pour soutenir les processus démocratiques dans les pays en développement et en transition.

Je crois qu´il est essentiel, à ce stade, que nous ayons à l´esprit trois grands principes : Francophonie et démocratie, Francophonie et diversité, Francophonie et solidarité.

Le premier principe est que Francophonie et démocratie sont indissociables. Parce que partager une langue, c´est aussi, partager des valeurs.

Nous ne pouvons pas accepter que le vote populaire soit bafoué.

Nous ne pouvons pas accepter que l´on vole les urnes.

L´alternance ne doit pas se faire par les armes, mais dans les urnes.

Le deuxième est que la Francophonie et diversité sont indissociables. Chaque démocratie est spécifique, car chaque chemin est unique et original.

Et je veux donc fortement le rappeler devant vous, la démocratie n´appartient à personne. Il n´y a pas de modèle unique en la matière. La démocratie ne s´exporte pas les clefs en mains.

Mais je voudrais, à ces deux principes, en ajouter un troisième, pour dire que Francophonie et solidarité sont indissociables. Il ne suffit pas de montrer la voie, il faut, aussi, se doter des moyens d´accompagnement nécessaires.

Et je le dis clairement. Le Programme d´action que vous examinerez, ici, restera lettre morte, si les ressources ne sont pas à la hauteur de nos ambitions.

Vous le voyez, nous sommes sur le point de franchir une étape décisive dans l'affirmation de la mission politique de la Francophonie. Nous avons besoin de vous. Nous avons besoin de votre expérience d'acteurs au quotidien de la démocratie. Nous avons besoin de votre empreinte et de votre aval. Et cette consécration politique, c'est ici, que les chefs d'État et de gouvernement ont choisi de la donner. (...) »

Source : (Boutros-Ghali, 2000: 160–162).

7) Charte d'Antananarive 23 novembre 2005

Charte de la Francophonie adoptée par la Conférence ministérielle de la Francophonie

Antananarive, le 23 novembre 2005

Préambule

La Francophonie doit tenir compte des mutations historiques et des grandes évolutions politiques, économiques, technologiques et culturelles qui marquent le XXIee siècle pour affirmer sa présence et son utilité dans un monde respectueux de la diversité culturelle et linguistique, dans lequel la langue française et les valeurs universelles se développent et contribuent àune action multilatérale originale et à la formation d'une communauté internationale solidaire.

La langue française constitue aujourd'hui un précieux héritage commun qui fonde le socle de la Francophonie, ensemble pluriel et divers. Elle est aussi un moyen d'accès à la modernité, un outil de communication, de réflexion et de création qui favorise l'échange d'expériences.

Cette histoire, grâce à laquelle le monde qui partage la langue française existe et se développe, est portée par la vision des chefs d'État et de gouvernement et par les nombreux militants de la cause francophone et les multiples organisations privées et publiques qui, depuis longtemps, œuvrent pour le rayonnement de la langue française, le dialogue des cultures et la culture du dialogue.

Elle a aussi été portée par l'Agence de coopération culturelle et technique, seule organisation intergouvernementale de la Francophonie issue de la Convention de Niamey en 1970, devenue l'Agence de la Francophonie après la révision de sa charte à Hanoï, en 1997.

Afin de donner à la Francophonie sa pleine dimension politique, les chefs d'État et de gouvernement, comme ils en avaient décidé à Cotonou en 1995, ont élu un Secrétaire général, clé de voûte du système institutionnel francophone, de même que la Conférence ministérielle, en 1998 à Bucarest, a pris acte de la décision du Conseil permanent d'adopter l'appellation « Organisation internationale de la Francophonie ». À Ouagadougou, en 2004, réunis en Xe sommet, les chefs d'État et de gouvernement ont approuvé les nouvelles missions stratégiques de la Francophonie et ont pris la décision de parachever la réforme institutionnelle afin de mieux fonder la personnalité juridique de l'Organisation internationale de la Francophonie et de préciser le cadre d'exercice des attributions du Secrétaire général.

Tel est l'objet de la présente Charte, qui donne à l'ACCT devenue Agence de la Francophonie, l'appellation d'Organisation internationale de la Francophonie.

Article 1 : Objectifs

Titre I : Des objectifs

La Francophonie, consciente des liens que crée entre ses membres le partage de la langue française et des valeurs universelles, et souhaitant les utiliser au service de la paix, de la coopération, de la solidarité et du développement durable, a pour objectifs d'aider : à l'instauration et au développement de la démocratie, à la prévention, à la gestion et au règlement des conflits, et au soutien à l'État de droit et aux droits de l'Homme ; à l'intensification du dialogue des cultures et des civilisations ; au rapprochement des peuples par leur connaissance mutuelle ; au renforcement de leur solidarité par des actions de coopération multilatérale en vue de favoriser l'essor de leurs économies ; à la promotion de l'éducation et de la formation. Le Sommet peut assigner d'autres objectifs à la Francophonie.

La Francophonie respecte la souveraineté des États, leurs langues et leurs cultures. Elle observe la plus stricte neutralité dans les questions de politique intérieure.

Les institutions de la présente Charte concourent, pour ce qui les concerne, à la réalisation de ces objectifs et au respect de ces principes.

Titre II : De l'organisation institutionnelle

Article 2 : Institutions et opérateurs

Les institutions de la Francophonie sont :

1. Les instances de la Francophonie :
   - La Conférence des chefs d'État et de gouvernement des pays ayant le français en partage, ci-après appelée le « Sommet » ;
   - La Conférence ministérielle de la Francophonie, ci-après appelée « Conférence ministérielle » ;
   - Le Conseil permanent de la Francophonie, ci-après appelé « Conseil permanent ».
2. Le Secrétaire général de la Francophonie.
3. L'Organisation internationale de la Francophonie (OIF).
4. L'Assemblée parlementaire de la Francophonie (APF), qui est l'Assemblée consultative de la Francophonie.
5. Les opérateurs directs et reconnus du Sommet, qui concourent, dans les domaines de leurs compétences, aux objectifs de la Francophonie tels que définis dans la présente Charte :
   - l'Agence universitaire de la Francophonie (AUF) ;
   - TV5, la télévision internationale francophone ;
   - l'Université Senghor d'Alexandrie ;
   - l'Association internationale des maires et responsables des capitales et des métropoles partiellement ou entièrement francophones (AIMF).
6. Les Conférences ministérielles permanentes : la Conférence des ministres de l'Éducation des pays ayant le français en partage (Confémen) et la Conférence des ministres de la Jeunesse et des Sports des pays ayant le français en partage (Conféjes).

Article 3 : Sommet

Le Sommet, instance suprême de la Francophonie, se compose des chefs d'État et de gouvernement des pays ayant le français en partage. Il se réunit tous les deux ans.

Il est présidé par le chef d'État ou de gouvernement du pays hôte du Sommet jusqu'au Sommet suivant.

Il statue sur l'admission de nouveaux membres de plein droit, de membres associés et de membres observateurs à l'OIF.

Il définit les orientations de la Francophonie de manière à assurer son rayonnement dans le monde.

Il adopte toute résolution qu'il juge nécessaire au bon fonctionnement de la Francophonie et à la réalisation de ses objectifs.

Il élit le Secrétaire général, conformément aux dispositions de l'article 6 de la présente Charte.

Article 4 : Conférence ministérielle

La Conférence ministérielle se compose de tous les membres du Sommet. Chaque membre est représenté par le ministre des Affaires étrangères ou le ministre chargé de la Francophonie, ou son délégué. Le Secrétaire général de la Francophonie siège de droit à la Conférence ministérielle, sans prendre part au vote.

La Conférence ministérielle est présidée par le ministre des Affaires étrangères ou le ministre chargé de la Francophonie du pays hôte du Sommet, un an avant et un an après celui-ci.

La Conférence ministérielle se prononce sur les grands axes de l'action multilatérale francophone.

La Conférence ministérielle prépare le Sommet. Elle veille à l'exécution des décisions arrêtées par le Sommet et prend toutes initiatives à cet effet. Elle adopte le budget et les rapports financiers de l'OIF ainsi que la répartition du Fonds multilatéral unique.

La Conférence ministérielle nomme le Commissaire aux comptes de l'OIF et du FMU. Sur saisine d'un État membre ou d'un gouvernement participant, la Conférence ministérielle demande au Secrétaire général de fournir toute information concernant l'utilisation du Fonds.

La Conférence ministérielle définit les conditions dans lesquelles les commissaires aux comptes des opérateurs sont appelés à coopérer avec le Commissaire aux comptes de l'OIF et du FMU.

La Conférence ministérielle recommande au Sommet l'admission de nouveaux membres et de nouveaux membres associés ou observateurs, ainsi que la nature de leurs droits et obligations.

La Conférence ministérielle fixe les barèmes des contributions statutaires à l'OIF.

La Conférence ministérielle peut décider de déplacer le siège de l'OIF.

La Conférence ministérielle nomme les liquidateurs.

La Conférence ministérielle crée tout organe subsidiaire nécessaire au bon fonctionnement de l'OIF.

Les modalités de fonctionnement de la Conférence ministérielle sont précisées dans son Règlement intérieur.

Article 5 : Conseil permanent de la Francophonie

Le Conseil permanent est l'instance chargée de la préparation et du suivi du Sommet, sous l'autorité de la Conférence ministérielle.

Le Conseil permanent est composé des représentants personnels dûment accrédités par les chefs d'États ou de gouvernements membres du Sommet.

Le Conseil permanent est présidé par le Secrétaire général de la Francophonie. Il se prononce sur ses propositions et le soutient dans l'exercice de ses fonctions.

Le Conseil permanent de la Francophonie a pour missions :

- de veiller à` l'exécution des décisions prises par la Conférence ministérielle ;
- d'examiner les propositions de répartition du FMU ainsi que l'exécution des décisions d'affectation ;
- d'examiner les rapports financiers et les prévisions budgétaires de l'OIF ;
- d'examiner et d'adopter l'ordre du jour provisoire des réunions de la Conférence ministérielle ;
- de faire rapport à la Conférence ministérielle sur l'instruction des demandes d'adhésion ou de modification de statut ;
- d'exercer son rôle d'animateur, de coordonnateur et d'arbitre. Il dispose à cet effet des commissions suivantes : la commission politique, la commission économique, la commission de coopération et de programmation, et la commission administrative et financière. Ces commissions sont présidées par un représentant d'un État ou d'un gouvernement membre, qu'il désigne sur proposition de la commission concernée ;

- d'adopter le statut du personnel et le règlement financier ;
- d'examiner et d'approuver les projets de programmation ;
- de procéder aux évaluations des programmes des opérateurs ;
- de nommer le Contrôleur financier ;
- de remplir toute autre mission que lui confie la Conférence ministérielle.

En tant que de besoin, le Secrétaire général réunit le Conseil permanent.

Les modalités de fonctionnement du Conseil permanent sont fixées par son Règlement intérieur.

Article 6 : Secrétaire général

Le Secrétaire général de la Francophonie préside le Conseil de coopération. Il est représenté dans les instances des opérateurs. Il dirige l'Organisation internationale de la Francophonie.

Le Secrétaire général est élu pour quatre ans par les chefs d'État et de gouvernement. Son mandat peut être renouvelé. Il est placé sous l'autorité des instances.

Le statut du Secrétaire général a un caractère international. Le Secrétaire général ne demande ni ne reçoit d'instructions ou d'émoluments d'aucun gouvernement ni d'aucune autorité extérieure.

Il est responsable du Secrétariat de toutes les instances de la Francophonie, aux sessions desquelles il assiste.

Il préside le Conseil permanent, dont il prépare l'ordre du jour. Il ne prend pas part au vote. Il veille à la mise en œuvre des mesures adoptées, dont il rend compte.

Le Secrétaire général est le représentant légal de l'OIF. Àce titre, il engage l'Organisation et signe les accords internationaux. Il peut déléguer ses pouvoirs.

Le Secrétaire général rend compte au Sommet de l'exécution de son mandat.

Le Secrétaire général nomme le personnel et ordonne les dépenses. Il est responsable de l'administration et du budget de l'OIF dont il peut déléguer la gestion.

Le Secrétaire général est chargé de l'organisation et du suivi des conférences ministérielles sectorielles décidées par le Sommet.

Article 7 : Fonctions politiques
Le Secrétaire général conduit l'action politique de la Francophonie, dont il est le porte-parole et le représentant officiel au niveau international.

Il exerce ses prérogatives dans le respect de celles du président en exercice du Sommet et du président de la Conférence ministérielle.

Le Secrétaire général se tient informé en permanence de l'état des pratiques de la démocratie, des droits et des libertés dans l'espace francophone.

En cas d'urgence, le Secrétaire général saisit le Conseil permanent et, compte tenu de la gravité des événements, le président de la Conférence ministérielle, des situations de crise ou de conflit dans lesquelles des membres peuvent être ou sont impliqués. Il propose les mesures spécifiques pour leur prévention, leur gestion et leur règlement, éventuellement en collaboration avec d'autres organisations internationales.

Article 8 : Fonctions en matière de coopération
Le Secrétaire général propose aux instances, conformément aux orientations du Sommet, les axes prioritaires de l'action francophone multilatérale. Il le fait en concertation avec les opérateurs.

Il propose la répartition du FMU et il ordonne les décisions budgétaires et financières qui y sont relatives.

Le Secrétaire général est responsable de l'animation de la coopération multilatérale francophone financée par le FMU.
Dans l'accomplissement de ces fonctions, il nomme, après consultation du CPF, un Administrateur chargé d'exécuter, d'animer et de gérer la coopération intergouvernementale multilatérale, ainsi que d'assurer, sous son autorité, la gestion des affaires administratives et financières. L'Administrateur propose au Secrétaire général les programmes de coopération de l'OIF qui sont définis dans le cadre des décisions du Sommet. Il est chargé de leur mise en œuvre. Il participe aux travaux des instances. Il contribue à la préparation de la Conférence des organisations internationales non gouvernementales, ainsi qu'à l'organisation et au suivi des

conférences ministérielles sectorielles décidées par le Sommet et confiées à l'OIF. L'Administrateur est nommé pour quatre ans et sa mission peut être renouvelée. Il exerce ses fonctions par délégation du Secrétaire général.

Le Secrétaire général évalue l'action de coopération intergouvernementale francophone, telle que décidée. Il veille à l'harmonisation des programmes et des actions de l'ensemble des opérateurs directs reconnus.

À cette fin, il préside un Conseil de coopération, qui réunit l'Administrateur de l'OIF, les responsables des opérateurs ainsi que de l'APF. Il exerce ces fonctions avec impartialité, objectivité et équité. Le Conseil de coopération assure, de manière permanente, la cohérence, la complémentarité et la synergie des programmes de coopération des opérateurs.

Article 9 : Organisation internationale de la Francophonie

L'Agence de coopération culturelle et technique créée par la Convention de Niamey du 20 mars 1970 et devenue l'Agence de la Francophonie, prend l'appellation « Organisation internationale de la Francophonie ».

L'Organisation internationale de la Francophonie est une personne morale de droit international public et possède la personnalité juridique. L'OIF peut contracter, acquérir, aliéner tous biens mobiliers et immobiliers, ester en justice ainsi que recevoir des dons, legs et subventions des gouvernements, des institutions publiques ou privées, ou des particuliers.

Elle est le siège juridique et administratif des attributions du Secrétaire général.

L'OIF remplit toutes tâches d'étude, d'information, de coordination et d'action. Elle est habilitée à faire tout acte nécessaire à la poursuite de ses objectifs.

L'OIF collabore avec les diverses organisations internationales et régionales sur la base des principes et des formes de coopération multilatérale reconnus.

L'ensemble du personnel de l'OIF est régi par son propre statut et règlement du personnel, dans le respect du règlement financier. Le statut du personnel a un caractère international.

Le siège de l'Organisation internationale de la Francophonie est fixé à Paris.

Article 10 : États et gouvernements membres, membres associés et observateurs

Les États parties à la Convention de Niamey sont membres de l'OIF. En outre, la présente Charte ne porte pas préjudice aux situations existantes en ce qui concerne la participation d'États et de gouvernements tant aux instances de l'Organisation internationale de la Francophonie qu'aux instances de l'Agence de la Francophonie.

Tout État qui n'est pas devenu partie à la Convention dans les conditions prévues aux articles 4 et 5 de celle-ci, devient membre de l'OIF s'il a été admis à participer au Sommet.

Dans le plein respect de la souveraineté et de la compétence internationale des États membres, tout gouvernement peut être admis comme gouvernement participant aux institutions, aux activités et aux programmes de l'OIF, sous réserve de l'approbation de l'État membre dont relève le territoire sur lequel le gouvernement participant concerné exerce son autorité, et selon les modalités convenues entre ce gouvernement et celui de l'État membre.

La nature et l'étendue des droits et obligations des membres, des membres associés et des observateurs sont déterminées par le texte portant statut et modalités d'adhésion.

Tout membre peut se retirer de l'OIF en avisant le gouvernement du pays qui exerce la présidence du Sommet ou le gouvernement du pays où est fixé le siège de l'OIF, au moins six mois avant la plus proche réunion du Sommet. Le retrait prend effet à l'expiration du délai de six mois suivant cette notification.

Toutefois, le membre concerné demeure tenu d'acquitter le montant total des contributions dont il est redevable.

Article 11 : Représentations permanentes de l'OIF

Sur proposition du Secrétaire général, la Conférence ministérielle peut établir des représentations dans les diverses régions géographiques de l'espace francophone et auprès d'institutions internationales, et décider de manière équilibrée du lieu, de la composition, ainsi que des fonctions et du mode de financement de ces représentations.

Titre III : Des dispositions diverses

Article 12 : De la Conférence des organisations internationales non gouvernementales et des organisations de la société civile

Tous les deux ans, le Secrétaire général de la Francophonie convoque une conférence des organisations internationales non gouvernementales, conformément aux directives adoptées par la Conférence ministérielle.

Article 13 : Langue

La langue officielle et de travail des institutions et opérateurs de la Francophonie est le français.

Article 14 : Interprétation de la Charte

Toute décision relative à l'interprétation de la présente Charte est prise par la Conférence ministérielle de la Francophonie.

Article 15 : Révision de la Charte

La Conférence ministérielle a compétence pour amender la présente Charte.

Le gouvernement de l'État sur le territoire duquel est fixé le siège de l'OIF notifie à tous les membres ainsi qu'au Secrétaire général toute révision apportée à la présente Charte.

Article 16 : Dissolution

L'OIF est dissoute :

- soit si toutes les parties à la Convention, éventuellement sauf une, ont dénoncé celle-ci ;
- soit si la Conférence ministérielle de la Francophonie en décide la dissolution.

En cas de dissolution, l'OIF n'a d'existence qu'aux fins de sa liquidation et ses affaires sont liquidées par des liquidateurs, nommés conformément à l'article 4, qui procéderont à la réalisation de l'actif de l'OIF et à l'extinction de son passif. Le solde actif ou passif sera réparti au prorata des contributions respectives.

Article 17 : Entrée en vigueur
La présente Charte prend effet à partir de son adoption par la Conférence ministérielle de la Francophonie.

Source : https://www.francophonie.org/IMG/pdf/charte_francophonie_antananarivo_2005.pdf

(Site consulté pour la dernière fois le 6 septembre 2018).

8) Discours prononcé par Abdou Diouf à l'ouverture du Forum mondial de langue française à Québec (2 juillet 2012)

La Francophonie vit un grand moment. J'ai conscience de vivre un grand moment grâce à vous, qui représentez la jeune génération et qui incarnez l'avenir, grâce à vous qui représentez les forces vives de la société en actions.

Ce premier Forum mondial de la langue française, je l'ai ardemment souhaité, et les chefs d'État et de gouvernement de la Francophonie en ont unanimement adopté l'idée, lors du Sommet de Montreux. C'est dire que j'attends beaucoup, que la Francophonie attend beaucoup des échanges que vous aurez durant ces quelques jours.

Mais rien de tout cela n'aurait été possible sans la proposition enthousiaste du Québec, en la personne de son Premier ministre, Jean Charest, d'abriter, de soutenir et d'organiser ce rendez-vous inédit, sans l'engagement déterminé, également, du gouvernement du Canada et de celui du Nouveau-Brunswick. Je voudrais donc, Monsieur le Premier ministre du Canada, Cher Stephan Harper, Monsieur le Premier ministre du Québec, Cher Jean Charest, vous exprimer, ici, ma profonde gratitude et la reconnaissance de la Francophonie toute entière.

Nous ne comptons plus, Monsieur le Maire Régis Labeaume, les grands rendez-vous francophones qui ont pris place dans cette ville de Québec, devenue, en quelque sorte, la seconde maison de la Francophonie. Merci, donc, de nous offrir, une fois de plus, l'hospitalité, et quelle hospitalité ! Du reste, je prends le pari, dès maintenant, que tous les jeunes, ici présents, qui sont venus d'Afrique, des Amériques, d'Asie-Pacifique, du Moyen-Orient et d'Europe, repartiront dans quelques jours avec la nostalgie de Québec, des Québécoises et des Québécois, si spontanément chaleureux et accueillants.

Rien de tout cela, enfin, n'aurait été possible sans le travail formidable fourni, depuis plusieurs mois, par le Commissaire général du Forum, Michel Audet, ses collaboratrices et collaborateurs que je veux ici saluer, ainsi que tous ceux qui ont apporté leur contribution à cet événement.

Mesdames, Messieurs, Je pourrais vous dire que la langue française se porte bien, qu'elle est parlée et enseignée sur les cinq continents, que son nombre de locuteurs est en progression et qu'elle est promise à un brillant avenir, singulièrement en Afrique.

Mais s'il suffisait de se satisfaire de ce constat, nous ne serions pas là aujourd'hui, car par-delà les chiffres rassurants que nous connaissons, il y a des faits, des pratiques quotidiennes, des évolutions géopolitiques et géoculturelles lourdes qui doivent nous inciter à réfléchir, à agir et à réagir. Je sais que notre engagement en faveur de la langue française n'est pas toujours bien compris de certains qui ont choisi le déni ou pire, qui affichent une assurance teintée de suffisance, oubliant qu'une langue ne survit pas des seuls charmes et qualités qu'on lui prête, ou d'un passé glorieux.

« On n'est que plus près du danger quand on croit n'avoir rien à craindre », disait fort à propos un académicien français du XVIIIe siècle, François Paradis de Moncrif.

Je sais que notre engagement en faveur de la langue française est, par d'autres, taxé d'anachronisme, au motif que l'on ne peut prendre le train de la modernité et du progrès qu'en faisant allégeance à la langue dominante.

C'est oublier un peu vite qu'une langue n'est pas un simple outil de communication mais que chaque langue dit le monde et appréhende les enjeux contemporains, à sa façon. C'est oublier un peu vite que porter atteinte à la diversité linguistique, c'est menacer la diversité culturelle et conceptuelle du monde.

En effet, si nous avons voulu ce Forum, c'est parce que nous sommes convaincus que nous ne pourrons faire progresser le projet politique d'un monde plus équitable, plus démocratique, plus respectueux des différences, qui est au fondement de la Francophonie, sans prendre la mesure du rôle stratégique de la langue, de la diversité linguistique, de la diversité culturelle.

Car nous ne pouvons pas, tout à la fois, dénoncer les dérives de l'économie et de la finance mondialisée et accepter, dans le même temps, de s'en remettre à une langue unique de l'économie et de la finance.

Nous ne pouvons pas tout à la fois dénoncer les menaces croissantes de standardisation culturelle et accepter, dans le même temps, de manger les mêmes mets, de chanter les mêmes chansons, de voir les mêmes films, de suivre la même mode vestimentaire, sur tous les continents.

Nous ne pouvons pas dénoncer le manque de démocratie dans les organisations internationales et dans les relations internationales et accepter, dans le même temps, de s'informer, de travailler, de négocier, dans une langue unique, que certains maîtriseront toujours mieux que d'autres.

Si nous avons voulu ce Forum, c'est parce que nous refusons la ségrégation linguistique et le darwinisme culturel. Nous ne sommes pas prêts à nous satisfaire d'un français culturellement amoindri, parce qu'exclu de certains champs de l'activité humaine.

Nous ne sommes pas prêts, non plus, à confier à un « globish » conceptuellement atrophié le soin d'exprimer toute la complexité et la diversité de la pensée en quelque 1500 mots. Nous devons être des indignés linguistiques !

Mais entendons-nous bien : nous ne sommes pas là pour lancer une déclaration de guerre, mettre les langues en concurrence ou en compétition ! Nous sommes là, animés de l'idée qu'il faut promouvoir la mise en œuvre d'un multilinguisme effectif, où chacun parlera une ou deux langues en plus de sa langue maternelle, qu'il faut favoriser une multipolarité linguistique construite autour de quelques grandes langues de communication internationale, dans laquelle le français peut et doit tenir toute sa place.

Et j'ajoute, pour la majorité d'entre vous qui n'ont pas le français comme langue maternelle ou officielle, que ce n'est qu'ainsi que nous pourrons garantir la vitalité de toutes les langues, parce que c'est l'idéologie de la langue unique qui contribuera à précipiter la disparition de ces milliers de langues aujourd'hui menacées d'extinction.

Si nous avons voulu ce Forum, c'est parce que nous pensons que le temps presse et que nous devons avoir, dès maintenant, l'ambition de tout dire sur tout, en français, sous peine que la langue française, un jour, ne dise plus rien sur rien.

Alors si nous sommes là aujourd'hui, c'est avec la conviction que la langue française peut, aux côtés d'autres langues, s'affirmer comme langue scientifique, technique, économique, financière, juridique, qu'elle a vocation à être une langue de transmission des connaissances et de production d'outils de référence, une langue professionnalisante, une langue de la société de l'information, une langue d'information, une langue de création artistique et culturelle. J'en veux pour preuve la vitalité des industries culturelles au Québec !

Nous disposons, pour cela, d'atouts formidables. Je pense à notre capacité à développer, sur tous les continents, des réseaux institutionnels, des associations professionnelles, des organisations de la société civile dans les secteurs les plus variés, tout en nous ouvrant aux autres communautés linguistiques et culturelles, grâce à la traduction. Je pense aux artistes de talent encore trop peu connus.

Mais nous connaissons aussi les obstacles qu'il nous faudra franchir. À cet égard, je tiens à dire que les technologies nouvelles, si utiles soient-elles, ne remplaceront jamais la rencontre, le contact, l'échange. Et je le dis fermement : une langue ne peut survivre à l'enfermement, elle ne circule jamais mieux qu'avec ses locuteurs. On ne peut vouloir le rayonnement de la langue française et, dans le même temps, fermer ses frontières à ceux qui parlent le français, qui étudient le français, qui créent en français. Donnons toutes les raisons aux jeunes, singulièrement en Afrique, de continuer à croire au français !

Nous avons besoin, sur tous ces thèmes, de vos analyses et de vos recommandations, nous avons besoin que vous vous sentiez membres à part entière de la grande famille francophone, nous avons besoin, surtout, que vous ressentiez l'impérieuse nécessité de faire bouger les lignes, par l'usage que vous ferez de la langue que nous parlons, de la langue que nous aimons, de la langue qui nous unit.

Car nous sommes tous conscients, qu'en la matière, l'usage fait plus, pour la pratique, que le règlement ou la loi, dans la mesure où, comme le disait Richelieu, « Faire une loi et ne pas la faire exécuter, c'est autoriser la chose qu'on veut défendre. »

e forme donc le vœu, en terminant, que ce Forum soit le lieu d'un dialogue ouvert et franc, le lieu d'expression d'une parole libre, dérangeante même, car c'est dans cet esprit que nous avons voulu vous entendre, vous les jeunes, vous la société civile, loin des précautions oratoires du langage diplomatique. Alors bousculez-nous, étonnez-nous, inspirez-nous pour le présent et pour l'avenir !

Je vous remercie.

Source : https://www.francophonie.org/Discours-de-M-Abdou-Diouf-Quebec-41100.html (Site consulté pour la dernière fois le 6 septembre 2018).

9) Déclaration de Beyrouth (20 octobre 2012)

Nous, Chefs d'État et de gouvernement des pays ayant le français en partage, réunis du 18 au 20 octobre 2002 à Beyrouth, saluons la tenue, pour la première fois, d'un Sommet de la Francophonie dans un pays arabe, le Liban. Notre présence au Proche-Orient souligne notre solidarité avec la langue et la culture arabes, solidarité qui nous permet de réaffirmer la dimension universelle de la Francophonie.

Nous avons décidé de consacrer ce IXe sommet de la Francophonie au dialogue des cultures.

Nous réaffirmons le rôle majeur du dialogue des cultures dans la promotion de la paix et la démocratisation des relations internationales. Ce dialogue implique le respect des différentes identités, l'ouverture aux autres et la recherche de valeurs communes et partagées.

Nous voulons donner un nouvel élan à l'intensification du dialogue des cultures et des civilisations, ainsi qu'au rapprochement des peuples par leur connaissance mutuelle, que nous avons inscrits dans la Charte au rang d'objectifs prioritaires de la Francophonie.

Nous sommes résolus à renforcer le rôle de l'Organisation internationale de la Francophonie à cet effet.

Nous réaffirmons notre attachement à la coopération multilatérale dans la recherche de solutions aux grands problèmes internationaux.

Nous sommes déterminés à approfondir nos champs de concertation et de coopération francophones afin de lutter contre la pauvreté et de contribuer à l'émergence d'une mondialisation plus équitable qui soit porteuse de progrès, de paix, de démocratie et des droits de l'homme, respectueuse de la diversité culturelle et linguistique, au service des populations les plus vulnérables et du développement de tous les pays.

I- Le dialogue des cultures, instrument de la paix, de la démocratie et des droits de l'Homme

Nous nous engageons à renforcer le rôle de la Francophonie en faveur de la consolidation de la paix, de la démocratie et des droits de l'Homme et nous invitons le Secrétaire général à poursuivre son action dans cette voie, en liaison étroite avec nos instances et les organisations internationales compétentes.

1- Paix

Nous marquons notre préoccupation face à la persistance de la violence, la recrudescence du terrorisme et l'aggravation des crises et des conflits de toutes formes. Nous sommes convaincus que le dialogue des cultures constitue une condition indispensable à la recherche de solutions pacifiques et permet de lutter contre l'exclusion, l'intolérance et l'extrémisme.

Nous condamnons énergiquement, conformément aux résolutions pertinentes des Nations Unies, en particulier la résolution 1373 du Conseil de sécurité, tout recours au terrorisme, et soulignons la nécessité d'une coopération étroite de tous nos États et gouvernements pour prévenir et contrer ce fléau. Nous nous engageons à adhérer dès que possible à toutes les conventions internationales anti-terroristes et à les mettre en œuvre ; nous appelons à la conclusion d'une convention générale sur le terrorisme. Nous tenons, dans le même temps, à affirmer que toutes les mesures prises pour combattre le terrorisme doivent respecter les principes fondamentaux de la Charte des Nations Unies et les instruments internationaux relatifs aux droits de l'Homme, au droit humanitaire et au droit des réfugiés.

Nous condamnons les violations de la souveraineté nationale et de l'intégrité territoriale des États, l'utilisation des territoires des pays d'accueil des réfugiés pour déstabiliser leurs pays d'origine, les agressions armées, les situations d'occupation, la destruction, le pillage et l'exploitation illégale des ressources naturelles et autres formes de richesses ainsi que les atteintes aux droits de l'Homme. Nous enjoignons les responsables de ces situations de respecter la Charte des Nations Unies et appuyons toutes initiatives ou actions légales et conformes aux résolutions pertinentes des Nations Unies, notamment la résolution 46/51 du 19 décembre 1991, et au droit international pour y mettre fin. Nous réaffirmons notre soutien à l'ONU dans sa recherche de solutions justes et pacifiques à ces situations.

Nous réitérons nos engagements internationaux en ce qui concerne la protection et l'assistance aux populations civiles, en particulier aux femmes et aux enfants, dans les situations de conflits armés.

Nous engageons l'Organisation internationale de la Francophonie à s'impliquer davantage dans la préparation et le suivi des grandes Conférences internationales relatives à la paix, à la démocratie et aux droits de l'Homme tenues sous l'égide des Nations Unies.

Nous réaffirmons notre entière solidarité avec le Liban et son peuple dans ses efforts visant à faire face aux défis politiques, économiques et sociaux.

S'agissant de la situation au Moyen-Orient, nous appelons à la relance immédiate du processus de paix sur la base des principes agréés à la conférence de Madrid et des résolutions pertinentes des Nations Unies, notamment les résolutions 242 et 338 du Conseil de Sécurité des Nations Unies.

Nous appuyons à cet effet l'initiative arabe de paix, adoptée à l'unanimité lors du Sommet arabe de Beyrouth les 27 et 28 mars 2002, la considérant dans toutes ses composantes, notamment celles relatives à l'échange des territoires en contrepartie de la paix et celles relatives au problème des réfugiés palestiniens, comme le cadre le plus approprié pour arriver à une solution juste, durable et globale dans la région.

Nous défendons la primauté du droit international et le rôle primordial de l'ONU et en appelons à la responsabilité collective pour résoudre la crise irakienne, et à l'Irak pour respecter pleinement toutes ses obligations.

Nous relevons avec satisfaction que l'Irak a accepté officiellement, le 16 septembre 2002, la reprise inconditionnelle des inspections des Nations Unies.

Nous condamnons la tentative de prise de pouvoir par la force et la remise en cause de l'ordre constitutionnel en Côte d'Ivoire.

Nous appelons l'ensemble de la classe politique et de la population ivoiriennes à faire preuve de retenue, à s'abstenir du recours à la violence et à préserver la vie des personnes et les biens.

Nous soutenons les efforts engagés, en particulier par la CEDEAO, pour favoriser le dialogue, seule voie d'une réconciliation durable.

Nous appuyons le Secrétaire général de la Francophonie dans la poursuite de son action en faveur des efforts de médiation en cours.

Nous saluons la naissance, le 9 juillet 2002, à Durban (Afrique du Sud) de l'Union Africaine, qui témoigne de la volonté des Chefs d'État et de gouvernement du continent de renforcer la coopération et la solidarité entre leurs États.

Nous nous félicitons à cet égard, de l'adoption par l'Union Africaine du Nouveau partenariat pour le développement de l'Afrique (NOPADA/NEPAD) et de la décision du G8, lors de sa réunion de Kananaskis en juin 2002, d'accompagner cette initiative par un Plan d'action pour l'Afrique.

Nous prions le Secrétaire général de veiller à ce que l'Organisation internationale de la Francophonie apporte son soutien à cette initiative africaine visant notamment à promouvoir la paix, la sécurité, la démocratie et le respect des droits de l'Homme.

Nous considérons que les pays africains ont un rôle privilégié à jouer dans les processus de médiation et d'arbitrage visant à dissiper les tensions latentes et à contenir l'explosion des crises en Afrique. Nous appuyons à ce titre les mécanismes conçus aux plans continental et régional pour la prévention, le règlement et la gestion des conflits qui sévissent de façon endémique à l'intérieur ou aux frontières des États africains.

Nous soutenons les efforts visant à enrayer les réseaux de trafic illicite et de circulation incontrôlée d'armes. Nous condamnons avec force les pratiques de recrutement et d'embrigadement des enfants soldats qui affectent particulièrement le continent africain et réaffirmons notre volonté d'appliquer effectivement les instruments internationaux concernant les droits des enfants.

Nous réitérons notre soutien aux mesures visant la consolidation de la paix dans les sociétés qui sortent de conflits armés, notamment en ce qui concerne la récupération et la destruction des armes, ainsi que la réinsertion dans une société tolérante et respectueuse des valeurs démocratiques, des soldats démobilisés, particulièrement des adolescents.

2- Démocratie

Nous proclamons que Francophonie, démocratie et développement sont indissociables. Nous sommes convaincus que la démocratie requiert la pratique du dialogue à tous les niveaux de la société. À cette fin, nous sommes déterminés à mettre en œuvre la déclaration de Bamako sur le bilan des pratiques de la démocratie, des droits et des libertés dans l'espace francophone qui constitue une avancée dans l'histoire de notre Organisation. Cet engagement démocratique doit se traduire notamment par des actions de coopération de la Francophonie s'inspirant des pratiques et des expériences positives de chaque État et gouvernement membre. Nous adoptons à cette fin le Programme d'action annexe à cette Déclaration.

Nous réaffirmons également notre condamnation de toutes les formes de génocide, crimes de guerre et crimes contre l'humanité, qui constituent autant de violations massives des droits de l'homme, de même que celle des coups d'État et des atteintes graves à l'ordre constitutionnel en ce qu'ils rompent la démocratie.

Conscients de l'importance de la pleine et égale participation des femmes à la vie politique, économique, sociale et culturelle, nous faisons notre la Déclaration de Luxembourg sur le thème « Femmes, pouvoir et développement ».

3- Droits de l'Homme

Nous soulignons le caractère universel et indissociable de tous les droits, civils, politiques, économiques, sociaux et culturels, y compris le droit au développement, et sommes déterminés à en assurer la pleine jouissance pour l'ensemble des citoyens.

Nous demandons, à cet effet, au Secrétaire général de poursuivre, en liaison avec les organisations internationales compétentes, ses efforts en vue de favoriser la ratification des principaux instruments internationaux et régionaux qui les garantissent et leur mise en œuvre effective par les États membres.

Nous nous engageons à lutter, à tous les niveaux de la société, contre l'impunité des auteurs de violations des droits de l'Homme en renforçant la capacité des institutions juridictionnelles et administratives compétentes. Nous nous félicitons de l'entrée en vigueur au premier juillet 2002, du Statut de Rome sur la Cour pénale internationale qui contribuera à mettre fin à la pratique de l'impunité et permettra de juger les auteurs de crimes de génocides, crimes contre l'humanité et crimes de guerre. À cette fin, nous invitons les États qui ne l'ont pas encore fait à ratifier le Statut de Rome sur la Cour pénale internationale ou à y adhérer dès que possible.

Nous estimons que, dans le respect de la Charte des Nations Unies et des principes du droit international, la reconnaissance de la diversité culturelle peut justifier l'adoption, par les États et gouvernements, de mesures de protection des personnes appartenant à des groupes minoritaires.

Nous favoriserons l'émergence de nouveaux partenariats entre initiatives publiques et privées, mobilisant tous les acteurs œuvrant pour la reconnaissance, la protection et le respect des droits de l'Homme.

II. La Francophonie, forum de dialogue des cultures

1- Culture

Nous confirmons notre adhésion à la conception ouverte de la diversité culturelle réitérée au Sommet de Moncton et consacrée par la Déclaration de Cotonou. Nous marquons notre attachement à la richesse des identités culturelles plurielles qui composent l'espace francophone et notre volonté de la préserver.

Nous estimons que la reconnaissance de la diversité et de la singularité des cultures, dès lors que celles-ci respectent les valeurs, normes et principes consacrés par la Charte des Nations Unies et la Charte internationale des droits de l'Homme, crée des conditions favorables au dialogue des cultures.

Nous soulignons l'importance des enjeux économiques liés à la culture et aux industries culturelles, secteur générateur de croissance et d'emplois. Nous entendons favoriser son développement et placer les agents qui y concourent dans un cadre dynamique.

2- Politiques linguistiques

Nous rappelons que la langue française, que nous avons en partage, constitue le lien fondateur de notre communauté et réaffirmons notre volonté d'unir nos efforts afin de promouvoir le plurilinguisme et d´assurer le statut, le rayonnement et la promotion du français comme grande langue de communication sur le plan international.

Soulignant l'importance de la diversité linguistique dans les Organisations internationales et les autres enceintes au sein desquelles nous siégeons, nous réaffirmons notre engagement à y privilégier l'utilisation du français, tout en respectant les langues officielles des États et gouvernements et des Organisations internationales. À cette fin, nous demandons au Secrétaire général d'agir résolument en ce sens et entendons renforcer à cet effet nos liens avec les autres organisations internationales compétentes, notamment celles représentant les grandes aires linguistiques.

Nous confirmons aussi, dans l´esprit de la Déclaration de Cotonou, notre engagement de soutenir et de développer des politiques d´appui au plurilinguisme afin de favoriser au sein des populations de l'espace francophone, à la fois une connaissance et un attachement à la langue française et aux langues nationales partenaires.

3- Politiques culturelles

Nous confirmons notre volonté de ne pas laisser réduire les biens et services culturels au rang de simples marchandises. Nous réaffirmons le droit qu'ont nos États et gouvernements de définir librement leur politique culturelle et les instruments qui y concourent. Nous sommes déterminés à faire aboutir ces positions au sein des divers forums internationaux.

Nous saluons l'adoption de la Déclaration de l'UNESCO sur la diversité culturelle. Nous appuyons le principe de l'élaboration d'un cadre réglementaire universel et nous sommes en conséquence décidés à contribuer activement à l'adoption par l'UNESCO d'une convention internationale sur la diversité culturelle, consacrant le droit des États et des gouvernements à maintenir, établir et développer des politiques de soutien à la culture et à la diversité culturelle. Son objet doit être de définir un droit applicable en matière de diversité culturelle. Cette convention doit aussi souligner l'ouverture aux autres cultures et à leurs expressions.

Nous chargeons le Secrétaire général de l'Organisation internationale de la Francophonie de mettre en place, dans le cadre du Conseil permanent, un groupe de travail chargé de contribuer au débat international, notamment à l'UNESCO et dans d'autres enceintes comme le Réseau international de la politique culturelle (RIPC), en vue de l'élaboration d'une convention internationale sur la diversité culturelle.

Nous estimons, dans les conditions actuelles, que la préservation de la diversité culturelle implique de s'abstenir de tout engagement de libéralisation à l'OMC en matière de biens et services culturels, et ce afin de ne pas compromettre l'efficacité des instruments visant à la promotion et au soutien de la diversité culturelle.

Nous sommes résolus à mettre en œuvre tous les moyens nécessaires afin d'éviter que le recours accru aux technologies de l'information et de la communication ne crée de nouvelles inégalités en drainant les compétences vers les économies les plus innovantes et n'accroisse les écarts au sein même de nos sociétés. Nous nous engageons en conséquence à appuyer le développement de ces technologies de l'information afin de réduire la fracture numérique dans l'espace francophone. Nous participerons activement au Sommet mondial sur la Société de l'information qui se tiendra à Genève (2003) puis à Tunis (2005). À cette fin, nous décidons de la tenue d'une conférence ministérielle de la Francophonie sur les technologies de l'information et de la communication au cours du présent biennum.

Nous sommes déterminés à poursuivre la mise en place et le renforcement, au sein de nos États et gouvernements, des cadres institutionnels, des instances de régulation et des politiques visant au développement des médias audiovisuels, à la circulation de l'information, à l'accès des acteurs culturels aux marchés internationaux et à la protection de leurs droits.

Nous nous engageons à soutenir l'accès du plus grand nombre à la télévision multilatérale francophone et à développer son rôle de vitrine mondiale de la diversité culturelle.

III- Une Francophonie plus solidaireau service d'un développement économique et social durable

La maîtrise de la mondialisation et de ses enjeux nous impose une responsabilité partagée. Le dialogue des cultures, qui favorise l'enrichissement mutuel des savoirs et des expériences, contribue à répondre aux défis de notre temps et à créer les conditions d'un développement durable.

La pauvreté, l'analphabétisme, les pandémies, et en particulier le SIDA, l'insécurité et le crime organisé de même que les déséquilibres écologiques sont des fléaux qui maintiennent les pays et les populations les plus vulnérables à l'écart du développement. Nous nous engageons à combattre ces fléaux en renforçant la coopération au sein de notre communauté et en resserrant nos liens avec les autres instances multilatérales compétentes.

Convaincus que l'éducation et la formation sont parmi les fondements majeurs d'un développement durable, nous réaffirmons la priorité attachée à leur promotion et à leur soutien.

Avec l'ensemble de la communauté internationale nous avons souscrit aux objectifs d'Education Pour Tous (EPT), définis lors du Forum Mondial sur l'Education de Dakar, en 2001, permettant l'accès à l'éducation de base et pour tous les enfants, en particulier les filles, à un enseignement primaire obligatoire, gratuit et de qualité qui favorise leur insertion sociale et professionnelle.

Nous sommes déterminés à conforter le rôle de la Francophonie dans ces domaines et nous nous engageons, en synergie avec les partenaires au développement, à promouvoir des politiques d'éducation pour tous, fondées sur les valeurs d'équité, de solidarité et de tolérance.

Nous réaffirmons le rôle des autorités publiques dans la conception et la maîtrise des politiques d'éducation et de formation.

À cette fin, nous demandons à la Conférence des Ministres de l'Education de mener à bien, dans les meilleurs délais, la réforme indispensable qui lui permettra d'assumer ses missions statutaires visant à promouvoir le point de vue francophone dans les enceintes internationales

participant au suivi du Forum de Dakar, à créer les conditions d'éligibilité de nos systèmes éducatifs aux financements internationaux et à jouer son rôle d'orientation de la programmation de l'Agence intergouvernementale de la Francophonie dans le domaine de l'éducation.

Nous appelons de nos vœux un renforcement des solidarités avec les populations les plus vulnérables de même qu'entre pays riches et pays pauvres. Nous saluons le rôle déterminant des femmes et des jeunes dans le développement et réaffirmons, au lendemain de la session extraordinaire de l'Assemblée générale des Nations Unies consacrée aux enfants, la nécessité d'une politique commune et solidaire de protection des droits de l'enfant.

Nous sommes déterminés à contribuer activement à la mise en œuvre du Nouveau Partenariat pour le Développement de l'Afrique (NOPADA/NEPAD) et à cette fin, nous demandons au Secrétaire général de veiller à une réelle synergie entre ce processus qui vise au développement économique et social de l'Afrique, le Plan d'action du G8 et les actions de l'Organisation internationale de la Francophonie, en s'impliquant notamment dans l'élaboration des stratégies régionales et sous-régionales dont le continent est le chantier.

Nous invitons la communauté internationale, en particulier les institutions économiques et le secteur privé, à apporter leur concours dans la mise en œuvre de ce nouveau processus.

Nous saluons les progrès réalisés par les pays de l'Asie du Sud-Est et le Pacifique, membres de la Francophonie, dans leur développement économique et social. Nous réaffirmons que leur attachement aux valeurs francophones contribue à renforcer l'image de la Francophonie et à lui donner une dimension universelle. À cet effet, nous exprimons notre solidarité et notre appui au renforcement des programmes de coopération dans ces régions du monde.

Nous saluons le processus engagé par la Déclaration du Millénaire des Nations Unies, poursuivi à la Conférence de Monterrey sur le financement du développement et au Sommet de Johannesbourg sur le développement durable ainsi que le nouveau cycle de négociations commerciales multilatérales de Doha. Nous maintiendrons nos efforts pour lutter contre la pauvreté et notre solidarité ira d'abord aux Pays les moins avancés (PMA) et aux petits États insulaires, afin qu'ils s'insèrent dans le circuit mondial des échanges de biens et de services (…).

En développant une concertation dont la Conférence ministérielle de Monaco a ouvert la voie, nous défendrons ces positions dans les instances internationales et, en particulier, celles à vocation économique. Nous faciliterons la participation efficace de chacun des États et gouvernements membres aux travaux de ces organisations.

Pour bâtir une Francophonie plus solidaire et plus entreprenante, nous engageons les opérateurs à soutenir les actions visant à renforcer la coopération économique Nord-Sud et Sud-Sud au service du développement durable dans l'espace francophone (…)

Source : https://www.francophonie.org/Declaration-de-Beyrouth.html (Site consulté pour la dernière fois le 6 septembre 2018).

10) Discours de Michaëlle Jean à l´Hôtel de Ville de Paris le 20 mars 2015 pour les célébrations de la Journée Internationale de la Francophonie

Merci chère Anne Hidalgo, pour votre accueil, et pour vos propos si chaleureux et si stimulants. Paris et la Francophonie, c'est une belle histoire dont nous avons encore et encore beaucoup de chapitres à écrire ensemble, non seulement parce que la Francophonie a son centre névralgique dans la capitale, ville de tant de lumières, mais surtout parce que je crois pouvoir dire que la Maire de Paris, la Présidente de l'Association Internationale des maires francophones, (AIMF) a, avec la Secrétaire générale de la Francophonie des affinités qui nous laissent augurer d'une coopération particulièrement fructueuse. Nous avons tant de choses à faire ensemble, chère Anne Hidalgo, nous le savons et nous le voulons. Je dois vous dire, aussi, que célébrer cette Journée internationale de la Francophonie à l'Hôtel de ville de Paris, constitue pour moi un symbole très fort. Mon installation dans la capitale, la première semaine de janvier, s'est faite au moment même où étaient perpétrés l'attentat meurtrier contre Charlie Hebdo, l'assassinat d'une jeune policière municipale à Montrouge, et la prise d'otages sanglante dans une épicerie Casher de Vincennes. J'ai été, comme tous les Parisiens, comme tous les Français, comme le reste du monde, touchée en plein cœur par ces trois jours de stupeur, de haine et de violence. J'ai été, comme des millions de citoyennes et de citoyens anonymes, touchée en plein cœur par l'assassinat des figures emblématiques de la rédaction de Charlie Hebdo et de ceux qui voulaient les protéger, parce qu'à travers eux, c'est la liberté d'expression, la liberté tout court, que l'on voulait assassiner. C'est donc tout spontanément que j'ai voulu me joindre à la grande marche du 11 janvier dans les rues de Paris. Et en cet instant, je me suis sentie, pleinement, véritablement, définitivement parisienne, parce que j'ai perçu, au milieu de cette foule, une ferveur, un formidable élan de solidarité et de communion d'une rare intensité, comme si tous les critères de division, de discrimination étaient tombés au nom d'un idéal capable de transcender toutes les différences. Ces femmes et ces hommes, aux balcons, aux fenêtres, dans les rues, ne faisaient plus qu'un dans leur diversité. Nous avons tous eu conscience, je crois, de vivre un moment rare, privilégié qui a, chez moi, par-delà le drame, suscité un regain d'optimisme, d'énergie et de détermination. J'ai été, en effet, renforcée dans ma conviction que la violence, l'intolérance, la régression des valeurs universelles, les fractures, quel que soit ce qui les motive, ne sont pas une fatalité, même si elles deviennent, trop souvent, la marque de notre temps, la cause d'affrontements et de conflits, et ce dans toutes les régions du monde. J'ai été renforcée dans ma conviction que ce qui nous rassemble, notre humanité commune, est beaucoup plus fort que ce qui nous divise. Mais où nous ne le savons pas assez, ou nous le voyons pas assez, ou nous ne le disons pas assez parce qu'en cette période d'instabilité sociale et d'inégalités croissantes, dans cette période d'incertitude et d'insécurité face à l'avenir, dans cette période de perte de repères, beaucoup sont tentés par le repli identitaire, par les discours des populistes, des extrémistes et des fanatiques de tout bord qui, pour servir leurs intérêts propres, doivent mettre justement l'accent sur ce qui nous différencie, et nous laisser croire que nos différences sont irréconciliables. Quelle richesse pourtant que la diversité ! Ainsi va le monde : dans la rencontre et le besoin, le désir de faire ensemble. Certains sont crispés face à cette marche du monde, mais elle est irréversible ! Nous ne reculerons pas. J'ai été renforcée dans ma conviction, aussi, que notre capacité d'empathie, d'indignation, de révolte, au nom du meilleur et pour le meilleur, est intacte, et que c'est donc autour de nos valeurs communes, de nos idéaux communs, que nous devons plus que jamais nous rassembler, nous mobiliser, pour réfléchir, agir et construire, ensemble, la société que nous voulons, la planète que nous voulons. J'ai été renforcée, enfin, dans ma conviction que c'est sous la pression d'une opinion publique de plus en plus informée et formée, donc en état de veille, que nous pourrons briser les égoïsmes, briser les solitudes, faire reculer les inégalités, les dictatures, l'obscurantisme, le terrorisme, que nous pourrons faire avancer l'éducation, le développement durable, la démocratie, l'État de droit et la culture de la paix. C'est aussi sous la pression de la société civile que nous y parviendrons ; sous la pression de la jeunesse, la Francophonie compte 245 millions de jeunes entre 15 et 35 ans, qui ont besoin que nous soyons à leur écoute, que nous acceptions que nous voulions qu'ils fassent partie des solutions d'aujourd'hui, ici et maintenant, sans attendre demain ; c'est aussi sous la pression des femmes qui participent à la construction du monde et non à sa destruction que nous y parviendrons autrement, nous irons droit vers l'échec, un échec cuisant. Je suis donc très fière de fêter ce 20 mars, en cet équinoxe du printemps, à Paris, à vos côtés, en qualité de Secrétaire générale de la Francophonie, parce que ces idéaux, ces valeurs universelles, cette conscience de notre interdépendance, de l'interdépendance des défis que nous devons relever, cette volonté, non pas seulement de vivre ensemble, mais de faire véritablement société ensemble, unis et solidaires par-delà nos différences, sont au fondement du projet francophone qui est un printemps dans la grisaille du monde. Je suis très fière, parce que la Francophonie, est aussi, sans doute, la seule organisation qui associe aussi étroitement acteurs gouvernementaux et non gouvernementaux, la seule organisation qui confère à la société civile un statut officiel et permanent. La Francophonie, c'est aujourd'hui, sur les cinq continents, grâce à la langue française, un puissant maillage de parlements et de parlementaires à travers l'Association des Parlementaires francophones (APF), d'universités, d'étudiantes, d'étudiants, d'universitaires et de chercheurs à travers l'Agence universitaire de la Francophonie (AUF) et l'Université Senghor, de villes et de maires à travers l'AIMF ; c'est aussi un média international, TV5Monde. La Francophonie, c'est également un puissant maillage : de réseaux institutionnels et professionnels, de réseaux de femmes et de jeunes, un puissant maillage d'organisations non gouvernementales et de la société civile dans ce qu'elle a de plus dynamique. Je voudrais en faire aussi un puissant réseau d'entrepreneurs, d'entreprises, d'investisseurs responsables. C'est aussi nos très actifs Groupes d'ambassadeurs francophones auprès des organisations internationales, et dans de nombreuses capitales, comme ici, à Paris. Mesdames, Messieurs, Je salue votre dynamisme et la vigueur avec laquelle vous dites partout ce qu'est la Francophonie, l'espoir et les forces qu'elle représente, ce qu'elle accomplit aussi dans une foule de domaines. Et tant de possibilités s'offrent encore à nous pour tisser d'autres réseaux, pour s'ouvrir à d'autres partenaires et favoriser ainsi des coopérations « gagnant-gagnant ». Quand s'amenuisent les moyens et que se multiplient les défis, Il faut savoir et vouloir sortir des sentiers battus. La Francophonie du XXIe siècle est donc résolument un projet d'aujourd'hui... assurément moderne... un idéal d'aujourd'hui, et je suis consciente de la responsabilité que cette actualité et cette pertinence me confèrent, nous confèrent. Nous nous sommes octroyé un permis de construire sur l'avenir, au nom d'une certaine vision du monde, au nom d'un nouvel humanisme. Et cette exigence que nous nous sommes donnés à nous-même nous place face à une obligation de résultats, tant dans l'action que dans le plaidoyer. Et avec de la méthode, de l'audace, et de l'assurance. Sur ce plaidoyer que nous devons porter partout et stratégiquement : dans les instances, les grandes conférences et les fora internationaux bien sûr, mais aussi dans les établissements scolaires, les universités, à la tête des grandes entreprises et du secteur privé. Partout. Ce 20 mars 2015 s'inscrit résolument dans cette dynamique, dans cette posture d'action et dans cette philosophie puisque nous avons souhaité le placer sous le signe de la l'environnement et du climat, le défi majeur s'il en est pour le développement durable de nos villes, de nos régions, de nos pays, de nos populations, de la vie dans toutes ses dimensions. Plus encore : tous nos efforts dans d'autres domaines risquent d'être par avance condamnés, si nous ne parvenons pas, très vite, à des modes de production et de consommation durables, donc responsables. La Conférence de Paris sur le climat, constituera, à cet égard, une étape décisive, l'étape de la dernière chance pour porter un coup d'arrêt à nos politiques et nos pratiques d'autodestruction massive. Et la Francophonie est bien décidée à faire entendre sa voix, les réalités, les urgences, mais aussi les actions, les engagements de ses États et gouvernements membres. Car il s'agit là d'une problématique dont la Francophonie s'est emparée dès 1988 déjà, en créant, à Québec, ce qui est devenu depuis l'Institut de la Francophonie pour le développement durable. Mais nous avons, aussi et surtout, voulu placer ce 20 mars sous le signe de la jeunesse. La jeunesse représente aujourd'hui le quart de la population mondiale. Eh bien cette jeunesse sera la première à subir les conséquences de notre égoïsme intergénérationnel, de nos erreurs, de nos manquements. Mais c'est aussi cette jeunesse qui, si nous reconnaissons et faisons une juste place à son apport, est prête comme jamais à se mobiliser et à s'engager. C'est dire qu'est la Francophonie a « à cœur notre planète », si comme vous toutes et vous tous ici j'ai à cœur notre planète, j'ai également à cœur de multiplier les occasions d'entendre les attentes de cette jeunesse, de leur donner les moyens d'être plus systématiquement consultés sur ces décisions que l'on prend ou que l'on ne prend pas, et qui pourtant les concernent au premier chef, de leur donner les moyens de réagir, d'agir, d'interagir. Vivre ensemble c'est exactement cela. À ce propos, je sais, Madame la Ministre, chère Annick Girardin, que vous avez comme moi la volonté d'ouvrir le volontariat de solidarité internationale à toujours plus de jeunes, et je m'en réjouis, car ce rêve que nous chérissons ensemble, nous y arriverons, je n'en doute pas. Mesdames et Messieurs, La campagne « J'ai à cœur ma planète » que nous lançons ensemble, aujourd'hui, Madame la Maire, est avant tout un appel lancé à cette jeunesse, de tous les pays, de toutes les régions de la Francophonie, sur les cinq continents. Nous attendons de tous ces jeunes, des organisations de jeunes qu'ils nous livrent leurs préoccupations, leurs constats, leurs idées, leurs initiatives à quelques mois de la Conférence sur le Climat. Car cette Conférence engage directement leur avenir. Et ce à quoi vous avons d'ores et déjà assisté sur le parvis de l'Hôtel de Ville, ce que nous avons déjà entendu au pied de ce baobab, symbole de force, de longévité, mais surtout d'unité dans la diversité puisque son tronc imposant résulte de la fusion de plusieurs arbres, nous laisse augurer de la richesse de la suite. Il faut donc que la jeunesse ait la Francophonie qu'elle mérite ! J'y veillerai. Je m'y engage, ici, maintenant. L'éclipse solaire que nous vivons aujourd'hui est de bon augure. Il fixe ce jour et nous nous en souviendrons. À nous ce printemps de la Francophonie et de tous nos rêves, de tous nos espoirs, de tous nos gestes bâtisseurs. Je vous remercie.

Source : https://www.francophonie.org/Discours-de-Michaelle-Jean-a-Paris-45753.html (Site consulté pour la dernière fois le 6 septembre 2018).

Bibliographie

Abdel-Malek, A. (1971). « Pour une sociologie de l'impérialisme », *L'homme et la société,* vol. 20 : 37–53.

Achard, P. (1982). « En finir avec la francophonie », *Revue du Tiers-Monde,* n°90 : 419–422.

———. (1984). « *Francophone, francophonie.* Note lexicographique sur quelques chimères », *Mots. Les langages du politique,* 8 : 196.

Achour, C. (dir.) (2010). *Dictionnaire des écrivains francophones classiques, Afrique subsaharienne, Caraïbe, Maghreb, Machrek, Océan Indien.* Paris : Honoré Champion.

Adelin, E., Lebon-Eyquem, M. (2009). « L´enseignement du créole à la Réunion, entre coup d´éclat et réalité », *Tréma,* mis en ligne le 1er septembre 2011, https://trema.revues.org/991

« Afrique occidentale française. Progrès de l´occupation française » (1900), *Annales de Géographie,* t. 9, n°45 : 278–279.

Adrien, B. (2001). « L´action extérieure de la France : un exemple possible de réforme de l´État », *Politique étrangère,* 66–4 : 987–998.

Ageron, C.-R. (1972). « Gambetta et la reprise de l'expansion coloniale », *Revue française d'histoire d'outre-mer,* vol. 59, n°215 : 165–204.

Agora (2003), « Forum international des jeunes francophones sur le volontariat », *Agora,* vol. 34, n°1 : 151–152.

Aïvo, F.-J. (2009). « La Communauté des États sahélo-sahariens (CEN-SAD) : acteur complémentaire ou concurrentiel de l´Union africaine ?», vol. 55, n°1 : 469–495.

Althusser, L. (1967). « Sur le 'Contrat Social' », *Cahiers pour l´analyse,* n°8 : 5–42.

Ambrosetti, D., Buchet de Neuilly, Y. (2009). « Les organisations internationales au cœur des crises », *Cultures & Conflits,* 75, URL : http://journals.openedition.org/conflits/17680 (mis en ligne le 20 janvier 2011 et consulté le 4 juillet 2018).

Anghel, L. (2008). La convention sur la diversité des expressions culturelles : état des lieux. *Hermès, La Revue*, 51,(2), 65–69. https://www.cairn.info/revue-hermes-la-revue-2008-2-page-65.htm

Anglès, A. (1962). « Au Japon », *Esprit,* novembre : 739–747.

Ansprenger, K. (1961). *Politik im Schwarzen Afrika. Die modernen politischen Bewegungen im Afrika französischer Prägung.* Köln und Opladen : Westdeutscher Verlag.

Ashcroft, B., Griffiths, G., Tiffin, H. (2000). *Post-Colonial Studies, the Key Concepts.* London : Routledge.

Badie, B. (1992). *L´État importé : l´occidentalisation de l´ordre politique.* Paris : Fayard.

Balandier, G. (1960). « Remarques sur les regroupements politiques africains », *Revue française de science politique,* 10–4 : 841–849.

Balmette, C., Tournier, M. (1997). « Jeux et enjeux de *francophonie* », *Mots,* vol. 52, n°1 : 168–171.

Barraquand, H. (2004). « Présentation de l´Organisation Internationale de la Francophonie », *Hermès,* 40 : 18–24.

Barthélémy, G. (1963). « Le nouveau franc C.F.A et la banque centrale des États de l´Afrique de l´Ouest », *Revue Tiers Monde,* 13–14 : 275–277.

Barthes, R. (1957). *Mythologies.* Paris : Seuil.

Bat, J.-P. (2012). *Le syndrome Foccart. La politique française en Afrique, de 1959 à nos jours.* Paris : Gallimard.

———. (2017). «1960 : échec de la Fédération du Mali ». In : P. Boucheron (dir.), *Histoire mondiale de la France.* Paris : Seuil : 663–667.

Batho, J. (2001). « Le français, la Francophonie et les autres », *Politique étrangère,* vol. 66, n°1 : 169–183.

Battistella, D. (2006). *Théorie des relations internationales.* Paris : Les Presses de Sciences Po.

Bauman, Z. (2009). « Getting to the Roots of Radical Politics Today ». In : J. Pugh (ed.), *What is radical politics today?* Basingstoke : Palgrave Macmillan : 17–26.

Bayart, J.-F. (1985). *L´État au Cameroun.* Paris : FNSP.

Bazié, I. (2015). « Francophonie hors-France : des faits divers aux lieux d´oubli ». In : D. Dumontet, V. Porra, K. Kloster, T. Schüller (dir.), *Les lieux d´oubli de la Francophonie.* Zürich, New York : Georg Olms Verlag : 181–230.

Ben Hammida, A. (1990). « Pouvoir syndical et édification d´un État national en Tunisie », *Cahiers de la Méditerranée,* vol. 41, n°1 : 129–142.

Benoist, J.-R. (1979). *La balkanisation de l´Afrique occidentale française.* Dakar : Les Nouvelles Éditions Africaines.

———. (1998). *Politiques et Chrétiens, Léopold Sédar Senghor.* Paris : Beauchesne.

Bernasconi, R., Cook, C. (2003). *Race and Racism in Continental Philosophy.* Indiana : Indiana University Press.

Berque, J. (1967). « Quelques problèmes de la décolonisation », *L´Homme et la société,* 5 : 17–28.

Béti, M. (1979). « Afrique francophone : la langue française survivra-t-elle à Senghor ? », *Peuples noirs, peuples africains,* n°10 : 134–144.

Bhabha, H. K. (2007). *Les lieux de la culture – une théorie postcoloniale.* Traduit de l´anglais par Françoise Bouillot. Paris : Payot.

Boisbouvier, C. (2015). *Hollande L´Africain.* Paris : La Découverte.

Boissy, J., Lerat, P. (1989). « La néographie francophone », *L´information grammaticale,* 42 : 44–48.

Bollée, A., Neumann-Holzschuh, I. (1993). « Pour une grammaire historique des créoles », In : J. Schmidt-Radefeldt, A. Harder (Hrsg.), *Sprachwandel und Sprachgeschichte. Festschrift für Helmut Lüdke zum 65. Geburtstag.* Tübingen : Gunter Narr Verlag : 9–21.

Boltanski, L. (1975). « Le fétichisme de la langue », *Actes de la recherche en sciences sociales,* vol. 1, n. 4 : 2–32.

Borella, F. (1961). « Les regroupements d´États dans l´Afrique indépendante », *Annuaire Français de Droit International,* 7 : 787–807.

Borella, F. (1968). « L'Union des États d'Afrique Centrale », *Annuaire français de droit international*, vol. 14 : 167–177.

Bosher, J. F. (1999). *The Gaullist Attack on Canada – 1967–1997*. Montreal : McGill-Queen's University Press.

Bounoure, L. (1957). « La cosmologie du P. Teilhard de Chardin devant la biologie expérimentale », *Revue des Sciences Religieuses*, vol. 31 : 290–292.

Bourdieu, P. (1977). *Algérie 60 : structures économiques et structures temporelles*. Paris : éditions de Minuit.

Bourdieu, P., Wacquant, L. (1992). *Réponses : pour une anthropologie réflexive*. Paris : Seuil.

Bourguiba, H. (11 mai 1968). « Une double ouverture au monde », http://gerflint.fr/Base/AmeriqueduNord1/Bourguiba.pdf

Bourniquel, C., Domenach, J.-M. (1962). Introduction au « français, langue vivante », *Esprit*, 311 : 561.

Bourricaud, F. (2017), « Institutions», dans *Encyclopædia Universalis* [en ligne], consulté le 11 janvier 2017. URL : http://www.universalis.fr/encyclopedie/institutions/

Boutin, A. B. (2003). « La variation dans la construction verbale en français de Côte d'Ivoire », *Revue québécoise de Linguistique*, vol. 32, n°2 : 15–45.

Boutmy, É. (1895). *Le recrutement des administrateurs coloniaux*. Paris : Colin.

Boutros-Ghali, B. (2002). *Émanciper la Francophonie*. Paris : L'Harmattan.

Braudel, F. (1986). *L'identité de la France – Espace et Histoire*. Paris : Arthaud-Flammarion.

Brown, P. (2015). « Language policy in the Francophone world and the Forum mondial de la langue française », *International Journal of Francophone Studies*, 18 (4) : 475–489.

Brugière, M. (1978). *Pitié pour Babel*. Paris : Nathan.

Bruneau, M. (2010). « Civilisation(s) : pertinence ou résilience d'un terme ou d'un concept en géographie ? », *Annales de géographie*,

4, n°674 : 315–337. DOI : 10.3917/ag.674.0315. URL : https://www.cairn.info/revue-annales-de-geographie-2010-4-page-315.htm

Brunschvig, H. (1960). *Mythes et réalités de l'impérialisme colonial français, 1871–1914*. Paris : Colin.

Buzelay, A. (1991). « Le grand marché : dérégulation ou déréglementation ? », *Revue française d'économie, 6–3* : 183–193.

———. (1994). « L'union fiscale et douanière des Douze : quels enseignements pour l'intégration régionale en Afrique centrale ? », *Tiers-Monde*, tome 35, n°140 : 875–890.

Calvet, L.-J. (1975). *Linguistique et colonialisme. Petit traité de glossophagie*. Paris : Payot.

———. (1984). « Troc, marché et échange linguistique », *Langage et société*, vol. 27, n°1 : 55–81.

———. (2008). « La diversité linguistique : enjeux pour la francophonie ». In : Laulan, A.-M., Oillo, D. (dir.). *Francophonie et mondialisation*. Paris : CNRS éditions : 91–106.

———. (2013). *Les confettis de Babel. Diversité et politique des langues*. Paris : Éditions Écritures.

Cambacérès, J.-M. (2013). *Sihanouk, le roi insubmersible*. Paris : le cherche midi.

Cassen, B. (1978). « La langue anglaise comme véhicule de l'impérialisme culturel », *L'homme et la société*, vol. 47 : 95–104.

Castonguay, C. (1997). « Évolution de l'assimilation linguistique au Québec et au Canada entre 1971 et 1991 », *Recherches sociographiques*, 38 (3) : 469–490.

Castoriadis, C. (1975). *L'institution imaginaire de la société*. Paris : Seuil.

———. (1979). *Capitalisme moderne et Révolution, 2. Le Mouvement révolutionnaire sous le capitalisme moderne*. Paris : éditions 10/18.

Chabal, E. (2017). *A Divided Republic, Nation, State and Citizenship in Contemporary France*. Cambridge : Cambridge University Press.

Chancel, J., Senghor, L. S. (1988). *Radioscopie*, http://www.ina.fr/audio/00326218, émission du 26 octobre 1988, 57 minutes 14 secondes.

Chansou, M. (1983). « Politique de la langue et idéologie en français contemporain », *Mots*, 6 : 59–77.

———. (1997). « Les politiques de la langue et la législation linguistique en France (1966–1994) », *Mots*, vol. 52 : 23–35.

Chatain, J., Epanya, A., Moutoudou, A. (2011). *Kamerun, l´indépendance piégée, de la lutte de libération à la lutte contre le néocolonialisme.* Paris : L´Harmattan.

Chauzal, G. (2011). *Les règles de l´exception : la régulation (du) politique au Mali et au Niger*. IEP Bordeaux : thèse. https://halshs.archives-ouvertes.fr/tel-00604128/document

Chebel, M. (1993). *L´imaginaire arabo-musulman.* Paris : PUF.

Chikhi, B. (2016). « L'Algérie : la postindépendance, l'effervescence cosmopolite et la littérature », *International Journal of Francophone Studies*, vol. 19, n°1 : 41–47.

Clastres, G. (2012). « Conférence sur les discours », *Champ lacanien*, n°11 : 65–85.

Colavecchio, G., Premat, C., Sule, F. (2012). « La francophonie, une notion dépassée ? Entretien avec Bienvenu Sene Mongaba », *Sens Public*. URL : http://www.sens-public.org/article985.html

Colin, J.-P. (1997). « D´une langue à l´universel : La France et la francophonie », *Politique et Sociétés*, 16 (1) : 139–153.

Colin, R., Coquet, B., Daniel, J.-M., Fourmann, E. (1993). « L'Europe et l'Afrique, d'un Berlin à l'autre : 1885–1989 », *Observations et diagnostics économiques : revue de l'OFCE*, vol. 43, n°1 : 455–488.

« Comité de la langue française : déclaration de principe », *Relations industrielles*, 23 (3) : 500.

Condé, M. (1989). *Traversée de la Mangrove.* Paris : Mercure de France.

Constant, I. and Mabana, K. C. (eds.) (2009). *Negritude : Legacy and Present Relevance.* Cambridge : Cambridge Scholars Publishing.

Coquery-Vidrovitch, C. (1987). « Les débats actuels en histoire de la colonisation », *Tiers Monde,* vol. 28, n°112 : 772–797.

Cotteret, J.-M., Moreau, R. (1969). *Le vocabulaire du général de Gaulle.* Paris : Colin.

Coulon, C. (1972). « Système politique et société dans les États d'Afrique noire. À la recherche d'un cadre conceptuel nouveau », *Revue française de science politique,* vol. 22, n°5 : 1049–1073.

Crozier, M., Friedberg, E. (1981). *L'acteur et le système : les contraintes de l'action collective.* Paris : Seuil.

Cuéllar, D. P. (2010). « La conception lacanienne de la société, entre désagrégation névrotique et protestation homosexuelle », *Oxymoron,* 1, http://revel.unice.fr/oxymoron/index.html?id=3134

Cummings, R. J. (1988). « La politique américaine à l´égard de l´Afrique : continuité et changement, 1958–1988 », *Politique étrangère,* 53–3 : 693–705.

Dagoma, S., Fort, M.-L. (2014), *Rapport d´information déposé par la commission des affaires européennes sur le « juste échange » au plan international.* Paris : Assemblée Nationale, http://www.assemblee-nationale.fr/14/europe/rap-info/i1770.asp#P527_125081

Dauphin, R. (1971). « Les unions douanières », *Études internationales* : 147–164.

Dauphin, S., Thibault, F. (2011). « Mayotte : les spécificités du 101e département français », *Politiques sociales et familiales,* vol. 106, n°1 : 94–97.

Davies, H., Davies, M.-H. (2000). *French Huguenots in English-Speaking Lands.* New York : Peter Lang.

Davies, M. (2013). « Critical thinking and the disciplines reconsidered », *Higher Education Research and Development,* vol. 32, n°4 : 529–544.

Decraene, P. (1960). « Indépendance et regroupements politiques en Afrique au sud du Sahara », *Revue française de science politique,* 10–4 : 850–879.

Dedieu, J.-P. (2003). « Les élites africaines, enjeu de la diplomatie scientifique des États-Unis », *Politique étrangère,* 68–3 : 119–131.

De Gaulle, C. (1944). *Discours de Brazzaville du 30 janvier 1944.* http://www.charles-de-gaulle.org/pages/espace-pedagogique/le-point-sur/les-textes-a-connaitre/discours-de-brazzaville-30-janvier-1944.php

Degeorges, O., Monnier, E., Spenlehauer, V. (1990). « L'évaluation comme outil de légitimation : le cas des grandes organisation internationales », *Politiques et management public,* vol. 8, n°4 : 1–23.

De Lattre, J.-M. (1960). « Organisation africaine et malgache de coopération économique », *Politique étrangère,* vol. 25, numéro 6 : 584–604.

Denis, I. (2006). « Les lieux de mémoire à Mayotte », *Outre-mers,* vol. 93, n°350 : 157–173.

Denis, I., Rezzi, N. (2011). « République et élites locales : Mayotte (1880–1947) », *Outre-mers,* vol. 98, n°370 : 125–134.

Derrida, J. (1967). *La voix et le phénomène.* Paris : PUF.

D´Onorio, J.-B. (1983). « Le rapatriement de la Constitution canadienne », *Revue internationale de droit comparé,* vol. 35 : 69–108.

De Senarclens, P. (2001). « Les organisations internationales face aux défis de la mondialisation », *Revue internationale des sciences sociales,* n°170 : 559–572.

Dimier, V. (2001). « De la décolonisation…à la décentralisation. Histoire de préfets 'coloniaux' », *Politix,* 53 : 203–225.

Diop, B. B. (2007). *L´Afrique au-delà du miroir.* Paris : Philippe Rey.

Diop, C. A. (1967). *Antériorité des civilisations nègres. Mythe ou vérité historique ?* Paris : Présence Africaine.

———. (1999). *Nations nègres et culture : de l'antiquité nègre égyptienne aux problèmes culturels de l'Afrique noire d'aujourd'hui.* Paris : Présence africaine.

Diori, H. (1973). « Discours d´Hamani Diori », *Le Niger,* n°29, 6 août.

Diouf, A. (2010). *Passion francophone, Discours et interventions (2003–2010).* Bruxelles : Bruylant.

Dirlik, A. (1994). « The Postcolonial Aura : Third World Criticism in the Age of Global Capitalism », *Critical Inquiry*, vol. 20, n°2 : 328–356.

Distefano, G. (2007). « Observations éparses sur les caractères de la personnalité juridique internationale », *Annuaire Français de Droit International*, 53 : 105–128.

Domingues de Almeida, J. (2008). « Aperçu des discours théoriques et critiques sur les desseins et engagements francophones : évolutions, dérives, ambiguïtés », *Documents pour l'histoire du français langue étrangère ou seconde*, n°40/41 : 63–76, mis en ligne le 17 décembre 2010, URL : http://journals.openedition.org/dhfles/103

Dubois, V. (2003). « Comment la langue devient une affaire d'État : La défense de la langue française au milieu des années 1960 », dans J. Lagroye (dir.), *La politisation*. Paris : Belin : 461–474.

Dubuc, R. (1980). *Manuel pratique de terminologie*. Paris : Conseil International de la Langue Française.

Dumestre, G., Retord, G. L. A. (1974). *Ko di ? Cours de dioula*, Abidjan : CERAV.

Dumont, P. (1990). « Francophonie, francophonies », *Langue française*, vol. 85 : 35–47.

———. (2002). Les manuels de FLS et la francophonie. *Ela. Études de linguistique appliquée*, no 125,(1), 111–121. https://www.cairn.info/revue-ela-2002-1-page-111.htm

Durand, P.-M.(2005). « Le Peace Corps en Afrique française dans les années 1960. Histoire d'un succès paradoxal », *Guerres mondiales et conflits contemporains*, n°217 : 91–104.

Eboussi Boulaga, F., Kisukidi Nadia, N. Y. (2014). « Poursuivre le dialogue des lieux », *Rue Descartes*, 2, 81 : 84–101.

Ekoungoun, J.-F. (2014). *Ahmadou Kourouma par son manuscrit de travail, Enquête au cœur de la genèse d'un classique*. Saint-Denis : Connaissances et savoirs.

El Fakhri, S. (2004). « Le Liban et un siècle de littérature francophone », *Cahiers de l'AIEF*, 56 : 35–48.

El Tibi, Z. (2002). *La Francophonie et le dialogue des cultures.* Lausanne : L'Age d'Homme.

Esprit. Nouvelle série, 311, novembre 1962, « Le français, langue vivante » : 561–912.

Fanon, F. (1952). *Peau noire, masques blancs.* Paris : Seuil.

Farvaque, E. (2007). « Fondements constitutionnels de l´indépendance des Banques centrales : des Pères fondateurs de la nation américaine à la Banque centrale européenne », *Revue d´économie financière,* n°1 : 225–239.

Farandjis, S. (1997). « Les chefs d´État écrivains en pays francophone », *Colloque de l´ADELPH.*

———. (2004). « Repères dans l´histoire de la francophonie », *Hermès,* n°40 : 49–52.

Fayolle, J. (1999). « D´une mondialisation à l´autre », vol. 69, n°1 : 161–206.

Feuer, G. (1994). « L'Uruguay round, les pays en développement et le droit international du développement », *Annuaire français de droit international,* vol. 40 : 758–775.

Finkielkraut, A. (1989). *La défaite de la pensée.* Paris : Gallimard.

Foccart, J. (1999). *Le Général en Mai. Journal de l´Élysée, II.* Paris : Fayard-Jeune Afrique.

Froidevaux, H. (1893). « Résultats de la mission Maistre », *Annales de géographie,* 8 : 566.

Gadet, F. (1995). « Le français en partage. L'intérêt de la francophonie pour l'étude du français », vol. 33, n°2 : 7–14.

Gadet, F., Ludwig, R. (2014). *Le français au contact d´autres langues.* Paris : Ophrys.

Gallagher, M. (2009). « Aimé Césaire and Francophone Postcolonial Thought ». In : C. Forsdick & D. Murphy (eds.), *Postcolonial Thought in the French Speaking World.* Liverpool : Liverpool University Press : 31–41.

Gandolfi, A. (1960). « Naissance et mort sur le plan international d'un État éphémère : la Fédération du Mali », *Annuaire français de droit international,* vol. 60 : 881–906.

Gary-Tounkara, D. (2010). « Cinquante ans de politiques de la nationalité en Côte d'Ivoire », *Outre-mers,* vol. 97, n°368 : 159–175.

Gay, D. (1976). « La presse d´expression française du Québec et l´Amérique latine : inventaire d´éditoriaux et de para-éditoriaux, 1959–73 », vol. 7, n°3 : 359–395.

Gerbod, P. (1979). « L'enseignement à l'étranger vu par les pédagogues français (1800–1914) », *Histoire de l'éducation,* vol. 5, n°1 : 19–29.

Ghadhi, A. M. (2009). *La longue marche de l´Afrique vers l´intégration, le développement et la modernité politique.* Paris : L´Harmattan.

Godelier, M. (1977). « Sur la notion de civilisation », *Transatlantica* [En ligne], 1 | 2002, mis en ligne le 26 mars 2006, http://journals.openedition.org/transatlantica/528

———. (2017). *Suivre Jésus et faire du business, une petite société tribale dans la mondialisation.* Vincennes : Thierry Marchaisse.

Goheneix, A. (2008). « Les élites africaines et la langue française : une appropriation controversée », *Documents,* 40/41 : 133–150, https://journals.openedition.org/dhfles/117

de Goumois, M. (1974). « Le Canada et la Francophonie », *La coopération internationale entre pays francophones,* vol. 5, n°2 : 355–366.

Gueunier, N. (1995). « Les contacts de langues dans les situations de francophonie », *Linx,* vol. 33, n°2 : 15–30.

Guglielmi, G. J. (1989). « Discours de la bureaucratie », *Politiques et management public,* vol. 7, n. 3 : 1–23.

Guillou, M. (1995). *La mangue et la pomme : voyages en francophonie.* John Libbey Eurotext : Fureur de Dire.

Guy, J.-C. (2014). « Outre-mer, des statuts à la carte », *L'Atlas de la France et des Français.* Le Monde : 124–127.

Hamelin, L.-E. (1982). « Pour un nouveau français mondial », *Anthropologie et Sociétés,* vol. 6, n°2 : 141–144.

Harbi, M. (1980). *Le FLN : Mirage et réalité.* Paris : Jeune Afrique.

Hazaël-Massieux, G. (1978). « Approche socio-linguistique de la situation de diglossie français-créole en Guadeloupe », *Langue française*, vol. 37, n°1 : 106–118.

———. (1996). *Les créoles. Problèmes de genèse et de description.* Aix-en-Provence : Publications de l'Université d'Aix-en-Provence.

Hegel, G. W. F. (1965). *La raison dans l'histoire.* Traduction française Kostas Papaïoannou. Paris : Union Générale d'éditions.

Hélou, C. (1989). « Réponse de Monsieur le Président Charles HELOU », *Le Pays Lorrain*, 86e année, vol. 70, n°2 : 121–125.

Idrissa, A., Decalo, S. (2012). *Historical Dictionary of Niger. Fourth Edition.* Toronto, Plymouth : The Scarecrow Press.

Idrissa, K. (2008). *Armée et politique au Niger.* Dakar : Codesria.

Institut Georges Pompidou (2015). *Discours de Georges Pompidou. Discours de 1966.* Paris : Émilia Robin.

Itti, E. (2003). *L'image des civilisations francophones dans les manuels scolaires, Des colonies à la francophonie.* Paris : Publibook.

Jacob, C. (1931). « L'Enseignement supérieur scientifique et les colonies françaises », *Congrès de l'enseignement colonial en France*, 28–29 septembre 1931 : 1–7.

Jacquemain, P. (2016). *Ils ont tué la gauche. Postures et imposteurs au sommet de l'État.* Paris : Fayard.

Jung, C., Kerenyi, C. (1951). *Introduction à l'essence de la mythologie.* Paris : Payot.

Kavwahirehi, K. (2006). « Ahmadou Kourouma et la mise en œuvre de la vérité postcoloniale », *Tangence*, 82 : 41–57.

———. (2015). « Reconstruire la philosophie africaine : à la recherche des lieux d'ancrage d'une pensée du futur », *International Journal of Francophone Studies*, 18, 2 et 3 : 311–337.

Kipré, P. (2005). *Côte d'Ivoire, la formation d'un peuple.* Paris : SIDES.

Kirk-Greene, A., Bach, D. (1995). *State and Society in Francophone Africa Since Independence.* Palgrave, Macmillan.

Korany, B. (1984). « Futur des relations internationales ou relations internationales du futur ? », *Études internationales*, vol. 15, n°4 : 879–884.

Kouadio N'Guessan, J. (2005). « Le nouchi et les rapports dioula-français ». In : « Des inventaires lexicaux du français en Afrique à la sociologie urbaine. Hommage à Suzanne Lafage », *Revue Le Français en Afrique noire*, n°19 : 177–191.

———. (2008). « Le français en Côte d'Ivoire : de l'imposition à l'appropriation décomplexée d'une langue exogène », *documents pour l'histoire du français langue étrangère ou seconde*, 40/41 : 179–197.

Kourouma, A. (1968). *Les soleils des indépendances*. Montréal : Presses de l´Université de Montréal.

Kojève, A. (1947). *Introduction à la lecture de Kojève*. Paris : Gallimard.

Kube, S. (2005). *La francophonie vécue en Côte d'Ivoire*. Paris : L´Harmattan.

Laâbi, A. (1967). « Réalités et dilemmes de la culture nationale », *Souffles*, n°6 : 29–35.

———. (1970), « Littérature maghrébine actuelle et francophonie » *Souffles*, n°18 : 35–37.

Lacan, J. (1966). *Écrits*. Paris : Seuil.

Laïdi, Z. (1984). « Les États-Unis et l´Afrique : une stratégie d´influence croissante », *Politique étrangère*, 49–2 : 301–316.

de Lacharrière, R. (1960). « L´évolution de la Communauté franco-africaine », *Annuaire français de droit international*, vol. 6 : 9–40.

Lafage, S. (1991). « L'argot des jeunes ivoiriens, marque d'appropriation du français ? », *Langue française*, vol. 90, n°1 : 95–105.

La langue française dans le monde (2014), *Rapport de l´OIF*. Paris : Nathan.

Lamaison, D. (1987). « Discours sur l´universalité de la Francophonie : la langue française et le monde moderne », *Bulletin de l´Association Guillaume Budé*, LH-46 : 372–394.

Lane, P. (2011). *Présence française dans le monde, l´action culturelle et scientifique*. Paris : la Documentation Française.

Larose, K. (2004). *La langue de papier. Spéculations linguistiques au Québec*. Montréal : Presses Universitaires de Montréal.

Laulan, A.-M. (2004). « La diversité culturelle à l'UNESCO », *Hermès*, n°40 : 44–48.

———. (2008). « La diversité culturelle à l´UNESCO ». In : Laulan, A.-M., Oillo, D. (dir.). *Francophonie et mondialisation*. Paris : CNRS éditions : 41–52.

Laulan, A.-M., Oillo, D. (dir.) (2008). *Francophonie et mondialisation*. Paris : CNRS éditions.

Lavodrama, P. (2007). « Senghor et la réinvention du concept de francophonie. La contribution personnelle de Senghor, primus inter pares », *Les Temps Modernes*, 4, n°645–646 : 178–236.

Le mouvement panafricaniste au XXe siècle (2013). Publication de l´Organisation Internationale de la Francophonie.

Le Coadic, Y. (1984). « Coopération scientifique et technique et néocolonialisme », *Tiers-Monde*, n° 100 : 773–778.

Lecours, A. (2002). « L'approche néo-institutionnaliste en science politique : unité ou diversité ? », *Politique et sociétés*, n°21 : 3–19.

Lefèvre, M. (2010). « Le soutien américain à la Francophonie – Enjeux africains, 1960–1970 ». Paris : Presses de Sciences Po.

Léger, J.-M. (1958). *Afrique française – Afrique nouvelle*. Ottawa : Le Cercle du Livre de France Ltée.

———. (1962). « Une responsabilité commune », *Esprit*, novembre : 564–571.

———. (1987). *La francophonie : Grand dessin, grande ambiguïté*. Montréal : Hurtubise.

Lemarchand, P. (1994). *L´Afrique et l´Europe : atlas du XXe siècle*. Paris : Complexe.

Lestringant, F. (1993). « Genève et l´Amérique : le rêve du Refuge huguenot au temps des guerres de religion (1555–1600) », *Revue de l´histoire des religions*, tome 210, n°3 : 331–347.

Létourneau, J. (1991). « La saga du Québec moderne en images », *Genèses*, vol. 4, n°1 : 44–71.

Lévy, C. (2016). « Algérie : Libération nationale et construction de la nation », *International Journal of Francophone Studies*, vol. 19, n°1 : 29–41.

Luneau, A. (1997). « Radio-Canada et la promotion de la culture francophone », *Vingtième siècle*, vol. 55, n°1 : 112–123.

Lyotard, J.-F. (1979). *La Condition postmoderne. Rapport sur le savoir.* Paris : Minuit.

Manchuelle, F. (1992). « Le rôle des Antillais dans l'apparition du nationalisme culturel en Afrique noire francophone », *Cahiers d'études africaines*, vol. 32, n° 127 : 375–408.

Majault, J. (1978). *Le Musée pédagogique. Origines et fondation, 1872–1879*. Paris : CNDP.

Majumdar, M. A. (2003). « The Francophone World. Moves into the Twenty-First Century ». In Kamal Salhi (ed.), *Francophone postcolonial cultures.* Oxford : Lexington Books : 1–13.

———. (2007). *Theorizing on the Left. Postcoloniality : The French Dimension.* New York : Berghahm Books.

Mahoney, J., Thelen, K. (2010). « A Theory of Gradual Institutional Change ». In : J. Mahoney, K. Thelen (eds.), *Explaining Institutional Change.* Cambridge : Cambridge University Press : 1–37.

Mangeon, A. (2015). « L'Afrique dans le monde, le monde depuis l'Afrique : lectures croisées d'Achille Mbembé et de Célestin Monga », *International Journal of Francophone Studies*, 18, 2 et 3 : 290 –310.

Massart-Piérard, F. (1997). « Approches belges de la francophonie internationale », *Politiques et Sociétés*, 16 (1) : 15–38.

———. (2007). « La Francophonie, un nouvel intervenant sur la scène internationale », *Revue internationale de politique comparée*, 1, vol. 14 : 69–93. DOI : 10.3917/ripc.141.0069. URL : https://www.cairn.info/revue-internationale-de-politique-comparee-2007-1-page-69.htm

Martine, N. (2013). « L´enseignement français à l´étranger, une exception éducative : aspects contradictoires de la mondialisation », *Spirale, revue des recherches en éducation,* 51 : 167–180.

Martner, G. (1983). « Rôle de la coopération régionale dans le cadre de la stratégie globale de la coopération entre pays du Tiers Monde », *Revue Tiers Monde,* 96 : 747–756.

Massie, J., Morin, D. (2011). « Francophonie et opérations de paix. Vers une appropriation géoculturelle », 42, 3 : 313–336.

Masson, C. (1970). « Les aspects économiques de la Francophonie », *Études internationales,* 1 (3) : 26–44.

Maurais, J. (1986). « L´aménagement linguistique du Québec », *Langages,* 83 : 101–110.

Maugey, A. (1993). *Le roman de la francophonie.* California : University of California.

Mbembé, A. (2007). « De la scène coloniale chez Frantz Fanon », *Collège international de Philosophie,* n°58 : 37–55.

———. (2013). *Critique de la raison nègre.* Paris : La Découverte.

Médard, J.-F. (2002), « « La politique est au bout du réseau ». Questions sur la méthode Foccart », *Les Cahiers du Centre de Recherches Historiques*, mis en ligne le 22 novembre 2008, consulté le 25 août 2016. URL : http://ccrh.revues.org/612

Meizoz, J. (2002). « Recherches sur la 'posture' : Rousseau », *Littérature,* vol. 126, n°2 : 3–17.

Memel-Fotê, H. (1991). « Des ancêtres fondateurs aux Pères de la nation. Introduction à une anthropologie de la démocratie », *Cahiers d´études africaines*, n°123 : 263–285.

Merle, I. (2004). « De la 'légalisation' de la violence en contexte colonial. Le régime de l´indigénat en question », *Politix,* vol. 17, n°66 : 137–162.

Messerlin, P. (1993). « Le rôle du GATT et les enjeux de l'Uruguay Round », *Politique étrangère,* vol. 58, n°2 : 255–276.

Meyer-Stabley, B. (2015). *Les Chirac : Une famille dans l'histoire.* Paris : éditions Frédérique Patat.

Meyo-Me-Nkoghe, D. (dir.) (2011). *Le Gabon émergent : utopie ou réalité ? Approche plurielle du concept d´émergence.* Paris : Publibook.

Michel, J. (2010). *Gouverner les mémoires, les politiques mémorielles en France.* Paris : PUF.

Milhaud, O. (2006). « Post-Francophonie », *EspacesTemps.net,* http://www.espacestemps.net/en/articles/post-francophonie-en/

Ministère des Affaires étrangères (2006). *Documents diplomatiques français. Tome 1. 1er janvier-31 mai.* Frankfurt am Main : Peter Lang.

Muller, K. (2005). « Reconfigurer l'Eurafrique », *Matériaux pour l'histoire de notre temps,* vol. 77, n°1 : 52–60.

Moore, R. J. (1988). *Making the New Commonwealth.* Gloucestershire : Clarendon Press.

Morin, C. (1988). « Jean-Marc Léger, *La francophonie : grand dessein, grande ambiguïté* », *Recherches sociographiques,* 29 (2) : 473–475.

Moura, J.-M. (1999). *Littératures francophones et théorie postcoloniale.* Paris : PUF.

Mouralis, B. (2015). « L'usage de l'Antiquité chez Cheikh Anta Diop et l'ombre menaçante de Senghor », *International Journal of Francophone Studies,* vol. 18, 2 et 3 : 215–234.

Mukanya, J.-B., Saul, S. (2010). « Cavalier seul : la France contre les interventions multilatérales durant la crise congolaise, 1960–1963 », *Relations internationales,* n°142 : 101–118.

Muller, K. (2005). « Reconfigurer l´Eurafrique », *Matériaux pour l´histoire de notre temps,* 77 : 52–60.

Najjar, A. (2010). « La Francophonie, un mouvement culturel ou politique ? », *Géoéconomie,* 4, n°55 : 131–134.

Nancy, J.-L. (1993). *Le sens du monde.* Paris : Galilée.

Ndao, P. A. (2008). *La francophonie des Pères fondateurs.* Paris : Karthala.

Ngodi, E. (2007). « Intellectuels, panafricanisme et démocratie en Afrique : bilan et perspectives ». In : A. Adandé (dir.), *Intégration régionale, démocratie et panafricanisme. Paradigmes anciens, nouveaux défis*, CODESRIA : 55–78.

Nkrumah, K. (1964). *Consciencism, Philosophy and ideology for decolonization and development with particular reference to the African revolution*. London : Heinemann.

Nietzsche, F. (1874). *De l'utilité et de l'inconvénient des études historiques pour la vie*. Paris : Les Echos du Maquis (2011 pour l'édition électronique de la traduction française d'Henri Albert).

Nora, P. (1997). *Les lieux de mémoire* (tomes 1, 2 et 3). Paris : Gallimard.

Nubukpo, K., Ze Belinga, M., Tinel, B. (dir.) (2016). *Sortir l´Afrique de la servitude monétaire : à qui profite le franc CFA ?* Paris : La Dispute.

Nusbaumer, J. (1981). *L´enjeu du dialogue Nord-Sud. Partage des richesses ou guerre économique*. Paris : Economica.

Nye, J. (2005). *Soft Power : The Means to Success in World Politics*. United States : Public Affairs.

Nze-Nguema, F. (1982). « La francophonie comme discours et pratique totalisants en Afrique Noire », *Anthropologie et Sociétés*, 6 (2) : 27–36.

O´Dell, G. (2013). « Sonic mobilizations from the margins of the Caribbean colonial text », *International Journal of Francophone Studies*, vol. 16 : 167–190.

O´Farrell, D. (2001). « Chronique d´archives », *Revue d´histoire de l´Amérique française*, vol. 55, n°2 : 185–340.

Organisation Internationale de la Francophonie, (2006). « Statuts et modalités d'adhésion », *Rapport du Secrétaire général de la Francophonie, de Ouagadougou à Bucarest 2004–2006*, OIF : 160–163.

Ouattara, B. (2015). « Senghor, lecteur de Barrès », *Présence africaine*, n°191: 215–236.

Ouédraogo, O. (2003). *Une monnaie unique pour toute l´Afrique de l´Ouest ? : le dossier économique*. Paris : Karthala.

Ouellette, M. (2009). « *Mémoires,* de Brian Mulroney, Montréal, Les Éditions de l'Homme, 2007, 1339 p. », *Politique et Sociétés,* 28(1) : 250–251.

Overzee, A. H. (1991). *The Body Divine – The Symbol of the Body in the Works of Teilhard de Chardin and Ramanuja.* Cambrigde : Cambridge University Press.

Paillé, M. (2016). « Faire connaître la démographie dans les médias : l'exemple de la question linguistique », *Cahiers québécois de démographie,* vol. 45, n°1 : 51–69.

Peschanski, D. (1992). « Effets pervers », *Cahiers de l'IHTP,* 21. http://www.ihtp.cnrs.fr/spip.php%3Farticle231&lang=fr.html

Peters, G. and Jon, P. (eds.) (2007). *Institutionalism.* New York : Sage.

Petiteville, F. (1996). « Quatre décennies de 'coopération franco-africaine' : usages et usure d'un clientélisme », *Études internationales,* vol. 27, n°3 : 571–601.

Phan, T., Guillou, M. (2011). *Francophonie et mondialisation. Tome 1 : Histoire et institutions des origines à nos jours.* Paris : Belin.

Pinhas, L. (2004). « Aux origines du discours francophone : Onésime Reclus et l'expansionnisme colonial français », *Communication et langages,* vol. 140, n°1 : 69–82.

Pioffet, M.-C. (2009). « Nouvelle-France ou France nouvelle : les anamorphoses du désir », *Tangence,* n°90 : 37–55.

Piron, M. (1970). « Francophonie et francité », *Bulletin de l'Académie Royale de Langue et de Littérature Françaises,* Volume XLVIII, n°3–4: 139–150.

Portes, J. (1994). « Histoire du Canada », *Revue française d'histoire d'outre-mer,* vol. 81, n°305 : 493–500.

Poulantzas, N. (1982). *Pouvoir politique et classes sociales.* Paris : Maspero.

Porra, V. (2015). « Des lieux d'oubli à l'hypermnésie : remarques sur la gestion mémorielle postcoloniale dans l'espace francophone ». In : D. Dumontet, V. Porra, K. Kloster, T. Schüller (dir.), *Les lieux d'oubli de la Francophonie.* Zürich, New York : Georg Olms Verlag : 5–26.

Premat, C. (2013). « La restructuration du réseau culturel français au quotidien », *La nouvelle revue du travail* [En ligne], 2 | 2013, mis en ligne le 30 mars 2013, http://journals.openedition.org/nrt/951; DOI : 10.4000/nrt.951.

———. (2014). « Et si on osait une francophonie concrète ? », *Sens Public*, http://sens-public.org/article1066

Provenzano, F. (2006). « La « francophonie » : définitions et usages », *Quaderni*, n°62 : 93–102.

———. (2011). *Vies et mort de la francophonie. Une politique de la langue et de la littérature.* Bruxelles : Les Impressions Nouvelles.

———. (2012). « Francophonie. Idéologie, variation, canon : modèles québécois pour la francophonie littéraire », *Tangence*, n°100 : 133–152.

Psichari, E. (1908). *Terres de soleil et de sommeil.* Paris : Calmann-Lévy.

Puccini, P. (2008). « Le fonctionnement du mot « francophonie » dans la revue *Esprit*, novembre 1962 : à la recherche d'une définition », *documents pour l'histoire du français langue étrangère ou seconde*, 40/41 : 101–119.

Pöll, B. (1998). *Französisch außerhalb Frankreichs – Geschichte, Status und Profil regionaler und nationaler Varietäten.* Berlin : De Gruyter.

Raffestin, C. (2018). « La langue comme ressource : pour une analyse économique des langues vernaculaires et véhiculaires », *Cahiers de géographie du Québec*, vol. 22, n°56 : 279–286.

Rahman, A. (2007). *The regime change of Kwame Nkrumah.* Basingstoke : Palgrave Macmillan.

Ramel, F. (2016). « F(f)rancophonies : une 'part manquante' de la diplomatie ? », *Sens Public*, http://sens-public.org/article1221.html

Ravault, R.-J. (1985). « L'impérialisme boomerang », *Revue Française d'Études Américaines*, vol. 24, n°1 : 291–311.

Reclus, O. (1899). *Le plus beau royaume sous le ciel.* Paris : Hachette et Cie.

———. (1917). *Un grand destin commence.* Paris : La Renaissance du Livre.

Rey, A. (2007). *L´Amour du français.* Paris : Denoël.

Rey, A., Duval, F., Siouffi, G. (2007). *Mille ans de langue française, histoire d´une passion.* Paris : Perrin.

Rivarol, A. (1991). *De l´universalité de la langue française.* Bussy-le-Repos : Obsidiane.

Rizopoulos, Y., Kichou, L. (2001). « L'innovation institutionnelle en tant que processus d'interactions organisationnelles », *Revue d'économie industrielle*, n°97 : 139–152.

Robichaud, J. (1983). « Le bilinguisme dans l´administration fédérale du Canada (1969–1982) », *Les Cahiers de droit,* vol. 24, n°1 : 115–130.

Rocher, M.-C., Pelchat, M., Chareyre, P., Poton, D. (dir.) (2014). *Huguenots et protestants au Québec. Fragments d´histoire.* Montréal : Novalis.

Roselli, M. (1996). « Le projet politique de la langue française. Le rôle de l'Alliance française », *Politix,* vol. 9, n° 36 : 73–94.

Ross, H. G. (2015). « The Civilizing Vision of an Enlightened Dictator : Norodom Sihanouk and the Cambodian Post-Independence Experiment ». In : Michael Falser (ed.). *Cultural Heritage as Civilizing Mission : From Decay to Recovery.* Springer International Publishing : 149–178.

Rosoux, V.-B. (1997). « Le général de Gaulle et la francophonie », *Politique et sociétés,* vol. 16, n°1 : 61–74.

Rossillon, P. (dir.) (1983). *Un milliard de Latins en l´an 2000 : étude de démographie linguistique sur la situation présente et l´avenir des langues latines.* Paris : L´Harmattan.

———. (1995). *Atlas de la langue française : histoire, géographie, statistiques.* Paris : Bordas.

Roy, J.-L. (2008). *Quel avenir pour la langue française. Francophonie et concurrence culturelle au XXIe siècle.* Montréal : HMH.

Salifou, A. (2010). *Biographie politique de Diori Hamani. Premier président de la République du Niger.* Paris : Karthala.

Saïd, E. (1980). *L'Orientalisme, L'Orient créé par l'Occident.* Traduction française de Catherine Malamoud. Paris : Seuil.

Saint-Robert (de), P. (juillet 986). « Une idée neuve : la francophonie », *Hérodote* : 127–139.

Sanaker, J. K., Holter, K., Skattum, I. (2006). *La Francophonie : une introduction critique.* Oslo : Unipub forlag et Oslo Academic Press.

Sartre, J. – P. (1948). « Orphée noir » dans Léopold Sédar Senghor, *Anthologie de la nouvelle poésie nègre et malgache de langue française,* Paris : PUF.

Sauvy, A. (mars 1963). « Destruction et rénovation de la langue française », *La Revue de Paris* : 12–23.

Schnapper, D. (1994). *La communauté des citoyens.* Paris : Gallimard.

Schiller, H. (1976). *Communication and Cultural Domination.* New York : International Arts and Sciences Press.

Schirmann, S. (2007). *Robert Schuman et les Pères de l'Europe.* Frankfurt am Main : Peter Lang.

Schlobach, J. (1989). « Langue universelle et diversité des Lumières. Un concours de l'Académie de Berlin en 1784 », *Dix-Huitième Siècle,* 21 : 341–356.

Schürmann, R. (1996). *Des Hégémonies brisées.* Paris : coll. T.E.R.

Senghor, L. S. (1959). *Nation et voie africaine du socialisme.* Paris : Présence africaine

———. (1960). *Message de Monsieur Léopold Sédar Senghor Président de la République au peuple sénégalais.* Dakar : éditions du Ministère de l'information, de la presse et de la radiodiffusion.

———. (1962). « Le Français, langue de culture », *Esprit,* novembre : 837–844.

———. (1967). « Un gouverneur humaniste », *Outre-Mers. Revue d'histoire,* 194–197 : 25–26.

———. (1968). « La Francophonie comme culture », *Études littéraires,* 1(1) : 131–140.

———. (1971). *Nation et voie africaine du socialisme.* Paris : éditions du Seuil.

———. (1975). « Message du Président de la République du Sénégal, séance solennelle pour la célébration du centenaire de l'École française de Rome », *Comptes rendus des séances de l'Académie des inscriptions et Belles-Lettres,* 119–3 : 440–441.

———. (1977). *Liberté III. Négritude et civilisation de l'Universel.* Paris : Seuil.

———. (1988). *Ce que je crois.* Paris : Grasset.

———. (1989). « La Francophonie », *Précis analytique des travaux de l'Académie des sciences, belles-lettres et arts de Rouen,* Fécamp : Durand & fils : 151–167.

———. (1993). *Liberté 5. Le dialogue des cultures.* Paris : Seuil.

Sibeud, E. (2004/5). « Post-colonial et colonial studies : enjeux et débats », n°51–4 bis : 87–95.

Sihamoni, N. (2004). « Le Cambodge », *Hermès,* n. 40 : 93.

Sihanouk, N. (1972). *L'Indochine vue de Pékin. Entretiens avec Jean Lacouture.* Paris : Seuil.

Simard, Y. (1994). « Les Français de Côte d'Ivoire », *Langue française,* vol. 104, n°1 : 20–36.

Simpore, K. (2015). « Un roi en fuite : Le Mogho Naba Boukary Koutou pendant la pénétration française en pays mossi », *International Journal of Francophone Studies,* vol. 18, n°4 : 491–507.

Singaravélou, P. (2008). « De la psychologie coloniale à la géographie psychologique - Itinéraire, entre science et littérature, d'une discipline éphémère dans l'entre-deux-guerres », *L'Homme & la société,* 1, n°167–168–169 : 119–148.

Slemon, S. (1988). « Post-Colonial Allegory and the Transformation of History », *Journal of Commonwealth Literature,* 23 (1) : 157–168.

Soubias, P. (1993). « Écrire après Senghor : les romanciers noirs, héritiers et liquidateurs de la négritude », *Littératures,* 28 : 155–166.

Sraieb, N. (1993). « L'idéologie de l'école en Tunisie coloniale (1881–1945) », *Revue du monde musulman et de la Méditerranée,* vol. 68, n°1 : 239–254.

Stains, M. (1992). « « La Forza del destino » : L. S. Senghor aux mains des hagiographes », *Revue française d'histoire d'outre-mer,* vol. 79 : 241–247.

Stitou, R. (2005). « Lacan et la culture », *Pulsional, Revista de psicanálise,* 17, n°181 : 54–60.

Stora, B. (1992). « Guerre d'Algérie, France, la mémoire retrouvée ? », *Hommes et migrations,* vol. 1158, n°1 : 10–14.

Talleyrand, C.-M. (1797). *Essai sur les avantages à retirer de colonies nouvelles dans les circonstances présentes.* Imprimerie Baudouin. Consultation sur le site de la BNF, Gallica.

Tétu, M. (1987). *La Francophonie : histoire, problématique et perspectives.* Paris : Hachette.

Tétu, M. (1997). *Qu´est-ce que la francophonie ?* Paris : Hachette.

Thiveaud, J.-M. (1989). « L´Union latine : Europe, monnaie et toile d´araignée », *Revue d´économie financière,* vol. 8 : 19–25.

Thuram, L. (2010). *Mes étoiles noires, de Lucy à Barack Obama.* Paris : éditions Rey.

Tilly, C. (1984). « Les origines du répertoire de l´action collective contemporaine en France et en Grande-Bretagne », *Vingtième Siècle,* n. 4 : 89–108.

Torgal, L. R. (2005). « De l'Empire atlantique eurafricain à la communauté de pays de langue portugaise Réalité, mythe et utopie », *Matériaux pour l'histoire de notre temps,* vol. 77, n°1 : 61–67.

Torelli, M. (1971). « L´influence des accords d´association de la Communauté Économique Européenne sur les relations internationales en Afrique noire », *Études internationales,* vol. 2 : 182–230.

Torrent, M. (2012). *Diplomacy and nation-building in Africa, Franco-British Relations and Cameroon at the End of Empire.* London, New York : I.B. Tauris

Toumi, M. (1989). *La Tunisie de Bourguiba à Ben Ali.* Paris : PUF.

Tréan, C. (2006). *La francophonie.* Paris : Cavalier Bleu.

Umbricht, V. (1987). « Coopération entre États africains », *Annuaire Français de Droit International,* 33 : 823–838.

Um Nyobè, R. (1984). *Le problème national kamerunais*. Paris : L'Harmattan.

« Union française et institutions européennes », *Politique étrangère*, 18–4 : 267–276.

Vachon, G.-A. (1968). « La 'Francité'», *Études françaises*, 4 (2) : 117–118.

Vaillant, J. G. (1990). *Black, French and African, a Life of Leopold Sédar Senghor*. Cambridge, Mass. : Harvard University Press.

Valantin, C. (2004). « D'un Sommet Francophone à l'autre... », *Hermès*, 3, n°40 : 189–193.

———. (2010). *Une histoire de la Francophonie (1970–2010). De l'Agence de Coopération culturelle et technique à l'Organisation Internationale de la Francophonie*. Paris : Belin.

Vandeplas, A. (1956). « Quelques mesures de précaution de Léopold II en 1883 », *Revue d'histoire des colonies*, vol. 43, n°150 : 5–13.

Verbunt, G. (2011). *Penser et vivre l'interculturel*. Lyon : Chronique Sociale.

Vergès, P. (2008). « La Francophonie dans l'Océan Indien : un enjeu majeur face aux défis de la mondialisation », *Revue Internationale et Stratégique*, n°71 : 53–56.

Véronique, D. (2000). « Créole, créoles français et théories de la créolisation », *L'Information Grammaticale*, vol. 85, n°1 : 33–38.

Verschave, F. (1998). *La Françafrique*. Paris : Stock.

Vignes, K. (1961). « Étude sur la rivalité d'influence entre les puissances européennes en Afrique équatoriale et occidentale depuis l'acte général de Berlin jusqu'au seuil du XXe siècle », *Revue française d'histoire d'outre-mer*, vol. 48, n°170 : 5–95.

Virally, M. (1976). « Le rôle des organisations internationales dans l'atténuation et le règlement des crises internationales », *Politique étrangère*, vol. 41, n°6 : 529–562.

Wallerstein, I. (1984). « Tendances et prospectives d'avenir de l'économie-monde », Études internationales, vol. 15, n°4 : 789–801.

Wesseling, H. L. (1976). « Le Modèle colonial hollandais dans la théorie coloniale française, 1880–1914 », *Revue française d'histoire d'outre-mer*, vol. 63, n° 231 : 223–255.

Wolf, A. (2008). « Quelle politique de promotion des langues et cultures russes et françaises ? Le point de vue de la francophonie », *La Revue russe*, 31 : 83–88.

Wolton, D. (2003). *L'Autre Mondialisation*. Paris : Flammarion.

———. (2008). « Un atout pour l´autre mondialisation ». In : Laulan, A.-M., Oillo, D. (dir.). *Francophonie et mondialisation*. Paris : CNRS éditions : 107–134.

Yannic, A. (2016). *Le Québec en Francophonie : de la Révolution tranquille au référendum de 1995*. Montréal : Publibook.

Zerbo, Y. (2003). « La problématique de l´unité africaine. (1958–1963) », *Guerres mondiales et conflits contemporains*, n°212 : 113–127.

www.ingramcontent.com/pod-product-compliance
Lightning Source LLC
Chambersburg PA
CBHW052123270326
41930CB00012B/2735

* 9 7 8 9 1 7 6 3 5 0 8 3 6 *